黄土沟壑区加筋路基理论与应用

Theory and Application on Geogrid Reinforced Subgrad in Loess Ravine Region

刘少文　申俊敏　赵建斌　张　军　编著

人民交通出版社股份有限公司
China Communications Press Co.,Ltd.

内 容 提 要

黄土沟壑区地质条件差异、地基高低起伏，非对称路基形式极为普遍。目前，主要采用加筋土技术对非对称路基进行处理，以缓解路基整体受力和变形的不均匀性。本书以非对称加筋路基为研究对象，在充分考虑了路基结构形式和交通重载的非对称性的基础上，深入调研了黄土沟壑区非对称路基病害特征和破坏机理，探讨了非对称路基现行技术规范中的设计施工方法；建立了筋—土拉拔试验颗粒流数值模型，揭示了拉拔过程中筋—土界面的宏观力学行为和细观组构参量的演化规律；系统开展了非对称加筋路基现场试验，对非对称加筋路基地基沉降、侧向位移、基底压力和筋材变形进行了长期监测；结合静/动力数值模拟，揭示了重载交通作用下非对称加筋路基受力机理与动力特性；提出了降雨入渗折减因子和降雨折减模式的概念，深入分析了降雨入渗对斜坡高填方加筋路基稳定性的影响。

本书可供从事公路、铁路和水利工程科研、设计、施工和管理工作的相关人员参考和借鉴。

图书在版编目(CIP)数据

黄土沟壑区加筋路基理论与应用/刘少文等编著
—北京 ：人民交通出版社股份有限公司，2015.2
ISBN 978-7-114-11978-1

Ⅰ.①黄…　Ⅱ.①刘…　Ⅲ.①黄土区—沟壑—加筋—路基工程—研究　Ⅳ.①U416.1

中国版本图书馆 CIP 数据核字(2015)第 003941 号

书　　名：黄土沟壑区加筋路基理论与应用
著 作 者：刘少文　申俊敏　赵建斌　张　军
责任编辑：周　宇　牛家鸣
出版发行：人民交通出版社股份有限公司
地　　址：(100011)北京市朝阳区安定门外外馆斜街 3 号
网　　址：http://www.ccpress.com.cn
销售电话：(010)59757973
总 经 销：人民交通出版社股份有限公司发行部
经　　销：各地新华书店
印　　刷：北京市密东印刷有限公司
开　　本：787×1092　1/16
印　　张：11.5
字　　数：264 千
版　　次：2015 年 3 月　第 1 版
印　　次：2015 年 3 月　第 1 次印刷
书　　号：ISBN 978-7-114-11978-1
定　　价：39.00 元
(有印刷、装订质量问题的图书由本公司负责调换)

前　言

随着我国不断深入推进西部大开发战略，黄土地区交通运输量日益增加，高等级公路作为最为方便快捷的交通运输资源，在该地区得到了大力发展。在高等级公路建设中，受实际建设条件制约，不可避免地要通过山涧谷地、沟壑纵横的黄土沟壑区。黄土沟壑区地质条件差异大、地基高低起伏，该地区路基形式具有显著的非对称性。由于路基结构形式的非对称性，其受力和变形极不均匀，导致运营过程中相继出现了诸如路基沉降、不均匀沉降量过大、坡体或坡面沉陷、滑坍破坏等病害。

目前，黄土沟壑区非对称路基主要采用加筋土技术进行处理，以缓解路基整体受力和变形的不均匀性。本书以非对称加筋路基为研究对象，在充分考虑了路基结构形式和交通重载的非对称性的基础上，深入调研了黄土沟壑区非对称路基病害特征和破坏机理，探讨了非对称路基现行技术规范中的设计施工方法；建立了筋—土拉拔试验颗粒流数值模型，揭示了拉拔过程中筋—土界面的宏观力学行为和细观组构参量的演化规律；系统开展了非对称加筋路基现场试验，对非对称加筋路基地基沉降、侧向位移、基底压力和筋材变形进行了长期监测；结合静/动力数值模拟，揭示了重载交通作用下非对称加筋路基受力机理与动力特性；提出了降雨入渗折减因子和降雨折减模式的概念，深入分析了降雨入渗对斜坡高填方加筋路基稳定性的影响。

本书在撰写过程中得到了交通运输部和山西省交通运输厅各级领导的大力支持和帮助，在此表示衷心的感谢！

本书共分 14 章，第 1、2、7、10、12 章由刘少文撰写，第 3、4、13 章由申俊敏撰写，第 6、9、11 章由赵建斌撰写，第 5、8、14 章由张军撰写。由于时间仓促及作者水平有限，书中难免有疏漏和不足之处，敬请各位读者批评指正。

作　者

2014 年岁末

目　　录

1 绪　论

1.1 研究背景及意义

随着我国不断深入推进西部大开发，西部地区交通运输量日益增加，高等级公路作为最为方便快捷的交通运输资源，在该地区得到了大力发展。在高等级公路建设中，受实际建设条件制约，不可避免地要通过一些山涧谷地、沟壑纵横的复杂地形。当高等级公路穿越这些复杂地形时，势必会面临一系列与路基修筑相关的技术难题。

工程调研结果表明，在黄土沟壑区修筑的路基相继出现了一些病害，如路堤沉降，不均匀沉降量过大以及坡体或坡面沉陷、滑坍破坏等。如铁阜高速公路自2008年雨季以来，黄土沟壑区多处路基出现下沉、开裂现象；又如大运高速公路一处26m高的黄土路堤出现了两次大变形、线路下沉及整体护坡外鼓现象。这些黄土沟壑区路基病害直接影响到高速公路的正常运营，甚至直接威胁到高速公路行驶车辆和乘客生命财产的安全，同时也将严重增加后期为维护道路正常运营而产生的养护费用。

由于黄土沟壑区地质条件差异大、地基高低起伏、填筑条件不同，导致路基两侧填土的性质不同，也就是路基具有非对称性，这样的路基称为非对称路基。非对称路基主要分为不均匀填方和斜坡填方两种。这类路基受力和变形极不均匀，黄土沟壑区路基路面病害主要集中于非对称路基。目前，黄土沟壑区非对称路基主要采用加筋土技术进行处理，以缓解路基整体受力和变形的不均匀性。关于黄土沟壑区加筋路基的研究，国内外大量学者主要通过现场试验、理论分析和数值模拟等手段对其受力、变形及稳定进行分析和研究，并提出了大量的加筋路基设计方法。然而，大部分的理论计算方法都基于大量的假设，且未能考虑降雨作用、交通荷载等因素，计算结果与实际情形往往有较大的差异，导致加筋不足路堤边坡失稳或加筋过多造成不必要的浪费。因此，对黄土沟壑区加筋路基修筑技术进行研究，深入揭示黄土沟壑区加筋路基工作机理具有重要的现实意义。

此外，经济发展使得黄土地区公路重载车辆（山西省乃至华北、西北黄土地区大吨位运煤车辆）增加，造成黄土路基在运营期内力学稳定性及承载能力发生衰退，这也成为目前黄土路基发生不均匀沉降的主要原因。研究高频重载条件下黄土路堤不均匀沉降的成因，分析车辆动荷载对路基力学响应的影响，进一步摸清黄土路堤动力学变形特性，对治理公路病害、延长路堤使用寿命、减少后期养护费用，具有重要的理论和实际意义。

1.2 黄土路基工作特性研究现状

1.2.1 湿陷变形

由于黄土的结构特性，当水分浸入黄土后，容易引起土体结构的破坏，该现象称为黄土的湿陷变形。即便黄土在施工过程中被充分压实，黄土路基在后期运营中依然有可能出现湿陷变形。主要是因为在施工过程中，由于施工条件限制，很难准确地控制黄土的含水率，导致压实度难以达到设计要求。另外，在黄土路堤后期运营期间，还有很多不确定因素导致黄土的含水率快速升高，进而发生湿陷变形。黄土的湿陷变形具有浸水突变性、不可逆性和不连续性等特点，对实际工程会产生较为严重的危害。目前，国内外学者对于黄土湿陷性的成因没有统一的看法，许多学者做了大量的工作，并基于不同假说在理论和应用上取得了一些阶段性的研究成果。

20 世纪 50 年代以前，大量学者将黄土作为一种均质土体进行研究，并从物理化学角度分析其受力变形特性。朱海之(1963)认为黄土的湿陷性是由于黄土中胶体不足引起的("胶体不足假说")，并研究了黄土体中黏粒的含量对黄土湿陷性的影响。捷尼索夫(1956)认为黄土的湿陷性是由于黄土体颗粒表面水膜较薄引起的("水膜楔入假说")。该假说认为，土体颗粒间黏聚力随着水膜厚度的增加而减小，在水膜遇水增厚的过程中，土体出现膨胀，进而导致土体颗粒散化出现湿陷现象。此外，波雷诺夫(1930)和波斯特罗夫(1936)则主张"盐类淋溶假说"。该假说认为，黄土土体颗粒间存在大量的可溶性胶结物，遇水易被溶解，进而引起黄土土体骨架失稳破坏。该假说虽遭到怀疑和反对，但仍有部分学者认为不能全盘否定该假说。总之，黄土湿陷是一个复杂的物理化学和力学作用。

各国学者在 20 世纪 50 年代末至 70 年代初开始着手对黄土土体的微观结构进行研究。Dudley(1970)认为黄土土体中毛细压力是引起土体中细粉粒和絮状黏粒相互黏结的关键因素，并基于该假设提出了三种胶结模型。Barden 等(1973)通过电镜扫描，证实了葱皮胶结真实存在于湿陷性黄土中。Derbyshire(1994)等从力学和微结构方面研究了黄土湿陷机理。张宗枯(1959,1964)、林崇义(1961)、朱海之(1963)、刘东生(1966)等通过偏光镜观察并分析了黄土的微观结构特性以及相应的物理力学特性。

20 世纪 70 年代中期以来，大量学者通过电镜扫描的方式，从黄土微观结构对其湿陷变形进行了系统分析。高国瑞(1980)基于电镜扫描分析结果，认为黄土的骨架颗粒主要包括粒状颗粒和凝块状颗粒两大类型，颗粒间的接触主要分为点接触和面胶结两种类型，提出了黄土微结构与湿陷性的 12 级分类，并于 1990 年在总结分析前人研究成果的基础上，探索了黄土湿陷变形的结构原因，采用黄土结构理论来分析黄土湿陷变形的机理。张宗枯等(1985)通过电镜扫描，研究了黄土土体微观结构与黄土湿陷变形间的相互关系，并以此对黄土湿陷性特性进行评价。冯连昌、郑晏武(1982)也认为黄土微观结构以及其大孔隙率对黄土的湿陷特性有重要影响。雷祥义(1983,1984,1987)基于黄土微观结构分析结果划分了黄土类别，并通过试验研究了黄土湿陷性与孔隙率的相互关系。陈正汉等(1986)基于室内三轴试验和侧限压缩试验，系统地研究了黄土的湿陷变形规律。苗天德等(1990)基于微观结构突变失稳对黄土体的湿陷变形机理进行了深入分析。杨运来(1988)通过偏光显微镜，对比分析了湿陷前后黄土中孔隙的分布规律。王家鼎(1999)提出"脉动液化假说"，认为饱和黄土在地球脉动作用下会发生液化，液化导致黄土颗粒蠕动，并最终发展为自重湿陷变形。胡瑞林等(1998,1999)定量分析了黄土微结构要素在压力的作用下的变化规律，认为是多种因素综合作用导致了黄土湿陷变形。胡再强等(2000)基于侧限抗压试验，研究了黄土含水率对其微结构的影响，2002 年又基于三轴剪切试验和侧限压缩试验，研究了黄土微结构与黄土力学特性的相互关系。沈珠江(1996)

认为广义吸力(所有影响颗粒间阻力的因素)的丧失将有助于超压缩和欠压缩土朝稳定状态发展,通过建立考虑黄土膨胀特性和湿陷特性的本构模型,分析了浸水和加载方式对试样的影响。汤连生(2003)认为水分变化引起黄土中大小孔隙吸力变化,进而导致微结构重组,引起黄土湿陷,并分析了黄土湿陷的影响因素和相关条件。

因此,针对黄土湿陷性主要存在三大类型的假说:①基于黄土力学机制的湿陷性成因研究,如:脉动液化假说、毛细管力降低假说、水膜楔入假说、抗剪强度降低假说和微结构不平衡假说;②基于黄土物质成分的湿陷性成因研究,如:胶体不足假说和盐溶假说;③基于黄土结构的湿陷性成因研究,如:结构假说和欠压密假说。

1.2.2　动力特性

20 世纪 70 年代开始,大量学者开始通过现场波速测试和室内动三轴试验方法,对黄土基本动力特性进行研究。学者对黄土动力特性的研究,整体上可分为两大类:一是将地震荷载等效地简化为等幅正弦波,分析黄土的动强度—变形特性;二是采用不规则激振波模拟地震波施加在试样上,分析黄土的动力特性。

(1)等效正弦波

谢定义等(1986,1994,1999,2001)、巫志辉等(1990)、段汝文等(1979,1990)、骆亚生等(2001,2005)、陈存礼等(2007)采用振动三轴仪,通过对黄土试样施加等幅正弦循环荷载,对黄土在循环荷载下受力变形特性进行了系统分析,获得了丰硕的成果。另外,王建荣等(1999)基于动三轴试验,分析了不同频率等幅正弦荷载工况下,原状黄土的动应力应变关系曲线;骆亚生(2004)基于动扭剪三轴试验,对非饱和黄土原状和重塑试样的动力特性进行了系统分析;柴华友等(2004)通过室内试验对黄土的软化和液化特性进行了系统分析,并提出可采用广义塑性模型对黄土的软化和液化进行预测;佘跃心(2002)通过室内试验,分析了击实黄土在循环荷载作用下其孔压的增长特性;刘红玫(2004)基于室内试验,分析了饱和黄土在循环荷载孔压增长与土体密度、饱和度以及动荷载之间的相互关系;陈存礼等(2007)采用三轴剪切试验,研究了不同加卸载路径工况下,原状黄土中孔压的变化规律;Wang 等(2004)研究了冻结黄土在等幅正弦循环荷载下的应力应变曲线。

(2)不规则激振波

Qiu(1985)通过对黄土试样施加不规则激振波,分析了黄土中不同黏粒含量工况下的动力响应特性;王兰民(1991,1994,1999,2003)、王峻(1992,2001)采用多组随机地震荷载进行动三轴试验,探讨了黄土的弹性模量、动弹性模量、动剪切模量以及黄土的动本构模型等参量的变化规律,得到了动本构模型参数与随机地震荷载周期之间的定量关系;何光等(1990)对多组浸水和不浸水黄土试样进行了动三轴试验,并对试验过程中各组试样的破坏形态、震陷曲线、孔隙水压力等的变化规律进行对比研究;胡瑞林等(2000)对黄土进行室内模拟强夯试验,研究结果表明在动荷载作用下黄土强度和结构发生了明显变化,而且强度特征变化和结构变化有着关联性;李兰等(2005)采用了先进的扫描和图像处理技术,分析了各震级工况下黄土的孔隙分布曲线和微观结构;刘健等(2008)在室内动三轴试验的基础上,结合数值模拟试验推导了复杂动荷载下重塑饱和黄土的相关动响应方程曲线,研究表明采用两种试验结果推导的曲线较为一致,可为黄土工程实际动力分析提供参考。

另外,孙崇绍(1981)、林学文(1990)通过钻孔剖面和仪器观测,对当地黄土地区地脉动特征进行了探讨,并提出以地面脉动评价工程场地优劣的方法;石玉成(2001)以西北黄土地区工程实测数据阐述了黄土地区地面脉动周期、主峰型等的特性;袁中夏等(2004)为满足对黄土动力研究硬件改善的需求,开发了黄土动力数据分析软件。

1.2.3 路基变形特性

路基在交通荷载作用下,土的变形包括两个部分,一部分是回弹变形,另一部分是塑性变形。Seed 和 Chan(1955,1958,1959)以多种方法研究了动力荷载作用下黏土的强度特征和变形特性。但是,在早期的研究中,由于技术水平的限制,特别是机械方面的限制,路基土变形的研究基本上以总变形为主,故建立的是总变形与循环荷载的方程曲线。以路基土研究得到的总变形与循环荷载的方程曲线可知,土基回弹模量越大,产生的塑性变形越小,相应的路面使用性能越好。

美国国家公路与运输协会(American Association of State Highway and Transportation Officials,AASHTO)在 20 世纪 50 年代末期至 60 年代初期对柔性路面的挠度进行测量发现,其大部分是由于路基土的永久塑性变形所致。此后,土体塑性变形研究逐渐得到了国内外学者的重视,而且研究方法以三轴循环试验为主,由此得出了以下主要结论:土体塑性变形随动应力水平的增加而加大(Barksdale,1972)。叶国铮(1987)采用模型试验,对循环荷载作用下的柔性路面变形特性进行了研究,并依据室内试验结果推导出循环次数、压力大小等参数与路面永久变形的方程曲线。徐攸在(1987)以现场长期振动荷载试验为基础,结合室内动三轴试验分析了长期振动荷载作用下不同粒径饱和、非饱和砂土的破坏形态、蠕变特性等应力应变关系。阎澍旺(1991)对港区重塑黏土进行等向和不等向的静三轴试验,并结合诸多文献提出,试验所得变形、强度以及有效应力三者的唯一对应关系对往复荷载下的土体也成立,而且指出以此原理采用有限元软件可以求出往复荷载作用下软弱基础的永久变形。蔡英、曹新文(1996)进行了室内动三轴试验,得出了路堤填土永久变形、临界动应力等与重复荷载相关特性的关系。王建华和要明伦(1996)对不排水循环荷载条件下软黏土的弹塑性进行了模拟。周建(1998)以杭州地区正常固结的饱和软黏土为试样,采用循环三轴试验研究了不同荷载特性、循环应力比值等相关参数对该类土的孔压和应变的影响,并且在此试验结果基础上建立了该类土体应变软化本构方程。蒋军和陈龙珠(2001)进行了多种波形的循环荷载重塑黏土固结试验,研究了试验过程中土体的沉降特性,为循环荷载作用下黏土翻浆冒泥现象提供了新的认识。钟辉虹等(2002)采用室内循环三轴试验和数值模拟试验两种方法,对循环荷载作用下饱和软黏土的累计残余变形特性进行了研究。黄茂松等(2006)以上海地区饱和软黏土为试样,进行了不排水静三轴和动三轴试验,对比分析了两种不同试验条件下软黏土塑性累积变形的影响因素。王常晶和陈云敏(2007)以正弦荷载叠加静偏应力的荷载形式进行不排水条件下饱和软黏土的动三轴试验,分析了静偏应力对饱和软黏土破坏的不利影响。

近年来,对于循环荷载作用下黄土的力学特性研究已有了颇多成果。佘跃心等(2002)为研究击实黄土的循环液化和动力液化特性,进行了室内饱和击实黄土的液化试验。试验结果表明,击实黄土在循环荷载作用下容易出现软化和液化现象,故在动荷载下,饱和击实黄土路基会产生较大变形破坏。杨超等(2008)以相关土体的损伤理论为基础,推导出了循环荷载条件下非饱和黏土的损伤模型，同时通过与循环三轴试验结果的对比分析验证了该模型的正确性。柴华友等(2005)考虑到法国黄土与砂土有着诸多相似特征，尝试将预测砂土特性的广义模型和边界面模型，应用于研究该类黄土的液化现象。研究结果显示，采用广义塑性模型预测的黄土液化现象较符合实际，该模型参数对液化结果预测有着重要的影响。

1.3 加筋土技术研究现状

现代加筋土技术源于20世纪60年代初，随着加筋技术的发展，加筋材料的应用越来越广泛，土工合成材料在不良地基处理中也得到了广泛应用。筋材(如土工格栅、土工格室等)可以有效地减小地基的沉降和不均匀沉降，提高地基承载力。目前，加筋材料的理论研究远落后于工程实践。筋—土相互作用机理是加筋地基理论研究和设计中关键点之一，能否完全掌握筋土相互作用机理将直接关系加筋技术在实际工程中的应用。

加筋路基的相关研究，有理论分析、数值模拟与试验等手段，其中常用的试验方法有现场原位试验、离心模型试验、室内模型试验三种。

1.3.1 理论研究现状

徐少曼(2000)指出现行圆弧法在加筋路堤稳定性分析中的局限性，通过考虑筋土相互作用产生的摩擦力以及筋材的应力扩散，改进该方法并将其运用于加筋路堤稳定性的分析中。王钊(2000)以实际工程为依托，基于对筋材拉力的分析，采用极限平衡法计算筋材的拉力，并考虑垫层的应力扩散作用，提出了对地基承载力的修正计算公式。王钊(2001)通过改进宾奎特筋材拉力和太沙基地基承载力计算公式，并将两者相结合提出了适用于筋材加筋地基的设计计算式，最后通过工程实例验证了该公式的适用性。王炳龙(2003)基于列车荷载作用下基床土动应力的现场实测数据，证明了土工格室加筋能有效减小列车荷载对基床的影响。陈胜立(2005)基于离心模型试验，分析了软基上加筋和未加筋工况下防波堤的变形规律，研究结果显示筋材能有效地限制地基的沉降和侧向变形。Hufenus(2006)基于现场实测，对加筋和未加筋软基进行对比分析，研究了筋材在软基加固中的作用机理以及加筋效果。Zhang(2008)采用理论分析，对多层筋材加筋砂土地基的作用机理进行了系统分析，研究了多层土工合成材料共同作用机理，最后通过三轴试验验证所提理论方法的正确性。

徐少曼(1999)指出在确定堤坝下软基加筋土工织物的允许抗拉强度时，应根据允许应变和堤坝允许织物产生的应变来控制，而不仅是考虑织物所能提供的拉力。

Kaniraj(1996)、Borges(2001,2002)、Tandjiria(2002)对加筋路堤的稳定性都采用圆弧滑动极限平衡法进行分析。这些文献中在进行稳定性计算时没有考虑加筋路堤破坏时由于滑动面位置不同而出现的各种结构破坏形态，即圆弧内加筋的破坏、圆弧外加筋的破坏以及加筋路堤的整体破坏等。

1.3.2 试验研究现状

Ingold(1981)、Mcgown(1982)、EI-Fermauoi(1982)、Christopher(1986)、Palmeira(1989)、肖为民(1992)、徐林荣(2001)等基于室内筋材加筋拉拔模型试验，对筋材和土体间相

互作用机理以及筋土界面特性进行了深入的研究。研究结果表明，拉拔力受填料粒径和法向应力影响较大，筋土界面摩擦系数与拉拔位移有关。

Gray(1983,1986)、Chandrasekaran(1989)、马时冬等(1992)采用三轴试验，系统研究了加筋土的作用机理，试验结果表明，土工织物可有效地限制土体的侧向变形。俞仲泉(1989)基于离心模型试验，对土工织物加固砂层的作用机理进行了深入分析。吴景海(2000)基于三轴试验，对不同加筋材料与砂土间的界面特性进行了系统研究，试验结果可为土工合成材料的选择和优化提供一定的指导。

马存明(2004)基于室内格栅加筋拉拔试验，对拉拔过程中格栅表面摩阻力分布进行了分析，并将摩阻力发展分成了四个过程。徐超(2004)总结分析了国内外对土工合成材料加筋的筋—土界面特性研究成果。包承纲(2006)基于国内外土工合成材料加筋界面特性的研究现状，提出直接和间接加固的综合加筋机制，并对该加筋机制进行了系统分析。最后通过室内模型试验和现场实测数据对该加筋机制进行了验证。魏红卫(2007)基于三轴剪切试验，对加筋黏土的变形、抗剪强度和应力—应变特性进行了系统分析，试验结果表明筋材可有效改善黏土强度。

软基处理工程中，土工合成材料的应用更为广泛，特别对路堤下方的软基加固处理方面。在加筋地基极限承载力试验研究方面，Akinmusuru(1981)基于室内模型试验，研究了方形基础下用长条片状纤维加筋工况下承载比的变化规律。Fumio(1985)基于室内条形基础下加筋地基模型试验，获得了该类型地基加筋的优化加筋设计方案。赵炎华(1987)基于现场试验，采用筋条对挡土墙进行加筋处理，通过对筋条拉力的测试，获得了筋条拉力的相关分布规律。Guido(1985)基于现场试验，对 3 种不同土工格栅加筋工况地基承载力进行了分析。试验结果表明，相同筋材类型工况下，多层加筋地基承载力随加筋深度和加筋间距的增加而减小；相同加筋深度和间距工况下，最优加筋层数为 3 层。曾令录(1989)基于现场拉拔试验，分析了混凝土楔形和矩形两种拉筋工况下，筋材中拉拔力分布以及拉拔力随拉拔位移增加的变化规律。林开球(1992)采用现场载荷试验研究了加筋软基的承载力特性。

李广信(1994)基于改装的三轴试验仪，对加筋与未加筋工况下碎石地基的承载力进行了系统分析，同时对不同加筋工况下地基承载力的变化规律进行了系统分析。试验结果表明，碎石地基加筋可有效提高地基的承载力。

Temel(1994)基于室内模型试验建立相应的有限元数值模型，对格栅加筋地基的承载力进行了分析，并得到了优化的加筋参数。

杨庆(2005)基于室内模型试验，分析了加筋边坡在外部荷载作用下筋材和边坡的变形规律，并对不同加筋工况下边坡的稳定性进行了系统分析，得到一些对实际施工有意义的结论。Thamm(1990)、Bathurst(2006)基于加筋挡土墙室内模型试验，对筋材的拉力分布规律、挡土墙中土压力分布规律，以及挡土墙结构的相关变形规律进行了系统分析。朱湘(2002)通过室内模型试验和现场实测，证明了土工格栅能有效减小地基的工后沉降。胡启军(2007)通过对格栅拉力和路基变形进行现场监测，分析了格栅横纵向拉力分布规律以及格栅加筋对路基变形的影响规律。

苗英豪(2006)基于离心模型试验，分析了浸水对加筋和未加筋路堤工况的变形和稳定的影响。试验结果表明，加筋可有效地增强路堤的整体性和稳定性。同时发现加筋会增大路堤倾覆的趋势，并提出加筋路堤中筋材的变形主要是由路堤填筑过程中的碾压引起的。

苗英豪(2008)通过现场长期观测，对加筋路堤中筋材的变形以及筋材对路堤压实特性的影响进行了深入研究。基于现场试验结果提出了加筋路堤的优化设计方案，并对加筋路堤稳定性有影响的相关因素进行分析。

王钊(1992)比较了土工织物在不同约束条件下的拉伸和蠕变试验结果。对预拉力土工织物加筋路堤的特性进行分析，指出预拉力土工织物加筋可有效约束路堤水平位移，同时对路堤顶承载力的提高也很显著。

陈群(2000)基于对实际加筋挡土墙工程的监测，研究了筋材和挡墙面板的受力分布规律以及相关参数的变化规律。Lee(2000)采用高度为0.83～1.20m的小比例无坡面结构模型，研究了土工合成材料铺设方式(如铺设深度、嵌入长度等)对边坡极限承载能力的影响。Blatz(2003)，Richard(2004)和陶连金(2005)通过大型室内试验，研究了未加固边坡和土工格栅加固土坡的变形与破坏规律。

1.3.3 数值模拟研究现状

黄广军(2001)结合工程实例，基于室内相关模型试验结果，采用有限元法建立了采用不同筋材以及不同加筋方式的数值分析模型。通过对地基沉降量的比较，分析了筋材对地基沉降的影响。模拟结果表明，土工格室能够有效地控制地基的沉降。朱湘(2002)通过建立加筋路堤有限元数值模型，对影响加筋效果的一系列参数进行了深入分析，例如软土和筋材的物理力学参数、筋土界面参数和施工情况等。刘华北(2004)建立了加筋挡土墙弹塑性有限元模型，基于设计参数变化对加筋挡土墙加筋特性影响进行分析，提出了加筋挡土墙优化设计参数。顾长存(2005)采用ABAQUS建立非线性有限元路堤加筋和未加筋数值模型，并对加筋和未加筋工况下位移场进行了对比分析。模拟结果表明，土工格栅能很好地减小路堤沉降，限制路堤的侧向位移。

栾茂田(2005)采用非线性有限元数值分析方法，研究了不同填土的强度和刚度，筋材的刚度、长度和间距等参数对加筋挡土墙工作性能的影响。栾茂田(2006)认为在对加筋挡土墙的分析中，应考虑填土和地基的流变特性。在建立的非线性有限元数值模型中，格栅采用了考虑蠕变特性的黏弹性模型，着重分析了路堤填筑和加筋参数对加筋挡墙应力变形特性的影响。计算结果表明，格栅加筋可有效改善填筑过程中应力变形状况。毛林峰(2006)认为筋土接触界面本质上为非线性接触，基于非线性有限元方法，建立加筋和未加筋工况路堤数值模型。通过对两种工况下不良地基位移场的深入分析，模拟结果表明筋材能有效加固路堤，减小路堤沉降和不均匀沉降，限制路堤的侧向位移。

张志清(2007)基于实地调研以及一系列的室内土工试验结果，建立了一系列的有限元数值模型。针对加筋和未加筋工况，对黄土路堤中应力变形规律进行了深入分析。模拟结果表明，土工格栅可减缓路堤变形，改善路堤的受力状态。并基于数值模拟结果，提出了优化的加筋方案。付海峰(2007)在软土地基上路基加宽工程中提出了采用“土工合成材料加筋＋路基注浆＋桩支撑”系统的复合地基。采用弹塑性有限元程序，分析比较了路堤在加桩和不加桩情况下的沉降大小、不均匀沉降以及土体中的应力水平。

1.3.4 筋—土界面细观研究现状

土工格栅与填料的界面特性是加筋机理研究的关键问题之一，能否准确了解加筋界面特性并应用于工程实践，将直接影响加筋土工程的稳定性。

Sugimoto(2003)利用大尺寸拉拔试验研究了不同刚度格栅的拉拔力、格栅应变、格栅摩阻力等随拉拔位移的变化规律，并且指出当格栅刚度较小时，拉拔过程中格栅发生拉伸变形，上覆压力对摩阻力影响较小。而当格栅刚度较大时，拉拔过程格栅以整体的滑动为主，格栅拉伸变形对摩阻力贡献少，上覆压力对拉拔阻力影响大。

杨广庆等(2004)认为影响土工格栅与填料间接触界面特性的影响因素很多，并对众多影响因素进行了分析，如试验方法、模型箱侧壁光滑程度和模型箱尺寸的影响、填料参数以及土工格栅的固定方式等，并得出了相关的结论。

汪明元(2009)以南水北调中线膨胀土处治为背景，针对筋材在膨胀土中的应用，对其筋土界面特性进行了分析，并基于室内拉拔试验和数值模拟的方法，提出了筋材与膨胀土的界面模型和参数。

Wilson-Fahmy(1994)基于一系列的室内拉拔试验，分析了格栅随拉拔位移变化的荷载响应。其研究发现格栅的张拉力、摩阻力以及承载力与格栅尺寸、拉拔方法和格栅固定等参数相关。

吴景海(2001)基于一系列的室内直剪和拉拔试验，对土工合成材料与填料的界面特性进行了深入分析。试验结果表明，由于粉煤灰比砂土颗粒细，比表面积较大，其与土工合成材料接触较好，并且压实后的粉煤灰对格栅嵌固作用大，所以拉拔系数较大。

李齐任(2010)采用大型叠环式剪切仪进行了一系列拉拔试验，分析了含水率对界面拉拔特性的影响。研究结果表明，含水率较高时，土工格栅发生刚体平动的时间较早，偏于理想刚塑性特征。

史旦达(2009)结合工程，通过模型试验分析了不同填料下单向、双向土工格栅与填料接触界面特性，并分析了不同参数对接触界面特性的影响。通过对直剪试验数据和拉拔试验数据的分析，对单向格栅和双向格栅的加筋效果以及筋土界面特性进行了深入研究。

李飞(2012)通过包裹式加筋边坡模型试验，对加筋边坡的宏观变形模型、宏观力学特性以及筋土界面细观作用和剪切破坏带处土颗粒运动进行研究，分析了土工合成材料加筋边坡的宏细观机理。

徐超(2003)将粒子图像测速(PIV)技术应用于筋土界面直剪试验中，从细观角度来研究剪切过程中土颗粒的运动情况。试验结果表明，界面附近颗粒的水平位移、竖向位移均随着剪切位移增加而增加，且后期水平位移变化较为明显。

纵观上述研究，拉拔和剪切模型试验可以很好地得出格栅受力和位移之间的关系，对筋土界面特性的研究主要集中于宏观力学特性，但对格栅界面细观特性的变化无法深入研究。诸多学者针对上述问题，提出了在试验的基础上结合数值模拟对筋土界面细观参数特性进行探讨。

Tran(2013)采用有限元和离散元耦合的方法建立格栅拉拔模型，系统地分析了筋土界面细观特性，结果表明较大的格栅应力和位移主要集中在拉拔端，随着格栅拉拔位移的增加，颗粒接触力的方向发生了明显的变化。

周健(2010)从细观角度分析了砂土颗粒与土工合成材料接触特性,得出上下界面颗粒的运动方式和影响范围不同,接触界面颗粒发生较大相对位移,孔隙率增大,同时接触数减少。

郑俊杰(2013)通过开发砂土椭圆形颗粒,建立三维离散元模型分析了拉拔阻力、局部孔隙率以及格栅应变等力学响应。通过对不同拉拔位移下颗粒间接触力演化分析,可以看出格栅横肋周围逐渐出现八字楔形强力链,肋后有稀疏弱力链。这为从细观角度探究筋土界面机理提供了新的认识。

陈建峰(2011)开发类三角形颗粒模拟砂砾对格栅拉拔试验进行离散元模拟,分析得出格栅拉拔过程中下界面扰动大于上界面,上下界面呈非对称性,而且界面厚度与上覆压力呈负相关的线性关系。

Dong(2011)采用梁单元对双向格栅和三向格栅进行拉伸模拟试验。模拟试验表明双向格栅的极限抗拉强度主要取决于格栅的拉伸方向,而三向格栅的各向极限抗拉强度较为均匀,但是略低于双向格栅。

尽管目前已有对黄土地区格栅加筋路堤的试验及理论研究,但是,对于考虑黄土地区非对称荷载影响的路堤加筋的作用机理、变形特性、稳定性和动力响应的研究工作开展得较少。

1.4 路基稳定性研究现状

1.4.1 稳定性分析方法

土坡稳定性问题是岩土工程学科中最古老的典型研究课题之一。《公路路基设计规范》(JTG D30—2004)以边坡的总高度作为划分界限,规定当总高度大于 20m 时,宜对边坡进行稳定性验算。目前,高填方路堤边坡稳定性分析验算方法主要包括以下几种:

(1)极限平衡法

极限平衡法的基本思路:首先假设岩土体为刚体,边坡破坏是由岩土体在滑裂面上发生滑动引起的,滑裂面上的岩土体服从破坏条件;然后假设滑裂面为一已知的平面或曲面,通过考虑隔离体之间的静力平衡条件来确定滑裂面发生滑动时的破坏荷载。根据假设条件的不同,极限平衡法可分为瑞典圆弧条分法、简化 Bishop 条分法、简布法等。

(2)极限分析法

极限分析法是运用塑性力学的上、下限定理求解边坡稳定性问题。其中,上限定理即能量法,通过先假设一个滑裂面,然后构筑一个协调位移场,利用虚功原理对安全系数进行求解。

(3)滑移线场法

滑移线场法严格满足塑性理论,在不考虑土体变形与强度软化的情况下,将边坡划分为塑性区和刚性区,在塑性区应用静力平衡条件和 Mohr-Coulomb 准则,根据特定的边界条件和土性参数对偏微分方程用特征线法求解。

(4)数值分析法

数值分析方法大致可以分为两种:一种是基于连续性介质的应力应变分析方法,主要包括:有限元法(FEM)、边界元法(BEM)、快速拉格朗日法(FLAC);另一种是基于非连续性介质的应力应变分析方法，主要有：离散元法(DEM)、不连续分析法(DDA)等。

鉴于极限平衡法中的一些简化和假设导致其求解的安全系数具有多解性，以及极限分析法和滑移线场法在实际应用中的局限性，一些学者在数值分析方法的基础上提出了强度折减法。

所谓强度折减法，是指在理想的弹塑性计算中，将岩土体的抗剪强度参数逐渐降低，直至边坡失稳破坏。Zienkiewicz(1975)首次提出了抗剪强度折减系数的概念，其所确定的强度储备系数与 Bishop 条分法所确定的稳定性安全系数在概念上是一致的。

迟世春(2004)在应用强度折减法时发现当折减系数大于某一数值之后，土坡顶点的水平位移增长迅速，因此提出了界定土坡破坏的坡顶位移增量标准，以避免在应用强度折减法分析土坡稳定性时以不收敛或者迭代次数作为判别边坡破坏的"模糊"标准。

杨有成(2008)采用 FLAC3D 对强度折减法的若干问题进行了讨论，他认为在利用强度折减法求解边坡稳定性安全系数时，为了得到与极限平衡法类似的结果，需要采用合理的网格密度以及合适的边界条件。

1.4.2 降雨对边坡稳定性的影响

工程实践中，降雨对路堤边坡稳定性影响的重要性已经得到了广泛重视，但是相关的稳定性设计计算方法并不完善。"十个边坡九个水"，这句话较为形象地反映了边坡失稳破坏往往与边坡所处的水文地质环境有着非常密切的联系。降雨特别是暴雨对路堤边坡的危害主要表现在以下两个方面：

(1)坡面冲刷

暴雨冲刷路堤边坡，形成冲沟，甚至冲毁整段路堤。

(2)滑动破坏

大量雨水渗透进入路堤边坡土体内，使路堤填土强度降低，降雨入渗降低了路堤的稳定性，引起了边坡的滑动破坏。

因此，研究雨水作用下土坡的稳定性问题，从理论上及工程实际上都有着十分重要的意义。对降雨入渗条件下路堤边坡稳定性的研究，主要通过以下几种方式：理论研究、试验研究(主要包括原位试验和室内模型试验)及数值模拟研究。实际上许多学者在研究过程中都是结合上述两种乃至三种研究方法，以达到对这一问题的深刻认识。

Green(1911)通过室内模型试验，对三种不同性质的土进行了相关的研究，对气体和液体在土体中的运动模式形成了初步的认识。他将土体中水的渗透系数定义为常数，即单位横截面积、单位长度的土柱体，在 1cm 的水头压力下，单位时间内通过其内部水的体积，并且认为水的流动符合 Poiseulle 毛细管定律。建立了土体饱和条件下雨水浸润线的运动微分方程，并结合初始条件推导了土体在三种渗流模式(竖直向下，竖直向上以及水平流动)下渗透系数的表达式。试验结果表明，渗透系数是一个与土体初始孔隙率有关的常量。同时，他还开展了三种渗流模式下的模型试验研究，分析了不同性质的土体在不同含水率条件、不同初始孔隙率条件下的渗透系数，验证了其理论分析的合理性。

Brakersiek(1977)在建立雨水入渗模型时，提出了如下假定：①边坡处于持续降雨条件下；②在土体边坡中有一个明显的浸润面；③浸润区域土体的渗透系数保持不变；④浸润峰上方的负孔隙水压力为常数。在这些条件下,使入渗深度达到 z_w 且降雨浸润区域土体达到饱和状态的最小降雨时间可通过式(1-1)求得。

$$T_w = \frac{\mu}{k_w}\left[z_w - S \cdot \ln\left(\frac{S+z_w}{S}\right)\right] \tag{1-1}$$

式中:T_w——最小降雨时间;

μ——浸润前后体积含水率之差;

k_w——渗透系数;

z_w——入渗深度;

S——浸润峰处的基质吸力。

一般认为,相对于黏土边坡而言,砂质或碎石边坡更容易发生浅层滑坍破坏,但是 Pradel(1993)发现实际情况与之矛盾。因此结合加利福尼亚南部的工程实例展开研究,指出了只有在边坡表层土体达到完全饱和的条件下,土中水才会形成平行于边坡的渗流,即必须满足两个条件:①降雨强度大于土体的渗透速率;②降雨时长足够使边坡的入渗深度达到 z_w。基于 Brakersiek 的模型,推导出了降雨条件下入渗深度能够达到 z_w 的最大渗透系数,并将其定义为极限渗透系数 k_{lim}。与此同时,分析了一定降雨强度和降雨时长条件下 k_{lim} 的变化规律,研究认为渗透系数越低的土越容易达到饱和状态,解释了黏土边坡更趋向于发生失稳破坏的现象。

Fourie(1999)观察发现南非某处由推土机倾倒形成的人工灰质边坡的坡脚为 37°,这与边坡填料实际内摩擦角为 34°、黏聚力为 0 的情况并不相符,而传统的边坡稳定性分析方法并不能很好地解释这一现象。对此,Fourie 进行了相关研究,采用了两种方法分析了降雨入渗对路堤边坡稳定性的影响。一种是基于当地降雨数据的近似分析法,但是由于这种方法没有考虑基质吸力而被其认为偏保守;另一种是有限元分析法,基于 Fredlund(1993)提出的非饱和土强度理论[式(1-2)],对初始基质吸力以及不同入渗深度等参数的影响进行了研究,分析认为 φ^b 的选取对边坡稳定安全系数的影响较为显著。鉴于有限元法在模拟不同环境条件下降雨入渗的优越性,他推荐在相关问题的分析中采用有限元法。

$$\tau = c' + (u_a - u_w)\tan\varphi^b + (\sigma - u_a)\tan\varphi' \tag{1-2}$$

式中:τ——抗剪强度;

c'——有效黏聚力;

u_a——孔隙空气压力;

u_w——孔隙水压力;

σ——总应力;

φ'——有效内摩擦角;

φ^b——抗剪强度与基质吸力$(u_a - u_w)$相关的增长率。

Ng(1998)通过数值模拟的方法对香港某典型路堑边坡进行研究,分析认为边坡安全系数随着渗透系数的降低而降低,但是在高渗透土体中,土体渗透系数对边坡安全系数的影响不大。值得注意的是,当渗透系数与降雨强度较为接近时,安全系数将急剧下降。此外,安全系数还受渗透系数比的影响,渗透系数比越高安全系数越低。

Ng(2001)采用 3D 数值软件,建立了一个尺寸为 560m×890m×80m 的不规则山坡的有限元模型,对该非饱和土斜坡在三种不同的降雨类型(advanced pattern,central pattern 和 delayed pattern)下坡顶和坡脚处地下水的响应模式进行了数值模拟研究,分析了降雨时长分别为 24h 和 192h,降雨重现期分别为 10 年、100 年和 1 000 年条件下,地下水水位的变化规律。分析认为,降雨类型对边坡浅层内土体的孔隙水压力有显著的影响,但是这种影响随着深度的增加而逐渐减弱。同时,他还指出非饱和土坡坡顶和坡脚处地下水的响应模式存在差异:在坡顶处,由于初始地下水水位较深,降雨后水位几乎没有变化;而坡脚处初始地下水水位较浅,在降雨条件下同时受到来自土坡上部自上而下渗流水的影响,土体几乎处于饱和状态,不同降雨类型对渗透系数、孔隙水压力的影响较小。由此可见,初始条件对地下水响应模式起着至关重要的作用。

Bao(2000)指出在通常情况下,由于降雨入渗引起的边坡浅层破坏主要发生在边坡表层下 2m 以内。Ng(2003)对湖北地区"南水北调"工程主线附近某 11m 高的非饱和膨胀土路堑边坡进行原位试验研究,通过对孔隙水压力、土体含水率以及边坡水平应力等指标变化规律的观察,验证了 Bao 的观点。Ng 选取了一个 16m×31m 的坡面作为研究对象,在坡面上埋设了测斜管、土压力盒等监测仪器,利用 35 个喷头模拟实际降雨情况,采用 Wang(2000)提出的土水特征曲线来考虑雨水的吸附和蒸发作用。试验数据表明,土体中初始状态对降雨入渗的影响较为明显,在具有较高负超孔隙水压力的土层中,降雨后水平应力与竖向应力的比值显著增大,路堑边坡在降雨之后有可能会在被动土压力的作用下发生滑坍。

Lee(2011)认为降雨是诱发热带地区边坡失稳的最主要原因。通过建立一维和二维的室内模型,分析了由砂砾、粉土、砂土或高岭土四种材料组成的单相或双相模型在极端降雨强度或降雨周期下基质吸力的变化规律。采用 Gofar 等(2008)提出的方法,将试验降雨量控制为实际降雨量的 70%,并通过恒定入水水头和出水水头来模拟降雨条件。试验结果表明:在单相均质土坡中,采用较为简单的一维模型也能得到理想的试验结果,而在多相非均质土坡中由于水的水平向运动起着主导作用,必须采用二维模型进行分析。他还指出在不同的降雨强度、降雨周期以及土体饱和渗透系数的共同作用下,土体中的基质吸力会达到某一最小值,而在达到这一最小值之前,雨水浸润线将朝着土体深层进一步发展。

Santoso(2011)考虑到实际观测中降雨条件下的边坡破坏大多发生在浅层的特点,利用 THFELA 软件,建立了一个无限长的边坡模型,基于达西定律和质量守恒定律,对四种不同渗透系数(即单相均一渗透系数,上部土体渗透系数大,下部土体渗透系数大以及随机渗透系数)工况下土坡内水压的收敛情况进行模拟。结果表明,经过 20d 左右,单相介质和多相介质的边坡均能达到收敛平衡状态。同时,还将数值模拟的计算值与理论分析结果、现场监测结果进行了对比分析。研究表明,该数值模拟计算结果能很好地反映理论分析结果和现场监测结果,验证了数值分析的合理性。

Leung(2011)为了加深对降雨诱发边坡滑坍机制的认识,选用香港某土质边坡建立了较为系统的现场监测方案,主要监测了水平应力、竖向应力、孔隙水压力和体积含水率等指标。试验结果表明,边坡浅层的瞬态流主要发生在边坡表层下 3m 以内。他认为边坡滑坍破坏主要有两种模式:一种是"悬臂"破坏模式,即由于超孔隙水压力的变化引起了坡内水平应力的增加,使坡体产生了位移,并有可能诱发边坡浅层平移破坏;另一种是"深层"破坏模式,即边坡内沿坡面向下的应力出现很明显的增长,地表将产生约 40mm 的沉降,地表以下 5m 或更深的位置会出现明显的裂缝。

为了在稳定性分析中定量地考虑入渗和蒸发的影响,陈守义(1997)将非饱和土体水动力学应用于计算斜坡土体的瞬态含水率分布,他指出当抗剪强度参数与含水率或饱和度的关系已知时,便可利用常规的边坡稳定性分析方法对土坡的瞬态安全系数进行求解。

雷志栋(1988)指出在非饱和土中水的渗流也服从达西定律,但与饱和土中的渗流不同的是,非饱和土中的渗流系数并非常量,而是与土体饱和度或基质吸力有关的函数。吴宏伟(1999)在此基础上,基于渗透系数各向异性的二维渗流控制方程,对一个理想化的崩积土斜坡展开了数值模拟研究。通过分析不同降雨强度、降雨时长、降雨类型以及渗透系数对边坡稳定性的影响,认为雨水入渗引起的基质吸力的降低或丧失是引起降雨条件下土坡稳定性降低的主要因素。他还指出渗透系数对路堤稳定性的影响主要分为两种:一种是当降雨强度与渗透系数较为接近时,土体渗透系数越高,安全系数下降越明显;另一种是当降雨强度远低于渗透系数时,渗透系数较低的边坡,安全系数下降幅度较大。

朱伟(1999)对大型河堤模型进行了降雨渗透破坏试验,试验直至模型边坡发生滑坍。通过对试验过程中土体含水率的变化规律以及试验后土体强度的监测,认为雨水入渗是从表层到底部的过程。雨水除了增加边坡的整体饱和度以外,还会在坡脚处聚集形成饱和区域,饱和区域范围的扩大会对河堤的稳定性产生较大影响。

李焯芬(2000)通过对港渝地区水文地质条件以及边坡滑坍情况的对比分析,提出了求解浸湿带(100%饱和区)的计算方法,即将边坡上覆饱和土与下卧非饱和土之间的过渡带简化为三角形"浸润前带",并通过该区域的极限发展率来计算浸润带的厚度。他指出降雨入渗深度取决于土体的孔隙率、渗透系数、初始以及最终饱和度。

朱文彬(2002)将邓肯—张模型与 Fredlund(1977)提出的饱和—非饱和土应力应变关系结合起来,建立了饱和—非饱和土的非线性弹性模型,并利用有限元法对降雨引发的滑坡机理进行了研究,分析认为安全系数 $F_s=1$ 的等值线不断向土体内部移动,直至达到土坡上部地表,最后形成潜在滑裂面。

邓卫东(2003)通过在水平以及斜坡地基上建立尺寸为 150cm×30cm×90cm 土质及岩质边坡模型,开展了降雨入渗条件下路堤边坡的室内模型试验研究。试验监测结果表明,不同地基条件下的路堤边坡,雨水的入渗情况存在较大的差异。根据模型试验结果可知,浸润线不平行于路堤边坡,这一试验结果与大多数数值分析中的假设不同。但是相对于整个路堤尺寸而言,边坡上下部入渗深度的差别不大。同时,还对比了 Pradel 和李焯芬的降雨入渗深度计算方法,并通过工程实例的验算分析,认为 Pradel 的经验计算法较为接近实际。在理论计算方面,邓卫东通过假设雨水浸润线平行于路堤边坡,基于简化的 Bishop 条分法考虑了渗流力的作用,推导出降雨入渗条件下考虑渗流力的安全系数计算公式。

王瑞钢(2003)对比分析了有无渗流力作用以及降雨条件下入渗深度为 2.0m 三种工况下高填方路堤的安全系数等指标的变化规律,然后将所得的孔隙水压力作为条件计算边坡降雨后不同时刻的应力场,提出了路堤边坡在降雨作用下"小弧滑动"的概念。

张亮亮(2006)以云南祥临公路边坡为研究对象,考虑了气相流和液相流的相互作用,采用渗流与应力耦合的方法,基于强度折减法分析了降雨条件下边坡的滑裂面和安全系数。研究结果表明:降雨导致边坡表层土体的负孔隙水压力逐渐上升,使土体接近完全饱和;降雨,一部分被土体吸收,另一部分沿坡面流向坡脚,坡脚处水位迅速升高;在边坡比分别为 1∶1 和

1∶0.75情况下,降雨入渗的影响基本相同。

王继华(2006)基于饱和—非饱和强度理论、Mohr-Coulomb准则以及极限平衡法,建立了不考虑渗流与基质吸力作用,仅考虑基质吸力作用和仅考虑渗流作用三种工况下边坡稳定性分析统一计算公式,指出降雨入渗后基质吸力的丧失和渗流的共同作用是边坡安全系数降低的根本原因。

龚文惠(2007)认为对于非饱和膨胀土边坡而言,雨水入渗引起的膨胀力在边坡浅层内是从零开始向里逐渐增加的,而边坡深层土体含水率不受雨水入渗影响,膨胀力为零。通过试验测得的膨胀力指标,建立了膨胀力分布模型,模拟分析了降雨前边坡未浸水的自然状态和降雨后入渗深度分别为1m、2m、3m和4m五种不同工况下路堑边坡的变形和稳定性。研究发现,雨水入渗后,路堑边坡内不再有明显的弧状滑裂带,这从一定程度上佐证了边坡在降雨条件下的破坏主要发生在浅层。刘军(2010)在此基础上提出了不同边坡高度时的临界坡率,并探讨了非饱和膨胀土边坡发生变形和失稳破坏的机理。

刘永涛(2010)基于工程实例建立了数值模型,分析了在土体水平方向和竖直方向的渗透系数不同比值条件下,黄土边坡经过45h降雨条件后的安全系数以及坡顶的位移变化规律,指出坡顶的位移随着渗透系数的增大而增大。与此同时,他还分析了黄土垂直节理对入渗作用的影响。

谭文辉(2010)以东北某露天铁矿高陡边坡为研究对象,采用修正的Mohr-Coulomb理论和二维通用条分法对降雨入渗条件下边坡的稳定性进行了分析。结果表明,尽管降雨入渗条件下边坡的安全系数下降程度不大,但是坡体内的最大剪应力增大了10倍,水平位移增加了4～5倍,孔隙水压力亦增大了2倍,因此对降雨入渗的不良影响应该给予足够的重视。

综上所述,研究雨水入渗对路堤边坡的影响,在原位试验方面主要通过人工模拟降雨,监测孔隙水压力、土体应力等指标随边坡深度的变化规律,认为降雨入渗条件下边坡的破坏模式由深层滑裂破坏变为浅层滑坍破坏,并且破坏主要集中在边坡表层下3.0m以内。在室内模型试验方面,主要通过分析不同模型条件下水的渗流模式,结合相关理论公式对降雨入渗深度计算方法展开研究。在数值模拟方面,通常假定雨水浸润线平行于边坡线,基于非饱和强度理论考虑一定入渗深度条件下降雨入渗对边坡安全系数的影响。然而,对于强度折减法在降雨条件下路堤边坡稳定性分析的应用以及雨水入渗对抗剪强度参数的影响方面研究并不多见。

1.5 主要研究工作

本文针对黄土沟壑区加筋路基在施工和运营期间的变形特性,考虑路基结构和重载交通非对称性的影响,主要从工程调研、理论分析、现场试验和数值模拟四个方面开展工作,对黄土沟壑区加筋路基作用机理、变形特性、稳定性和动力响应特性等进行系统研究。主要研究内容如下。

(1)加筋路基筋—土界面细观特性研究

采用颗粒流软件PFC2D建立离散元数值模型,对格栅拉拔试验进行模拟,分析拉拔作用下位移场、接触力、孔隙率等参数的变化。同时,通过开发颗粒细观组构统计程序,记录格栅拉拔过程中砂土细观组构的演化规律。

(2)黄土沟壑区不均匀填方加筋路基现场试验研究

通过现场试验,对采用格栅进行处理的黄土非对称加筋路堤的地基沉降、路堤坡脚侧向位移、格栅上下表面土压力及格栅变形规律进行研究。

(3)黄土沟壑区不均匀填方加筋路基工作特性研究

通过数值模拟,分析采用轻质填料 EPS 板和土工格栅加筋处治措施时黄土非对称路堤在填筑期和运营期交通荷载作用下的变形特性,对比不同处治措施的处理效果,并对交通荷载大小、格栅刚度和加筋间距等进行了参数分析。

采用强度折减法对比分析采用轻质填料 EPS 板和土工格栅处治的黄土非对称路堤的稳定性,对影响路堤稳定性的相关因素,包括填土参数、加筋参数和交通荷载类型等重要设计参数进行了分析。

(4)黄土沟壑区不均匀填方加筋路基动力特性研究

考虑非对称交通荷载的影响,分析非对称交通荷载对黄土非对称加筋路堤变形特性的影响,并对交通荷载振幅、频率、行车间隔和路堤两侧高差等重要设计参数进行了分析,最终为黄土非对称路堤变形控制措施的实施提供参考。

(5)黄土沟壑区斜坡填方加筋路基工作特性研究

建立高填方加筋路堤数值模型,分析路堤填筑过程中路堤受力和变形特性,并研究地基土模量和路堤填土模量对路堤沉降、水平变形和格栅轴力的影响。同时,分析不同参数条件下路堤边坡安全系数和潜在滑动面的变化规律。

在路堤顶面分别施加静力和动力交通荷载,分析交通荷载作用下斜坡填方加筋路堤工作性状,并对交通荷载中几个重要设计计算参数进行参数分析。

(6)考虑降雨作用的黄土沟壑区斜坡填方加筋路基稳定性分析

基于一定降雨入渗深度,提出降雨作用下土体抗剪强度折减模式概念,系统分析降雨入渗对斜坡填方加筋路堤安全系数和潜在滑动面的影响。

2 黄土沟壑区非对称路基病害特征和破坏机理

2.1 引 言

由于非对称路基形式及黄土填料自身的特殊性，黄土沟壑区非对称公路路基的病害较多，且相比于常规路基形式，病害类型更为复杂多样，破坏形式更为多变。因此，通过查阅文献和现场调查，系统分析黄土沟壑区非对称路基的特点，归纳总结黄土沟壑区非对称路基的病害特征，并对病害成因和破坏机理进行分析，有助于加深对黄土沟壑区非对称路基变形特性和作用机理的认识，从而为黄土沟壑区非对称路基的设计与施工提供一定的参考。

2.2 非对称路基的特点

从总体上看，非对称路基具有如下共同特点：由于断面(包括横断面或纵断面)上几何或材料的非对称性，将导致断面上易产生差异变形(包括工后沉降和重复荷载作用下的永久变形)，而差异变形将对上承结构(路面、轨道、道面)产生附加力学响应，直接导致上承结构的使用寿命大大缩减。

与一般常规路基(Conventional Subgrade)相比，非对称路基的特殊性体现在如下几方面：

(1)路基材料或结构的非对称性。如横向半填半挖路基在路基横断面上填挖方材料性质明显不同，桩承式路基因桩基础、承台钢筋混凝土人工构造物等的实施，导致在线路纵向上刚度出现差异，出现类似路桥过渡的特点。

(2)对于斜坡路基，即使路基材料均一，但由于地层倾斜，即断面几何的非对称性，导致路堤的沉降变形不会像常规路基一样的“中间大，两侧小”的沉降盆，而是发生向一侧的偏移，重载交通的作用将加剧偏移程度和速度。

(3)对于半填半挖式非对称路基等，显然通常的 Burmister 层状体系理论不再适用。

2.3 黄土沟壑区非对称路基病害特征

2.3.1 路基不均匀沉降和路面开裂

路基施工完毕后，随着时间的推移与汽车重复荷载的作用，常出现路基的整体下沉与局部下沉，特别是在填挖方接头处，路基下沉更为突出。对于水泥混凝土路面，在半填半挖结合处、填挖相交断面处、新老路基交接处、土基密实度不同部位等，因路基不均匀沉降易造成水泥混凝土路面在使用期开裂断板。沥青路面路基填挖接茬处，如未认真处理和压实，也易导致不均匀沉陷。路基沉降导致的路面开裂如图 2-1 所示。

路基病害调查发现，在半填半挖路基处存在的病害严重。主要包括：路基纵向裂缝、填方路基沉陷和路面地下脱空等，致使路面损坏严重，对行车及安全产生严重影响。

a)

b)

图 2-1　路基沉降导致的路面开裂
a)路基沉降；b)路面裂缝

2.3.2　路基塌陷和边坡破坏

半挖半填路基是黄土沟壑区路基修筑及旧路改造中采用得越来越多的路基形式。它的一半路基在山坡中切挖形成，另一半路基通过填筑而成，这样在挖方路基和填方路基之间存在一个天然的交接面。由于交接面两侧路基生成方式、物理力学性质、地下水及路基内部结构等方面的差异，常导致路基边坡沿交接面滑动而发生路基塌陷，或者路面沿交接面产生沉降差异。

2006 年 3 月 28 日，石太高速公路(石家庄至太原)寿阳出口往东 2km 路面发生严重塌陷，现场形成长 100 余 m、宽 10 多 m、深近 10m 的塌方，如图 2-2 所示。

a)

b)

图 2-2　石太高速公路寿阳段路基塌陷现场

2010 年 4 月 2 日凌晨，330 国道青田白浦村路段发生路面塌方，造成两车从路基顶面坠落。塌方路面长约 20m，路基高 10m 左右，最宽处约有 4.5m，如图 2-3 所示。

a)

b)

图 2-3　330 国道坍塌现场

a)路基塌陷；b)车辆坠落

如图 2-4 所示，2010 年 9 月 11 日凌晨，因前期持续降雨，316 国道陕西白河段1 733km处路基塌陷一半，事故后调查表明，该塌陷处路基为 2003 年在原公路基础上扩建而成。如图 2-5 所示为 316 国道丹江段发生路基塌陷。

a)

b)

图 2-4　316 国道陕西白河段路基塌陷

a)

b)

图 2-5　316 国道丹江段路基塌陷

a)路基塌陷；b)塌陷路基抢修

半填半挖边坡的变形破坏类型通常包括滑坡、坍塌、流坍以及冲刷破坏。欧阳光前(2007)依据变形破坏特征、变形破坏机制和破坏面形态,把边坡变形破坏类型进行了归纳,见表 2-1。

半填半挖路基边坡变形破坏分类表

表 2-1

类型		变形破坏特征	变形破坏机制
滑坡	平面型	边坡土体沿某一结构面整体向下滑移	滑移—压裂:交接结构面强度过低,顺层滑移
	圆弧型	土质及散体结构的边坡,沿圆弧形滑动面滑移,坡脚隆起	蠕滑—拉裂:内摩擦角偏低,坡高、坡角偏大
	复合型	一个切穿土体的圆弧面与一个或者数个直线形结构面的组合滑移	滑移—拉裂:结构面临空
崩塌		边坡上局部土体松动、脱落,主要运动形式为自由坠落或滚动	滑移—拉裂:土体存在临空面,在结合力小于重力时,发生崩塌
流坍		碎屑类填料在重力作用下,向坡脚或峡谷内流动,形成碎屑流滑坡	流动:碎屑体饱水后在重力作用下,产生流动
冲刷		受洪水、潮水、风浪的侵袭淘空路基产生滑动,或者在坡面流的作用下破坏流失	下滑、坍塌:洪水不断冲刷沿河路基,冲蚀作用淘空路基导致边坡下滑、坍塌

2.3.3 路基防护与支挡结构病害

黄土沟壑区路基防护与支挡工程,使用过程中的病害较多,通过调查发现,具有代表性的病害,主要有:勾缝脱落、裂缝、表面破损、墙背填土沉陷变形及黄土陷穴、基础冲刷淘空、泄水孔堵塞、沉降缝(伸缩缝)变形破坏等几种形式,现分述如下:

(1)勾缝脱落

勾缝脱落是工程防护与支挡构造物中比较普遍的一种病害。砂浆勾缝在雨水表面径流作用下,砂浆被冲刷散失,水泥混凝土预制块或片(块)石砌缝外露,坡面降雨会向砌缝处聚集,使砌缝内路基填土随水流失或雨水渗入路基本体,形成坡面沟蚀,严重的甚至形成路基陷穴,使砌体脱空。

(2)裂缝

裂缝是浆砌片(块)石护坡、水泥混凝土预制块护坡及挡土墙比较常见的病害之一。坡面防护裂缝通常有两种:一种是在坡顶有错台的裂缝;另一种是坡面有错台的裂缝。其中后一种裂缝的产生通常伴随着坡面不平整,发生微量膨胀。前者主要是因路基发生不均匀沉陷而引起,而后者主要是因砌体背侧填料滑动引起膨胀变形而产生。挡土墙裂缝根据严重程度有贯通裂缝和未贯通裂缝两种。当发生了贯通裂缝,则墙体可能发生断裂,很可能已失去支挡作用,危害程度较大,应及时加以处理。天定高速公路路基支挡裂缝如图 2-6 所示。

(3)表面破损

表面破损主要是指浆砌片(块)石或预制块破碎松动、砂浆脱落,如维修不及时,使雨水冲刷下渗,导致大面积散失、脱空和剥落,降低或失去支挡防护作用。

a)

b)

图 2-6　甘肃天定高速公路路基支挡裂缝

a)桥墩与地基之间的裂缝;b)路基浆砌块石护坡裂缝

(4)墙背填土沉陷变形及黄土陷穴

浆砌护坡和挡土墙背侧填土发生沉降变形,形成黄土陷穴是一种比较普遍的严重病害。由于黄土具有湿陷性、多孔隙等特性,加之施工压实不足,在墙背排水不利情况下,地表径流汇集、雨水下渗,在潜蚀作用下引起黄土湿陷变形。当墙体泄水孔畅通时,黄土颗粒将随下渗水流移动,被水流带走,逐渐形成黄土陷穴,使背侧脱空,导致构造物失稳;当泄水孔被堵塞后,背侧将积水,填土含水率增大,强度大大减弱,发生沉陷变形,严重时则会导致上侧土体发生溜坍、滑坡。

(5)泄水孔堵塞

在浆砌护坡和挡土墙中,应设置合理的泄水孔,这样有利于排除背侧填土积水,降低孔隙水压力,维持其稳定性。但由于施工质量问题,如反滤层设置不合理,泄水孔结构施工不符合要求等,在使用过程中,随水流作用,泄水孔的排水通道被细颗粒材料堵塞,形成背侧填土积水,含水率增大,容易导致冻胀、湿陷、滑塌等严重病害。

(6)基础冲刷淘空

基础冲刷淘空是黄土地区公路水毁的一种主要形式,且危害极大。黄土地区暴雨集中,雨水冲刷严重,在沿河、冲沟地段的防护支挡工程,常因雨水急速局部冲刷基础,使底部材料被形成的涡流冲蚀、卷起带走,随着冲刷深度和范围的增大,导致基础脱空,如不及时处理,则会进一步导致结构物失稳破坏,会带来巨大的经济损失。

(7)沉降缝、伸缩缝破损变形

沉降缝、伸缩缝破损变形,主要是指缝在施工中未按要求完全封闭,设计的设置位置不合理或设置数量不足,在自然因素和人为因素作用下,导致缝被颗粒材料填充、变形量不足而被挤裂或拉开。

2.4　非对称路基主要病害成因分析

造成非对称路基上述病害的原因很多,半填半挖路基病害,一般都位于挖填结合部和填方段。路基的填方侧,一般会设置浆砌片石挡土墙等形式的防护;路基挖方侧边坡一般设置抗滑挡土墙或护面墙等措施。综合调查结果分析,半填半挖路基病害产生的原因有一定的共性。

(1)地形和填筑碾压工艺的影响

在半填半挖路段,由于对原地形处理不当,如未将施工地段挖出台阶后分层填筑压实,严重影响路堤填筑的稳定性和密实度。底层分层填土过厚、填筑速率过快、碾压次数不够、碾压顺序、碾压方式和碾压速度不当等因素,也会路基稳定性和密实度造成影响。同时,由于非对称路基断面沿路基横向填土厚度不一,使得由填土荷载附加应力导致的固结变形产生不均匀沉降而使路面开裂,水沿裂缝渗入后土体强度降低。

周维乔(1998)认为在挖填交界处如不进行挖台阶处理,会形成漏压区,而导致路基不均匀沉降。杨世基等(1999)指出,对于斜坡地形和半填半挖路基,因沟谷或斜坡的底层基底难以压实,不能形成压实好地基工作面,经常增加底层的松铺厚度,使同一断面上密实度不均匀,造成差异变形沉降。

(2)水的不利影响

由于黄土的孔隙大,丰富的山体水或地下水会浸入路基,而路基填土又为黄土,遇水变形,导致路基强度不够、路面底下脱空,出现大面积破坏。

(3)特殊时期施工措施不当,养护不及时或方法不当

在冬季施工时未采取有效处置措施,如土在受冻的情况下回填压实,将导致填土压实度严重不均匀而造成土体下沉;在雨季施工时未采取有效施工防范措施,如路堤用土未经很好的粉碎和晾晒就用于路堤填筑,或在路面刚出现纵向裂缝时未及时采取有效措施封水,导致雨水大量渗入路基,也是加速路基破坏重要原因之一。

(4)不良地基的影响

当地基下存在软弱下卧层时,若前期地基勘察工作不到位,施工时未采取有效处治措施,极易导致非对称公路路基路面出现病害。

(5)荷载的影响

近年来,公路交通量大增,重载、超载甚至超限运输的存在,都可能加剧非对称公路路基及半填半挖式路基病害的严重程度。王生俊(2003)认为轻重车道的不平衡行车荷载的波动将加剧荷载半填半挖式路基路面沉降的发展;赵茂才(2003)指出,在车辆荷载的不均匀分布及重载、超载车辆频繁荷载的作用下,水泥混凝土面板下的基层内将产生不均匀的累计塑性变形。

2.5 本章小结

本章主要探讨了黄土地区非对称公路路基的病害特征和破坏机理,并对主要的病害成因进行了分析,主要研究内容和结论如下:

(1)非对称路基的主要特点,包括:路基材料或结构的非对称、几何非对称导致的应力和沉降变形的非对称,受重载交通影响较大且 Burmister 层状体系理论不再适用。

(2)黄土地区非对称公路路基病害类型,主要包括:路基不均匀沉降、路面开裂、路基塌陷、边坡破坏、路基防护与支挡结构病害等。这些病害既与非对称公路路基的几何形态和结构特性有关,也与黄土自身所具有的多孔隙、湿陷性和易崩解等特性相关,从而容易产生沉陷变形、

坍塌与边坡滑动。

(3)引发黄土地区非对称公路路基病害的主要原因可以归结为地形条件、施工工艺、水、不良地基和交通荷载的影响。由于路基的非对称特性和黄土自身的特殊性，使得上述病因对黄土地区非对称公路路基的影响较常规路基更大，在工程实际设计、施工中更需引起足够的重视。

3 现行技术规范及计算分析方法

3.1 引　　言

在我国原《公路路基设计规范》(JTJ 013—1995)、《公路路基设计规范》(JTG D30—2004)和《公路路基施工技术规范》(JTG F10—2006)中,均未将非对称路基纳入特殊路基类型进行专门的设计和施工,而仅对半填半挖式路基、路基拓宽工程,以及路桥过渡段、路涵过渡段提出了一些具体的设计要求和施工要点,现将其中的有关要求和要点进行整理,并对路基稳定性分析方法和路面结构分析时所采用的地基模型进行阐述。

3.2 现行行业技术规范中的相关规定

3.2.1 原《公路路基设计规范》(JTJ 013—1995)

3.1.3　陡坡上的半填半挖路基,可根据地形、地质条件,采用护肩、砌石或挡土墙;当山坡高陡或稳定性差,不宜多挖时,可采用旱桥、露出悬台等构造物;在悬崖陡壁地段,如山体岩石稳定性好,可采用半山洞。

3.2.4　半填半挖路基:在地面自然横坡陡于1∶5的斜坡上(包括纵断面方向)修筑路堤时,路堤基底应挖台阶,台阶宽度不得小于1m,台阶底应有2%~4%向内倾斜的坡度。挖台阶前应清除草皮及树根。

分期修建或改建公路加宽时,新、旧路基填方边坡的衔接处,应开挖台阶。高速公路、一级公路台阶宽度一般为2m。土质路基填挖衔接处应采取超挖回填措施。

挖方上侧设置截水沟,应符合4.2.4条的规定。

3.2.6　护肩路基:坚硬岩石地段陡山坡上的半填半挖路基,当填方不大,但边坡伸出较远不易填筑时,可修筑护肩。护肩路基应符合3.3.10条的规定。

3.2.7　砌石路基:坚硬岩石(不易风化)地段的半填半挖路基,当填方较大,边坡伸出较远或落空而不易填筑时,可采用砌石路基,并应符合3.3.11条的规定。

3.2.2 现行《公路路基设计规范》(JTG D30—2004)

2005年1月1日起施行的《公路路基设计规范》(JTG D30—2004)在原《公路路基设计规范》(JTJ 013—1995)的基础上,在第3章“一般路基”中增加了路堤与桥涵构造物连接处理、路基填挖交界处理、高边坡路堤与陡坡路堤、挖方高边坡、填石路堤和粉煤灰路基等设计技术规定，新增加第6章“路基拓宽改建”，增加了原有路基状况评价方法与标准、高速公路路基拓宽改建、二级及二级以下公路路基拓宽改建的设计技术要求。

3.1.3 陡坡上的半填半挖路基，可根据地形、地质条件，采用护肩、砌石或挡土墙；当山坡高陡或稳定性差，不宜多挖时，可采用桥梁、悬出路台等构造物；三、四级公路的悬崖陡壁地段，当山体岩石整体性好时，可采用半山洞。

3.5.1 半填半挖路基中填方区应符合本规范第3.3节、第3.6节的相关规定。必要时，可采用冲击碾压或强夯等进行增强补压，以消减路基填挖间的差异变形。

3.5.2 半填半挖路基中挖方区应符合本规范第3.4节、第3.7节的有关规定。

3.5.3 半填半挖路基的填料应综合设计，当挖方区为土质时，应优先采用渗水性好的材料填筑，同时对挖方区路床0.80m范围内土体进行超挖回填碾压，并在填挖交界处路床范围内铺设土工格栅；当挖方区为坚硬岩石时，宜采用填石路堤。

3.5.4 当地表斜坡陡于1∶2.5时，应进行填挖间路基稳定性分析，其最小稳定安全系数不得小于本规范表3.6.8的规定值。当路基稳定性不够时，应根据地形地质条件，在路堤边坡下方设置支挡工程。

3.5.5 根据地下水出露情况和岩土性质，设置完善的地下排水系统，除在边沟下设置纵向渗沟外，还应在填挖之间设置横向或纵向渗沟。

3.5.6 纵向填挖交界处应设置过渡段，土质地段过渡段宜采用级配较好的砾类土、砂类土、碎石填筑，岩质地段过渡段可采用填石路堤。

3.2.3 《公路路基施工技术规范》(JTG F10—2006)

4.2.2 对于土质路堤，陡坡地段、土石混合地基、挖填界面、高填方地基等都应按设计要求进行处理。

4.2.5 高填方路堤高填方路堤填料宜优先采用强度高、水稳性好的材料，或采用轻质材料。受水淹、浸的部分，应采用水稳性和透水性均好的材料。

4.2.7 半填半挖路基、路堤与路堑过渡段，应从填方坡脚起向上设置向内侧倾斜的台阶，台阶宽度不小于2m，在挖方一侧，台阶应与每个行车道宽度一致、位置重合；纵向挖填结合段，应合理设置台阶；路基应从最低标高处的台阶开始分层填筑，分层压实；填筑时，应严格处理横向、纵向、原地面等结合界面，确保路基的整体性。

4.5.1 路堤拓宽施工时，拓宽部分路堤的地基处理应按设计和本规范有关条款处理；老路堤与新路堤交界的坡面挖除清理的法向厚度不宜小于0.3m，然后从老路堤坡脚向上按设计要求挖设台阶；老路堤高度小于2m时，老路堤坡面处理后，可直接填筑新路堤，严禁将边坡清挖物作为新路堤填料；拓宽路堤的填料宜选用与老路堤相同的填料，或者选用水稳性较好的砂砾、碎石等填料。

6.6.1 黄土地区路基施工，应做好施工期排水，将水迅速引离路基。在填挖交界处引出边沟时，应做好出水口的加固，排水设施接缝处应坚固不渗漏。

6.6.3 黄土填筑路堤应符合下列规定：

(1)路床填料不得使用老黄土。路堤填料不得含有粒径大于100mm的块料。

(2)在填筑横跨沟壑的路基土方时，应做好纵横向界面的处理。

(3)黄土路堤边坡应拍实，并应及时予以防护，防止路表水冲刷。

(4)浸水路堤不得用黄土填筑。

6.18.4 沿河、沿溪地区的高填方、半挖半填、拓宽路段的新老交界面应按设计要求采取措施保证路基稳定，峡谷地段宜采用石质填料。

7.2.2 半填半挖地段、挖填方交界处不得在冬季施工。

7.3.4 挖方边坡不宜一次挖到设计坡面，应预留一定厚度的覆盖层，待雨季过后再修整到设计坡面；雨季开挖路堑，当挖至路床顶面以上300～500mm时应停止开挖，并在两侧挖好临时排水沟，待雨季过后再施工。

3.3 路基稳定性分析方法

3.3.1 定性分析法

工程地质类比法，又称地质比拟法，属于定性分析方法的范畴。工程地质类比法的优点是综合考虑各种影响边坡稳定的因素，迅速地对边坡稳定性及其发展趋势作出估计和预测。其缺点是类比条件因地而异，经验性强，没有数量界限。地质条件复杂地区，勘测工作的初期，缺乏资料时，常使用工程地质类比法，对边坡稳定性进行分区并作出相应的定性评价。定性分析方法主要包括边坡稳定的历史分析方法、因素类比法、类型比较法和边坡评分法。

3.3.2 极限平衡法

极限平衡法采用条分的基本思想，假定边坡处于极限平衡状态来搜索最危险的潜在滑动面并计算相应的最小安全系数。极限平衡法的基本思路是：假定岩土体是刚体，其破坏是由于滑体内滑动面上发生滑动而造成的，滑动面上岩土体服从破坏条件，假设滑动面已知，形状可以为平面、圆弧面、对数螺旋面或其他不规则曲面，通过考虑有滑动面而形成的隔离体静力平衡，确定这一滑动面发生滑动时的破坏荷载。常见的方法有：瑞典圆弧条分法、简化毕肖普法、简布法、摩根斯坦—普赖斯法等。

3.3.3 极限分析法

一般地，结构极限承载力或稳定分析的方法通常有两种：一类是弹塑性分析法，即根据应力应变关系、具体问题的初始条件与边界条件、荷载历史逐步求解承载力问题；另一种是塑性极限分析法，即忽略中间的弹塑性过程，直接研究极限状态。对于塑性极限分析方法，当土体应力小于屈服应力时，像刚体一样不产生变形，而一旦达到屈服应力，即使在应力不变的情况下，土体也会像理想塑性体那样产生无限制的变形造成土体失稳而发生破坏。此时可利用塑性极限分析法进行求解。该方法应用塑性力学上、下限定理求解地基承载力、土力学和边坡稳定问题。在塑性极限分析中，上限定理，即能量法是一个比较活跃的研究领域。通常需要假设一个滑裂面，并将土体分成若干块，土体视作刚塑性体，然后构筑一个协调位移场。为此需要假设滑裂面为对数螺线或者直线，然后根据虚功原理求解滑体处于极限状态时的极限荷载或稳定安全系数。极限分析下限法的理论基础是下限定理，它在计算过程中需要构造一个合适的、静力许可的应力分布，在通常情况下可用应力柱法或者应力不连续法等来求解问题的下限解，其解偏于安全，可以使用。下限定理的应用是有限的，因为很难找到合适的、静力许可的应力分布，只有极少数情况下可用应力柱法构造这种平衡静力场，获得下限解。极限分析方法中最常用的是上限定理，因此，极限分析法在多数情况下实际上只采用上限法。

塑性极限分析方法由 Drucker 和 Prager 在 1952 年率先提出，其最大的优点是考虑了材料的应力—应变关系，并利用极限状态时自重和外荷载所做的功等于滑裂面上阻力所消耗的功为条件，结合塑性极限分析的上、下限定理求得边坡极限荷载与安全系数。

3.3.4 有限元圆弧搜索法

有限元圆弧搜索法是极限平衡法与有限元法的耦合。它的分析以有限元应力分析为基础，搜索最危险滑动面，得到边坡的安全系数。

有限元圆弧搜索法的一般计算过程，可以这样描述：首先在边坡中假设一个潜在的滑动面，然后把边坡当作变形体，按照土的变形特性，应用有限元法计算边坡内的应力分布，再通过搜索潜在的滑裂面，验算滑动坡体的整体抗滑稳定性。用整个滑裂面的抗剪强度与实际产生的剪应力之比得到滑裂面安全系数，应用圆弧搜索法或者数学规划方法寻求与安全系数对应着的最危险滑裂面。这一寻求最小安全系数与最危险滑裂面的过程，一般是通过试算来实现，但不适当的试算方法可能无法寻找出边坡真正的最危险滑裂面，鉴于此便出现了多种不同的搜寻最危险滑动面的方法，比如网格搜索法、二分法、数学规划法等。显然，搜寻最危险滑动面的方法，实质上取决于所假定滑动面的方法，这些假定方法需要保证能从所假定的多个滑动面中找出边坡真正的最危险滑动面。例如假定滑动面为圆弧，那么搜寻最危险滑动面时就可以通过不断改变圆弧的圆心位置及半径大小来寻找。

有限元圆弧搜索法引入了有限元分析，在土体本构模型的选取上更加合理，弥补了极限平衡法只能假定土体为刚塑性的不足，但是它仍然没有解决极限平衡法中事先假定的滑动面的不足，是一种介于极限平衡法和有限元法中间的过渡方法。

3.3.5 强度折减法

所谓强度折减法，是指在理想弹塑性计算中将岩土体的抗剪强度参数逐渐降低，直至其失稳破坏。1975 年，Zienkiewicz 等首次提出了抗剪强度折减系数的概念，其所确定的强度储备安全系数与 Bishop 在极限平衡法中所给出的稳定安全系数在概念上是一致的。

强度折减法的基本原理是将材料的强度参数 c、φ 值同时除以一个折减系数 F，得到一组新的 c'、φ'，然后作为新的材料参数进行试算，通过不断地增加折减系数反复分析研究对象，直到达到临界状态，此时得到的折减系数 F 即为安全系数 F_s。其分析方程为：

$$c' = \frac{c}{F} \tag{3-1}$$

$$\varphi' = \arctan\left(\tan\frac{\varphi}{F}\right) \tag{3-2}$$

抗剪强度折减系数(Shear Strength Reduction Factor,SSRF)可定义为:在外荷载保持不变的情况下,边坡内土体所发生的最大抗剪强度与外荷载在边坡内所产生的实际剪应力之比。外荷载所产生的实际剪应力与抵御外荷载所发挥的最低强度与按照实际强度指标折减后所确定的、实际中得以发挥的抗剪强度相等。当假定边坡内所有土体抗剪强度的发挥程度相同时,这种抗剪强度折减系数定义为边坡的稳定安全系数,由此所确定的安全系数可以认为是强度储备安全系数。而在地基极限承载力与传统边坡稳定性分析中所采用的传统安全系数一般是指荷载增大系数。

3.4 路面结构地基分析模型

路面结构对于作用荷载的响应,是路面结构设计的基本依据。目前对路面结构进行应力分析时,常见的地基力学模型有:Winkler 地基模型、弹性固体地基模型、Pasternka 地基模型、Burmister 地基模型和 Kerr 地基模型等。

Winkler 地基模型亦称作稠密液体地基模型,其本构参数用地基反应模量 k 来描述;地基如同由许多紧密排列而互不关联的线性弹簧所组成,地基顶面任一点的挠度仅同作用于该点的压力成正比,而与其他点上的压力无关。

弹性固体地基模型,亦称作弹性半无限体地基模型或弹性半空间体地基模型或 Boussineqs 地基,采用弹性模量 E_0 和泊松比 μ_0 来表征其弹性性质;地基可看作是均质的半无限连续介质,地基顶面任一点的挠度不仅同作用于该点的压力有关,也同顶面其他点上的压力有关。

Pasternka 地基模型,采用地基反应模量 k 和剪切模量 G 两项系数来表征地基的性质;假设 Winkler 地基的弹簧单元之间存在一定程度的剪切阻尼作用,类似于弹簧顶部与由不可压缩的梁或板单元组成的剪切层相联结,层内各单元间由于横向剪切而变形。

多层弹性地基,或称作 Burmister 地基,用每一水平层的弹性模量 E_i 和泊松比 μ_i 表征其弹性性质;假定各层都是由均质的各向同性的线弹性材料组成,其弹性模量和泊松比为 E 和 μ,土基在水平方向和向下的深度方向均为无限,其上的路面各层厚度均为有限,但水平方向仍为无限,假定路面上层表面作用有垂直荷载,荷载与路面表面接触面形状呈圆形,接触面上的压力呈均匀分布,每一层之间的接触面假定为完全连续的(具有充分的摩阻力)、部分连续或完全光滑(没有摩阻力)的。

Kerr 地基模型是在 Pasternka 地基模型上再增加一层弹簧,采用剪切模量 G 和两个地基反应模量 k_U、k_L 共三个参数来表征地基的性质。

3.5 本章小结

本章主要对现行行业规范中关于非对称路基的设计要求和施工要点进行了整理,并对路基稳定性分析方法和路面结构分析地基模型进行了阐述。从以上的分析可以看出,相关技术规范对非对称公路路基设计要求和施工要点的规定仍显粗糙,处治技术和方案设计主要是定性的,缺乏明确的设计计算理论、方法和参数,增加了设计、施工中的不科学性和风险性。

4 黄土沟壑区路堤填料土性参数研究

4.1 引　言

本章以山平高速公路 K210＋987～K211＋087 现场试验路段为例，对黄土路堤填料进行室内土工试验，测定其基本物理、力学参数，掌握其基本变形特性和工程性质，为工程设计人员确定路堤填筑方案、变形控制方法以及分析路堤边坡稳定性提供依据。

4.2 黄土路堤填料物理特性及参数

4.2.1 颗粒分析

颗粒分析试验也称粒度分析，是将黄土试样按粒径不同，分成不同粒组并测定其相对含量的试验方法。先对填料进行筛分试验，筛分法试验结果见表 4-1，发现粒径小于 0.075mm 的颗粒达到 98.5%，根据《公路土工试验规程》(JTG E40—2007)(以下简称《规程》)，对于粒径小于 0.075mm 粒组，采用密度计法，得到颗粒大小分布曲线如图 4-1 所示。

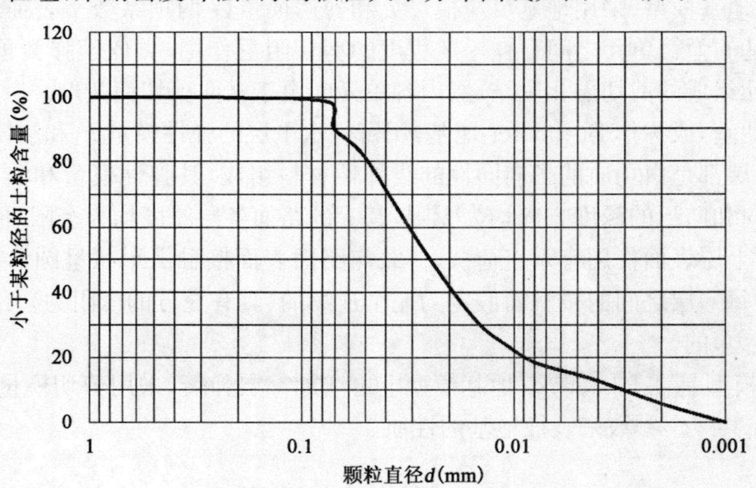

图 4-1　颗粒大小分布曲线

筛分法试验结果　　表 4-1

孔径(mm)	5	2	1	0.5	0.025	0.075
通过率(%)	100	100	100	100	99.9	98.5

由图 4-1 颗粒大小分布曲线可以算出，$d_{60}=0.03\text{mm}$，$d_{10}=0.003\text{mm}$，$d_{30}=0.015\text{mm}$，所以可以算出：$C_u=\frac{d_{60}}{d_{10}}=\frac{0.03}{0.003}=10$，$C_c=\frac{{d_{30}}^2}{d_{60}\times d_{10}}=\frac{0.015^2}{0.003\times0.03}=2.5$。由图 4-1 颗粒大小分布曲线可以看出，该黄土填料级配累积曲线呈台阶状，级配不连续，由于 $C_u=10>5$，且根据《土的工程分类标准》(GB/T 50145—2007)，判定该黄土填料级配良好。

4.2.2 液塑限试验

黏性土从一种状态过渡到另一种状态的分界含水率称为界限含水率。如图 4-2 所示，土由可塑状态变化到流动状态的界限含水率称为液限，用 ω_L 表示；土由半固态变化到可塑状态的界限含水率称为塑限，用 ω_P 表示。

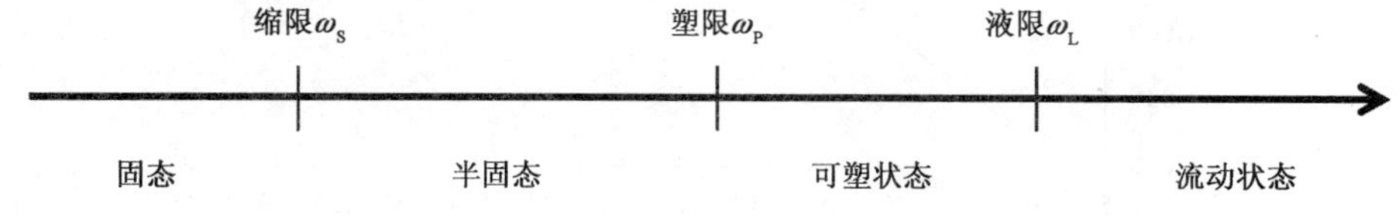

图 4-2 黏性土的状态与含水率的关系

根据《公路土工试验规程》(JTG E40—2007)，采用液塑限联合测定法测定路堤填土的液限与塑限，测得该黄土路堤填料液、塑限分别为 $\omega_L=30.8\%$、$\omega_P=22.4\%$。

根据公式 $I_P=100(\omega_L-\omega_P)$ 求得塑性指数 $I_P=8.4$，由于 $7<I_P<10$ 且粒径大于 0.075mm 的颗粒的质量分数不大于 50%，根据《岩土工程勘察规范》(GB 50021—2001)，判定该黄土路堤填料为粉土。

4.2.3 击实试验

土的压实性是指土体在不规则荷载作用下其密度增加的特性。土的压实性指标通常在室内采用击实试验测定(图 4-3)。在实验室内用标准击实方法测定黄土土样干密度与含水率的关系，从而确定土的最大干密度与最佳含水率，为工程设计及施工提供土的压实性资料。

a)

b)

图 4-3 击实试验

a)分层击实；b)脱模机脱模

根据《公路土工试验规程》(JTG E40—2007),试验采用轻型击实试验方法,按四分法配置5种不同含水率试样,按照规程相应试验步骤分别给予击实,得到不同含水率下相应的干密度,绘制出含水率与干密度关系曲线,如图4-4所示。结果表明,该黄土路堤填料的最佳含水率为11.5%,相应的最佳干密度为1.924g/cm³。

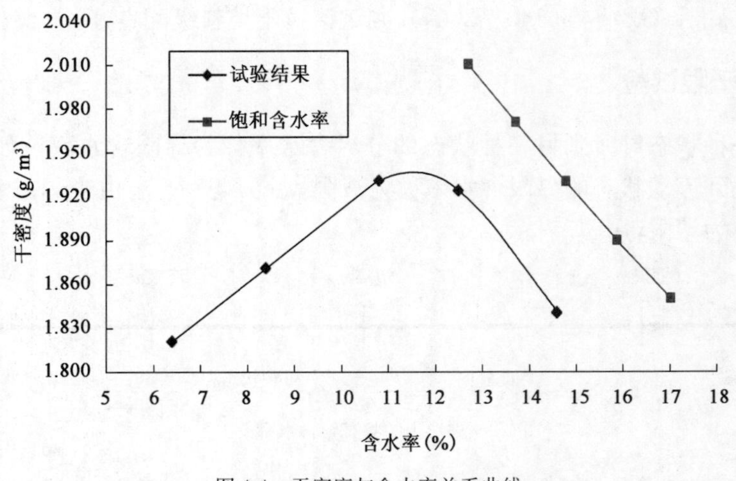

图4-4　干密度与含水率关系曲线

4.3　黄土路堤填料力学性质试验

4.3.1　压缩试验

土的压缩试验(图4-5)是测定土体在压力作用下产生变形的过程,是室内测定土的压缩性的基本途径。通过计算求得的各项压缩指标,用来分析判别土的压缩特性和天然土层的固结状态,从而计算路基沉降量,并估算区域性的地面沉降量。

a)

b)

图4-5　压缩试验
a)土样制作;b)进行压缩

根据《土工试验方法标准》(GB/T 50123—1999),配置含水率在最佳含水率(11.5%)附近的土样(实际含水率为 11.1%)，按 50kPa、100kPa、200kPa、400kPa、800kPa 分级加压，加载 10min 后测量变形量。进行五组平行试验，绘制出 e-p 曲线如图 4-6 所示，试验结果见表 4-2。结果表明，$0.1\text{MPa}^{-1} < \alpha_{1-2} = 0.196\text{MPa}^{-1} < 0.5\text{MPa}^{-1}$，该黄土路堤填料重塑土样属中压缩性土。

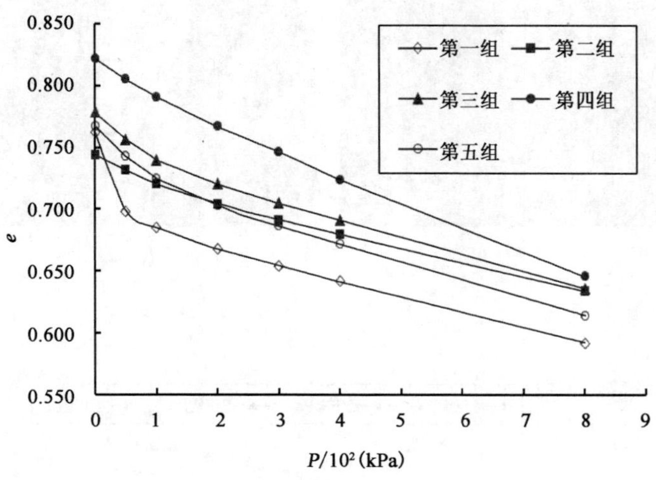

图 4-6　孔隙比与压力关系曲线

压缩模量与压缩系数　　表 4-2

分组	第一组	第二组	第三组	第四组	第五组	平均值
α_{1-2}(MPa^{-1})	0.18	0.16	0.19	0.23	0.22	0.196
E_{s1-2}(MPa)	9.57	10.50	8.93	7.83	7.75	10.10

4.3.2　直剪试验

直剪试验是最直接的测定土体抗剪强度的方法，是土工试验的重要手段，在工程实际中得到广泛应用。根据《公路土工试验规程》(JTG E40—2007)，快剪试验和固结快剪试验仅适用于渗透系数小于 10^{-6}cm/s 的黏土。

4.3.2.1　最佳含水率时的抗剪强度

根据《公路土工试验规程》，试验采用固结快剪方法，配置含水率在最佳含水率(11.5%)附件的土样(实际含水率为 11.66%)，按照《公路土工试验规程》规定的试验步骤，先使试样加压固结，然后进行剪切，试验过程如图 4-7 所示。记录测力计、百分表读数，绘制 τ-ΔL 曲线和 τ-P 曲线如图 4-8、图 4-9 所示，试验结果表明，黄土路堤填料重塑土样的黏聚力为32.58kPa、内摩擦角为 27.25°。

4.3.2.2　不同含水率下的抗剪强度

为研究不同含水率下黄土路堤填料的力学性质，分别配置了含水率为 10.86%、11.66%、12.15%、13.08%、14.45%的土样进行直剪试验。测得各种含水率下土体的黏聚力和内摩擦角。

a)　　b)

图 4-7　剪切试验

a)制作土样；b)进行剪切

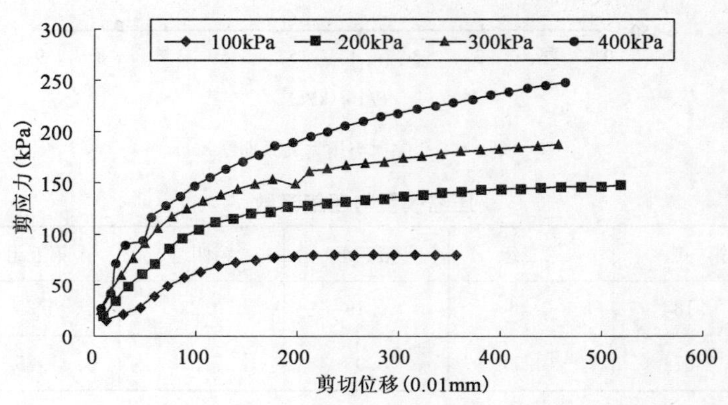

图 4-8　剪应力与剪切位移关系曲线

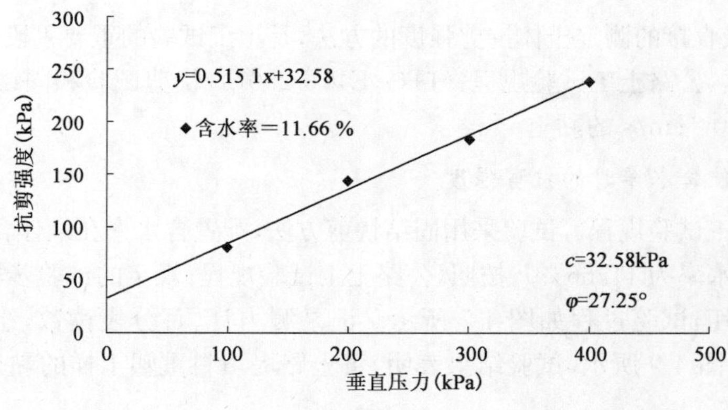

图 4-9　抗剪强度与垂直压力关系曲线

结合表 4-3 和图 4-10 可以看出，黏聚力对含水率的变化比较敏感，含水率在最佳含水率附近时填土黏聚力在 30kPa 左右。由图 4-11 可以看出，含水率的变化对内摩擦角的影响相对较小，填土内摩擦角总体在 28°左右。

不同含水率下的黏聚力和内摩擦角　　表 4-3

含水率 w(%)	10.86	11.66	12.15	13.08	14.45
黏聚力 c(kPa)	3.90	32.58	31.05	15.23	37.81
内摩擦角 φ(°)	30.57	27.25	27.68	29.95	26.36

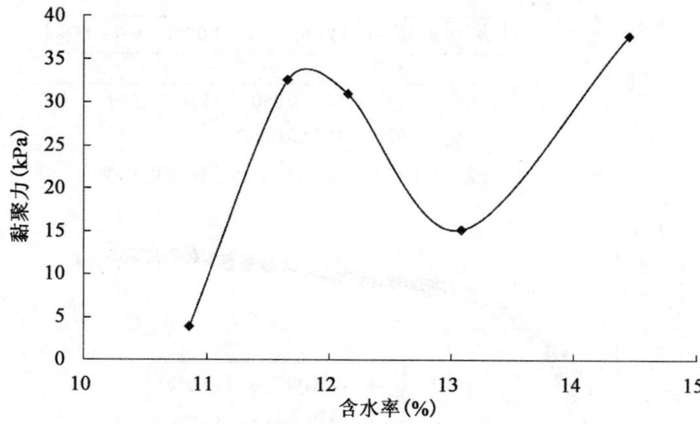

图 4-10　黏聚力与含水率关系曲线

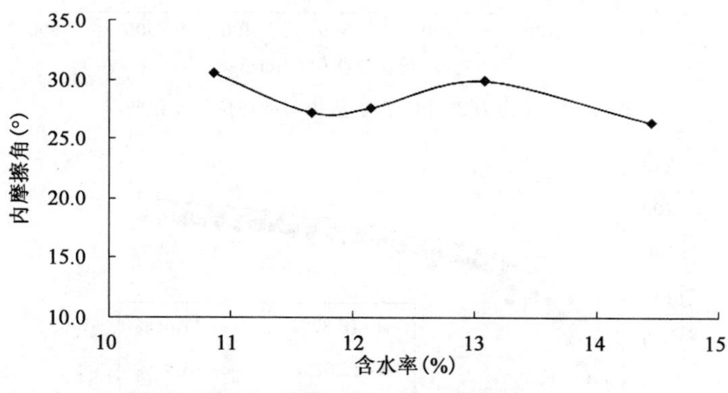

图 4-11　内摩擦角与含水率关系曲线

4.3.2.3　不同含水率下剪应力—剪切应变关系曲线

不同含水率土样在竖向压力作用下的抗剪强度如表 4-4 所示。对比不同法向应力下不同含水率对应的剪应力—剪切应变关系曲线(图 4-12～图 4-15)可以看出，竖向压力为 100kPa 时含水率对抗剪强度影响较大，随着法向应力的增大，含水率对抗剪强度的影响减小。

不同含水率土样在不同竖向压力作用下的抗剪强度(单位:kPa)　　表 4-4

含水率(%) / 抗剪强度(MPa) / 竖向压力(kPa)	10.86	11.66	13.08	14.45
100	47.81	80.18	64.18	86.67
200	140.18	143.27	137.09	138.86
300	190.18	183.46	200.73	184.77
400	228.00	238.47	235.00	236.58

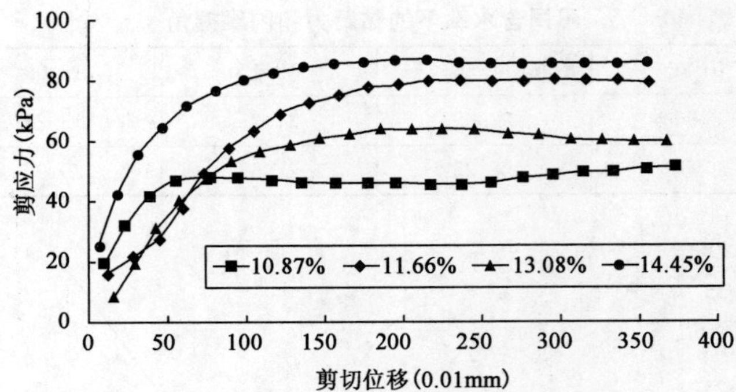

图 4-12 压力为 100kPa 时剪应力与剪切位移变化曲线

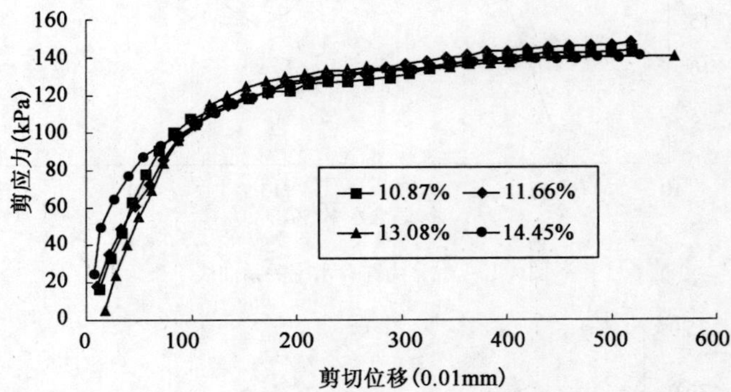

图 4-13 压力为 200kPa 时剪应力与剪切位移变化曲线

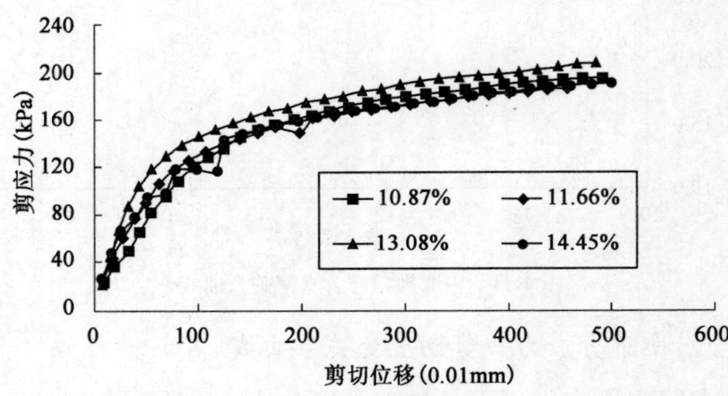

图 4-14 压力为 300kPa 时剪应力与剪切位移变化曲线

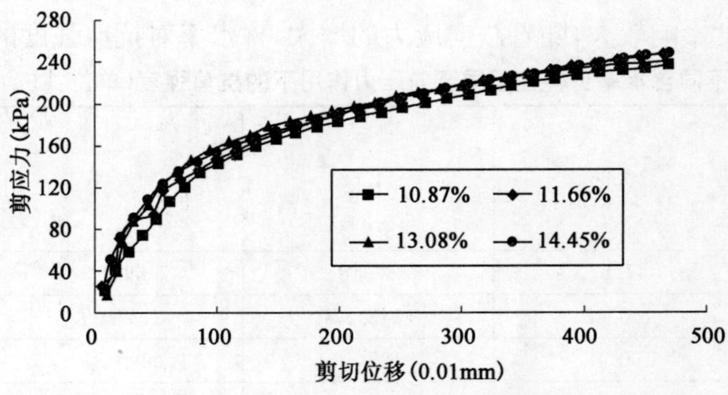

图 4-15 压力为 400kPa 时剪应力与剪切位移变化曲线

4.3.3 三轴不固结不排水试验

根据《公路土工试验规程》(JTG E40—2007),先配置含水率为最佳含水率(11.5%)的土样(实际测得11.72%),制备3~4个密度与含水率相同的试样,对各试样施加不同的周围压力σ_3,分别为100kPa、200kPa和300kPa,再以ε=0.08mm/min的轴向应变速率给试样施加轴向压力直至破坏,取步长为2对轴向变形及相应的轴向主应力差($\sigma_1-\sigma_3$)进行记录。试验过程如图4-16所示,试验得到主应力差与轴向应变曲线和不固结不排水剪强度包线如图4-17所示。

a)

b)

图4-16 不固结不排水剪切试验

a)调节三轴仪器;b)进行剪切

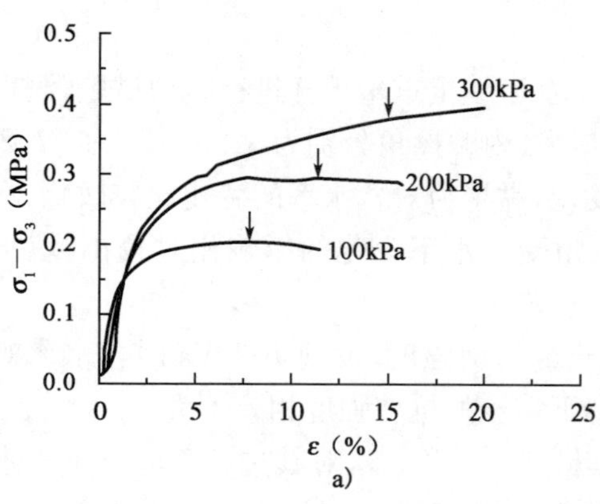

a)

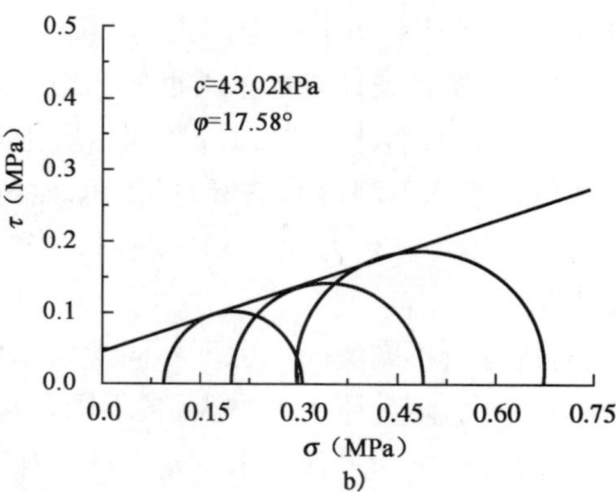

b)

图4-17 不固结不排水剪切试验结果

a)主应力差与轴向应变关系曲线;b)不固结不排水剪强度包线

由图4-17可以看出,随着主应力差的不断增大,试样轴向应变不断增大,当轴向应变达到一定值时,曲线出现峰值,表明试样已经破坏,如果曲线没有峰值,按规范取轴向应变为15%时对应的主应力差为破坏时的最大主应力差。由表4-5可以得出,含水率为11.72%的山平高速黄土路堤填料不固结不排水剪切强度为:黏聚力c_u=43.02kPa,内摩擦角φ_u=17.58°。

直剪试验与不固结不排水剪试验结果对比　　表 4-5

试验方法＼土性参数	含水率 w(%)	黏聚力 c(kPa)	内摩擦角 φ(°)
直剪	11.66%	32.58	27.25
不固结不排水剪	11.72%	43.02	17.58

分析表 4-5 可以看出，配置含水率接近最佳含水率的土样，对其分别进行直剪试验和不固结不排水试验得出的黏聚力和内摩擦角区别较大，不固结不排水剪切试验测得的黏聚力大于直剪试验测得的黏聚力，而内摩擦角小于直剪试验测得的内摩擦角，分析产生这种结果的原因是直剪试验不能严格控制排水条件且所假定的剪切面并非土样抗剪最薄弱的面，而不固结不排水剪切试验较为严格的控制了排水条件，剪切面也是根据实际情况测量的，所以采用不固结不排水剪切试验结果更为准确。

4.4 本章小结

通过对山平高速公路 K210＋987～K211＋087 试验路段黄土路堤填料进行颗粒分析、液塑限测定、击实、压缩、直剪和不固结不排水等室内土工试验，得到以下结论：

(1)对填料进行颗粒分析，测得 $C_u=10>5$ 且 $1<C_c=2.5<3$，判定该黄土填料级配良好；对填土进行液塑限试验，测得该黄土路堤填料液、塑限分别为 $\omega_L=30.8\%$，$\omega_P=22.4\%$，塑性指数 $I_P=8.4$，由于 $7<I_P<10$ 且粒径大于 0.075mm 的颗粒的质量分数不大于 50%，判定该黄土路堤填料为粉土；对填土进行击实试验，测得填土最大干密度为 1.924g/cm^3，对应的最佳含水率为 11.5%。

(2)对填料重塑土样进行五组压缩试验，测得平均压缩系数和平均压缩模量分别为0.196 MPa^{-1}和 10.10MPa，属中压缩性土。

(3)对含水率在最佳含水率附近的四组不同含水率填土重塑土样进行直剪试验，测得含水率为 11.66%(最佳含水率为 11.5%)时，填土黏聚力、内摩擦角分别为 32.58kPa 和 27.25°；对比分析其他含水率下测得的黏聚力和内摩擦角发现，黏聚力对含水率的变化比较敏感，在最佳含水率附近时填土黏聚力在 30kPa 左右；内摩擦角受含水率变化的影响相对较小，填土内摩擦角总体在 28°左右。

(4)对比分析不同法向压力下不同含水率填土的抗剪强度，发现 100kPa 时含水率对抗剪强度的影响较大，随着压力的增大，各不同含水率下填土的抗剪强度相差不大。

(5)配置含水率为最佳含水率附近的土样(实际为 11.72%)，对其进行不固结不排水剪切试验，测得相应的黏聚力 $c_u=43.02$kPa，内摩擦角 $\varphi_u=17.58°$。

5 循环荷载下击实黄土路基动力响应研究

5.1 概　　述

随着高等级公路、铁路以及飞机场等设施的快速建设，对路基沉降和差异沉降的要求越来越高，而黄土路基由于其较差的工程性质，易在交通荷载作用产生过大沉降或不均匀沉降。过大沉降或不均匀沉降的产生不但影响行车舒适性、威胁行车安全，而且较大程度地提高了公路、铁路等设施的维护成本，减少了使用年限，造成资源的巨大浪费。

影响土体特性，尤其是击实黄土动力特性的因素可以概括为“3S”，即：应力强度（Stress intensity）、应力历史（Stress history）和应力路径（Stress path）。应力强度一般表现为动应力幅值、加载频率、持续时间等。应力历史一般指本体在自然沉积或者工程处理过程中曾经所处的应力状态，包括固结围压、初始附加荷载甚至动力荷载，土体对应力历史具有记忆能力。从微观的角度，应力历史的影响主要体现为诱发各向异性和结构性。应力路径是应力点的轨迹，在不同的应力空间中有不同的形式，动力维数越多，应力路径越复杂。

5.2 试验设备及试验材料

试验使用英国 GDS 公司生产的 10Hz 动三轴试验系统（DYNTTS），如图 5-1 所示，其主要组成部分包括：①驱动装置、压力室罩和平衡锤；②围压控制器；③反压控制器；④信号调节装置；⑤高速数据采集和控制卡（HSDAC）或 GDSDCS 轻型控制系统。

驱动装置即轴力控制器，包含无电刷直流伺服电动机控制器，该电动机通过锯齿状的皮带驱动滚珠丝杠，压力室底座安装在驱动装置的顶部。压力室底部包括所有与压力室相连接的液压接头，如围压、反压、孔压接头。除了液压管，包括弯曲元、LVDT、局部孔压传感器等线路的进出也要通过压力室底部的接头。在底座的底部有两个进出水孔，其中一个与孔压传感器连接，另一个主要用于排气。在顶帽上同样有进出水孔，与反压控制器连接。

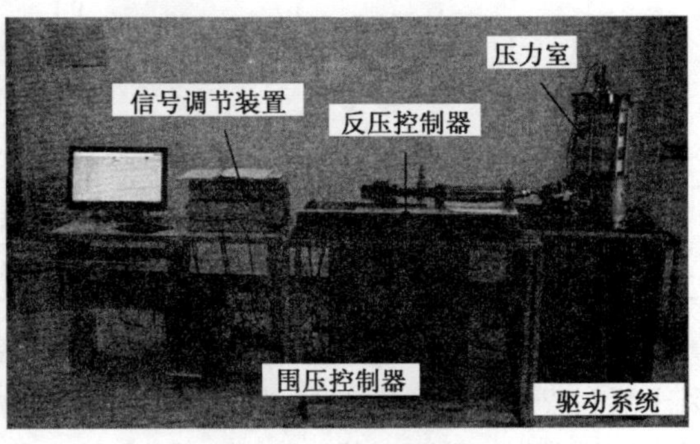

图 5-1　动三轴试验装置组成

该设备通过油压施加围压，使用油而不是气或者水的主要原因是：油的黏滞性更高，含气量极小（与水相比），因此油压施加更加稳定，尤其是在施加循环围压时精度更高。在围压控制器中，伺服电动机控制器与活塞相连，活塞的来回移动改变油压的大小。

反压控制器为一个200mL/2MPa数字式压力控制器，同样通过伺服电动机控制。反压控制器不但可以提供反压，而且能够量测土样的体变。

该仪器的规格为：①轴向位移测量分辨率可以达到0.08μm，对于高度为100mm的试样，精度可以达到5×10^{-5}mm级别；②轴向力的精度可以达到0.1%的量程，比如对本试验所使用的2kN传感器，精度可以达到0.2N；③围压控制器和反压控制器的精度可以达到1kPa；④反压控制器测量体变的精度可以达到1mm^3。

仪器通过GDSLAB软件进行试验控制和数据记录。对循环加载试验，每周期最多可以记录100个数据点。可以通过系统自定义波形，因此不但可以独立控制循环偏应力或者循环围压的幅值，而且可以改变两者的相位差。该设备可以进行常规三轴压缩试验、应力路径试验、应变控制的动三轴试验、应力控制的动三轴试验、变围压动三轴试验等；固结方式可以选择各向同性固结、各向异性固结、K_0固结。

试验黄土土样取自山西省朔州市向阳堡乡以南山平（山阴至平鲁）高速公路路堤填筑用土料场，该地区位于北温带半干旱大陆性季风气候，主要的气候特征是冬季寒冷干燥，夏季炎热多雨，四季分明，昼夜温差大，年平均降水量435.3mm。海拔介于1 346～1 348m之间，地形平坦，略向北倾斜，坡度为1°左右。取样黄土属于Ⅱ级自重湿陷性黄土，土样呈黄褐色，稍密，天然含水率在12%左右。土的颗料级配累计曲线如图5-2所示。黄土土样物理性质指标见表5-1。

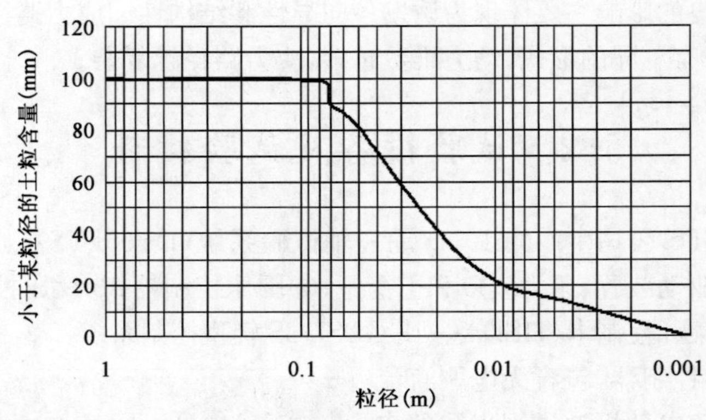

图5-2　土的颗粒级配累计曲线

黄土土样的基本物理性质指标　　表5-1

塑限(%)	液限(%)	塑性指数	不均匀系数 C_u	曲率系数 C_c
22.4	30.8	8.4	5.71	3.00

为保证黄土试样的均一性，本次试验采用饱和重塑土。黄土试样制备过程中，将原状黄土风干后过2mm标准土工筛，将筛上土颗粒用木槌碾散。本次试验试样根据现场测得的试样干密度平均值，采用干装击实法制作重塑试样，试样尺寸为高100mm，直径50mm。试样分五层击实，根据每层土样质量，采用特制击样器进行制样，每层土样击实后进行刮毛，以保证上下接触良好，避免出现分层现象。试样制备后，使用饱和器将其固定，然后放入饱和缸中进行抽真空饱和，然后安装到动三轴仪上进行反压饱和，当孔隙水压力系数大于等于0.98后，进行排水固结。

将切好的试样上下端贴好滤纸，同时侧面贴 5～6 条滤纸，其上端与顶部的滤纸连接，以保证排水的顺利进行，下端与底部的滤纸隔断 0.5～1cm，以保证孔压的测量不受反压的影响。侧向滤纸的作用包括：一方面加快固结的进行，节省时间；另一方面可以作为侧向排水路径。对所有试样，包括滤纸的尺寸、滤纸的安装方法等皆相同，以保证试验数据的可比性。

使用橡皮膜将试样固定在底座上，橡皮膜的厚度为 0.3mm。底座、顶帽和试样之间装有透水石。本书所指的透水石是由 GDS 公司提供的金属材质透水石。与普通透水石相比，其厚度较小且更加光滑，能够显著减小试样与透水石之间的摩擦，从而减小试验过程中的端部效应。在顶帽安装过程中，使用三瓣膜保护试样，以尽量减小扰动。顶帽安装完成之后，使用反压控制器通水排气，直到橡皮膜内没有气泡为止。之后，安装压力室罩并使用油泵充油，期间对围压进行调零（当油面达到压力室的一半时）。冲油完毕后，先对试样施加 10kPa 的围压，再使用反压控制器通水，一直到所有液压管道出水均匀且没有任何气泡为止。关闭孔压和排气阀门，使用分级加压的方式对土样进行反压饱和，分 3 级加压，每级增加 100kPa，因此饱和过程最后一级的反压为 300kPa。饱和过程一般需要 24h 左右，B 检测中的 B 值达到 0.97 时方进行固结试验。固结试验以超孔压降为 0（一般很难降到 0，因此以孔压稳定为准）和排水稳定（小于 $60\text{mm}^3/\text{h}$）为标准，对 100kPa 的固结围压，固结时间约为 24h，对 200kPa 的固结围压，固结时间约为 36h。对各向异性固结，为了保证固结时间与各向同性固结基本相同，同时施加偏应力和围压。固结完成之后，通过 GDSLAB 提供的各种模块进行试验。

为了更好地了解山西省朔州地区黄土的性质，进行两组不同干密度状态下饱和压实黄土试样的常规三轴压缩试验。图 5-3 为饱和压实黄土试样应力—应变曲线。从图 5-3 可看出，干密度为 1.60g/cm^3 的黄土试样静剪切强度比干密度为 1.50g/cm^3 的黄土试样要大。同时，干密度为 1.60g/cm^3 的黄土试样达到最大剪切强度时的应变要大于干密度为 1.50g/cm^3 的黄土试样，两组试样的破坏点基本发生在 20%～25% 应变之间。应力—应变曲线表现为常规的非线性关系，试验最后两组试样都产生了较小的应变软化现象。

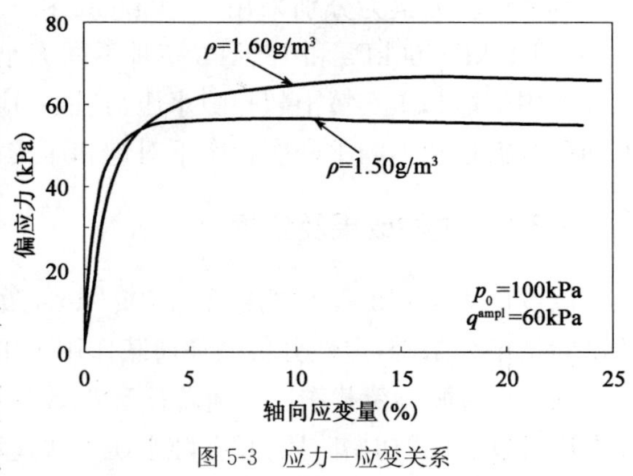

图 5-3　应力—应变关系

5.3　击实黄土动力特性研究

为了深入了解黄土的动力特性，本书以山西省朔州地区黄土作为研究对象，基于 GDS 动三轴试验系统，通过一系列动三轴试验，分析了循环荷载作用下饱和压实黄土超孔隙水压力、轴向应变、有效应力路径和滞回圈的变化规律，以及不同激振振幅和干密度对饱和压实黄土动力特性的影响，研究成果对循环荷载作用下饱和压实黄土动力特性的研究具有一定的参考价值。

5.3.1 试验方案

本次试验振动采用应力控制。试验通过油压施加围压，采用恒定围压，围压为 100kPa，各向等压固结。固结完成后在不排水条件下施加循环荷载进行激振，激振频率为 1.0Hz，输入波形采用正弦波。加载示意图如图 5-4 所示。

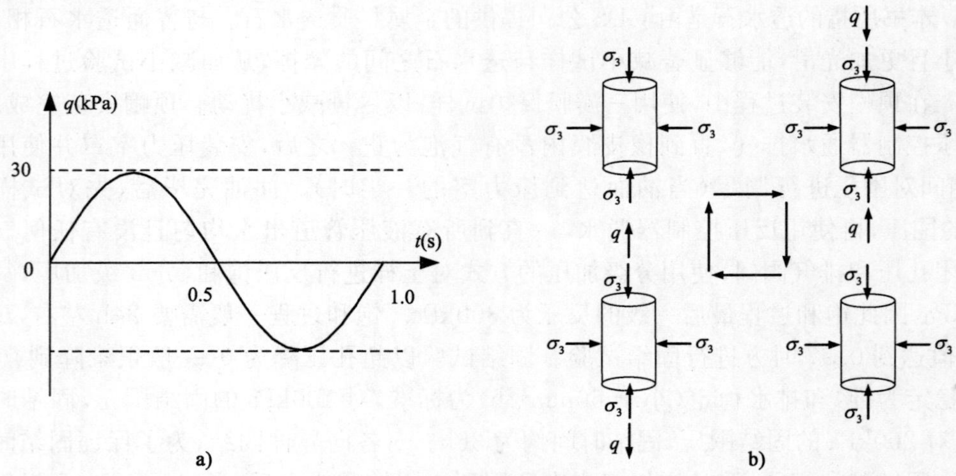

图 5-4 循环荷载加载示意图

具体试验方案为分别采用 1.60g/cm³ 和 1.50g/cm³ 两种不同密实度的饱和压实黄土试样，采用 40kPa、60kPa 和 120kPa 三种不同大小的激振振幅进行动三轴对比试验。分析循环荷载作用下饱和压实黄土超孔隙水压力、轴向应变、有效应力路径和滞回圈的变化规律，以及不同荷载振幅和不同干密度状态下对饱和压实黄土的动力特性的影响。

5.3.2 试验成果及分析

以围压为 100kPa，干密度为 1.60g/cm³，激振振幅为 60kPa 状态下的饱和击实黄土试样的试验结果为基础，定性分析循环荷载作用下山西省朔州地区饱和击实黄土的动力特性。

图 5-5 为循环荷载作用下随着循环次数的增加，超孔隙水压力的变化曲线。从图 5-5 可以看出，试验加载初始阶段，超孔隙水压力快速增长，随着循环次数的增加，超孔隙水压力增速逐渐减缓。可以看出，超孔隙水压力变化曲线存在一个明显的拐点，当循环次数超过该拐点后，超孔隙水压力趋于稳定。本次试验中该拐点对应的循环次数为 1 000 次左右。另外，由于激振荷载在同一周期是以正弦波形式变化，因此在同一周期中超孔隙水压力是不断变化的，存在一个最大超孔隙水压力和一个最小超孔隙水压力。随着循环次数的增加，最大与最小超孔隙水压力之间差值逐渐增大。同时，当循环次数超过超孔隙水压力增长曲线拐点后，最大与最小超孔隙水压力之间差值也基本不变。

图 5-6 为循环荷载作用下随着循环次数的增加轴向应变的变化曲线。由于加载过程中偏应力是正负交替进行，当偏应力为负值时出现应力反转，此时黄土试样处于卸荷状态。因此，随着循环次数的增加，轴向应变呈负方向增长，即黄土试样回弹。可以看出，循环荷载作用下黄土试样轴向应变变化规律与超孔隙水压力变化规律相似。试验加载初始阶段，轴向应变快

速增长，随着循环次数的增加，轴向应变增速逐渐减缓。同时，轴向应变变化曲线也存在一个明显的拐点，当循环次数超过该拐点后，轴向应变趋于稳定。对比图 5-5 可以看出，超孔隙水压力变化曲线的拐点与轴向应变变化曲线的拐点基本一致，说明轴向应变的变化与超孔隙水压力直接相关。

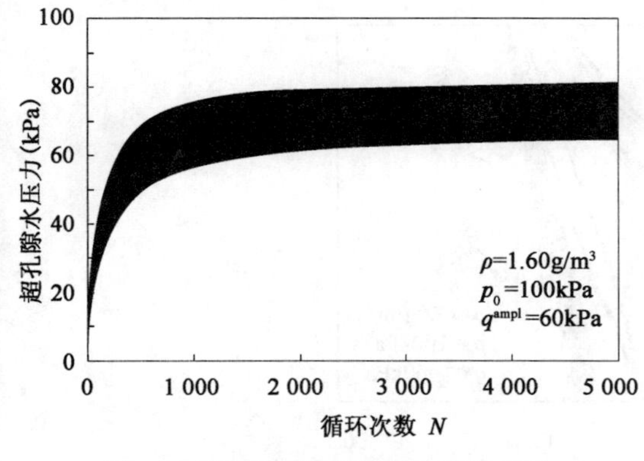

图 5-5　循环荷载作用下超孔压变化规律

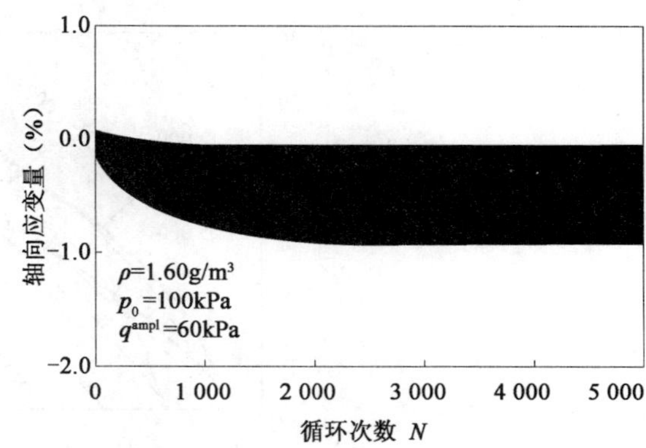

图 5-6　循环荷载作用下轴向应变变化规律

有效应力路径可以较好地反映土体破坏以及土体的剪胀和剪缩特性。图 5-7 为循环荷载作用下有效应力路径变化曲线。由于循环次数过多，如果将每一个循环周期的有效应力路径均画出，各周期有效应力路径相互重叠，将使图片不清晰，无法判断循环荷载作用下有效应力路径的变化规律。图 5-7 中有效应力路径选取了若干组具有代表性的循环次数：1～20 次，90～100次，500 次，1 000 次，2 000 次，3 000 次，4 000 次和 5 000 次。可以看出，随着循环次数的增加，有效应力路径向左发展，且移动幅度逐渐减缓。以一个循环周期的有效应力路径为研究对象可以看出，每一个循环周期形成一个相对封闭的区域。随着循环次数的增加，一个循环周期形成的封闭区域的面积逐渐减小，当循环次数增加至 2 000 次时，有效应力路径在加载阶段与卸载阶段基本重合。

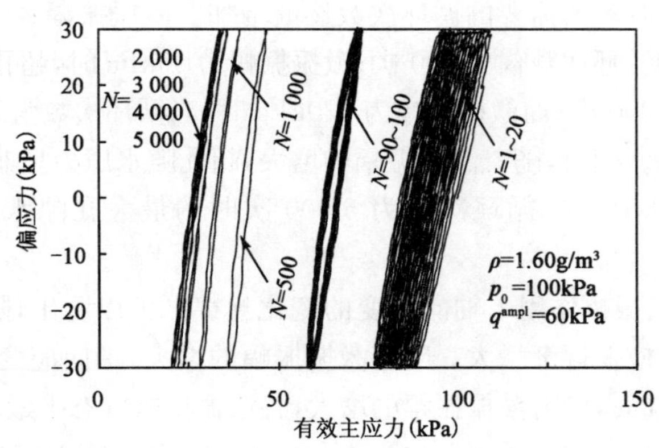

图 5-7　循环荷载作用下有效应力路径

图 5-8 为循环荷载作用下滞回圈的变化规律。与图 5-7 相同，仅画出了 1～20 次，90～100 次，500 次，1 000 次，2 000 次，3 000 次，4 000 次和 5 000 次具有代表性循环次数的滞回圈。可以看出，随着循环次数的增加，滞回圈向左发展，且移动幅度逐渐减缓。当循环次数增加至

3 000次后，各循环的滞回圈基本重合。另外，偏应力为－30kPa 时应变积累速度明显要大于偏应力为 30kPa 时。以一个循环周期的滞回圈为研究对象可以看出，随着循环次数的增加，一个循环周期形成的滞回圈的面积逐渐增大。同时，随着循环次数的增加，滞回圈的倾斜程度逐渐增大。

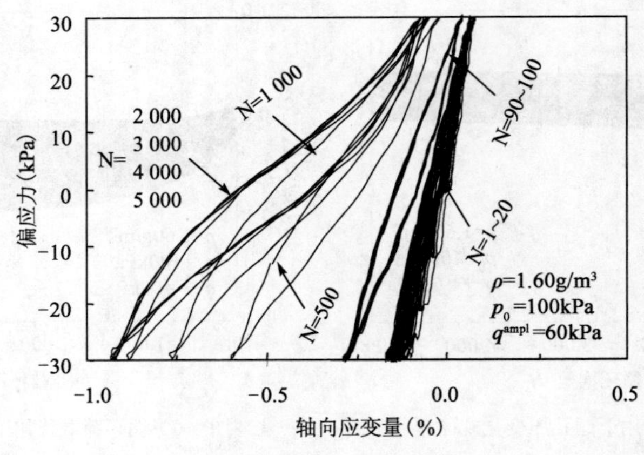

图 5-8 循环荷载作用下滞回圈

5.4 参数分析

5.4.1 激振振幅的影响

图 5-9 为不同激振振幅作用下超孔隙水压力的变化规律。可以看出，随着循环次数的增加，各激振振幅状态下超孔隙水压力以及最大和最小超孔隙水压力差值逐渐增大。当循环次数增加到一定程度时，各激振振幅作用下超孔隙水压力逐步趋于稳定。随着激振振幅的增大，超孔隙水压力达到稳定状态所需要的循环次数逐渐增加。激振振幅为 40kPa 时，超孔隙水压力达到稳定状态所需的循环次数仅为 100 次；激振振幅为 60kPa 时，超孔隙水压力达到稳定状态所需的循环次数为 1 000 次；而激振振幅为 120kPa 时，当循环次数为 5 000 次时的超孔隙水压力仍未达到稳定状态。同时，随着激振振幅的增大，超孔隙水压力呈非线性增长。激振振幅为 40kPa、60kPa 和 120kPa 时，循环次数为 5 000 次时的最大孔隙水压力分别为 9. 7kPa、81. 3kPa和 196. 4kPa。

图 5-10 为不同激振振幅作用下轴向应变的变化规律。可以看出，随着循环次数的增加，各激振振幅作用下轴向应变逐渐增大。随着激振振幅的增大，轴向应变达到稳定状态所需要的循环次数逐渐增加，同时，随着激振振幅的增大，各激振振幅状态下最小轴向应变增幅不大，但最大轴向应变呈非线性增加。激振振幅为 40kPa、60kPa 和 120kPa 时，循环次数为 5 000 次时的最大轴向应变分别为 0. 17％、0. 95％和 6. 40％。

5.4.2 干密度的影响

图 5-11 为不同干密度状态下超孔隙水压力的变化规律。可以看出，随着循环次数的增

加，两组干密度状态下超孔隙水压力以及最大和最小超孔隙水压力差值逐渐增大。随着试样干密度的增大，超孔隙水压力逐渐减小，且超孔隙水压力达到稳定状态所需的循环次数逐渐减小。

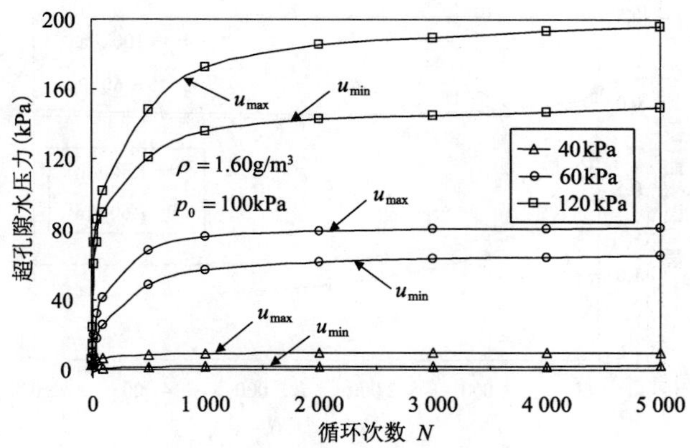

图 5-9　不同振幅作用下超孔压变化规律

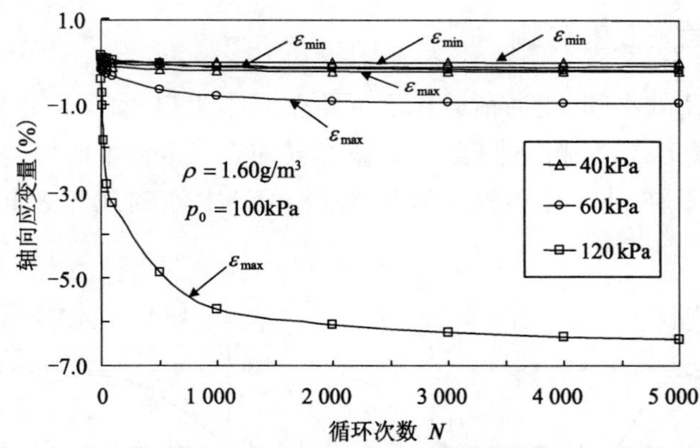

图 5-10　不同振幅作用下轴向应变变化规律

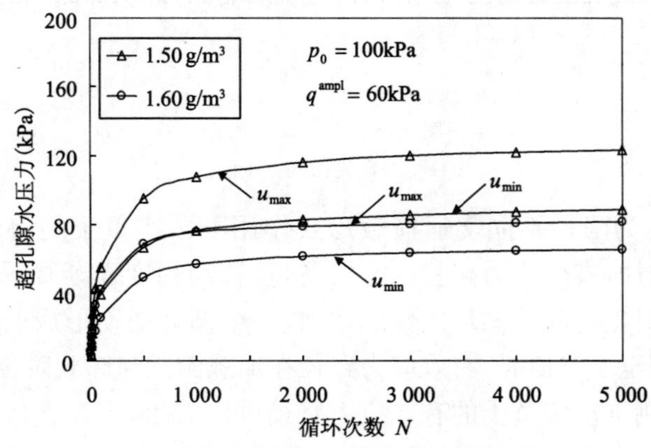

图 5-11　不同干密度状态下超孔压变化规律

图 5-12 为不同干密度状态下轴向应变的变化规律。可以看出，随着循环次数的增加，两组干密度状态下轴向应变逐渐增大。随着试样干密度的增大，最小轴向应变略有增大，而最大

轴向应变明显减小。同时,随着试样干密度的增大,最大和最小轴向应变的差值逐渐减小。干密度为 1.50g/m³和 1.60g/m³时,循环次数为 5 000 次的最大和最小轴向应变的差值分别为 0.90%和 1.07%。

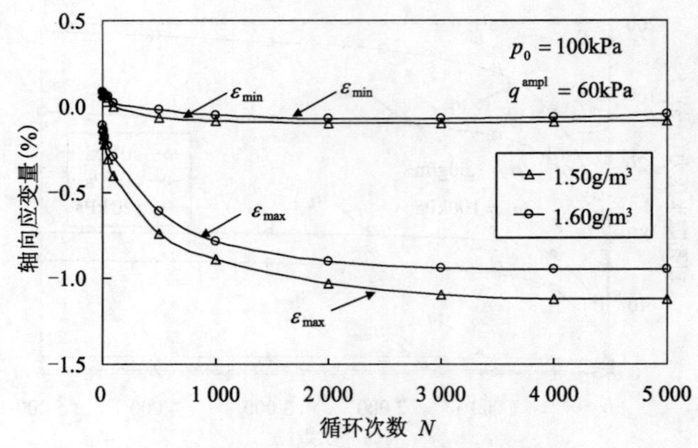

图 5-12 不同干密度状态下超孔压变化规律

5.4.3 交通荷载形式的影响

与图 5-4 中循环荷载不同,交通荷载作用下路基基本上以承担压应力为主。如图 5-13 所示,模拟不同交通荷载形式,分析不同交通荷载形式对击实黄土的影响。可以看出,1-1 停顿波和 1-0 压缩波相当于在同一时间段车流量相同,但 1-1 停顿波车速较快,1-0 压缩波车速较慢。

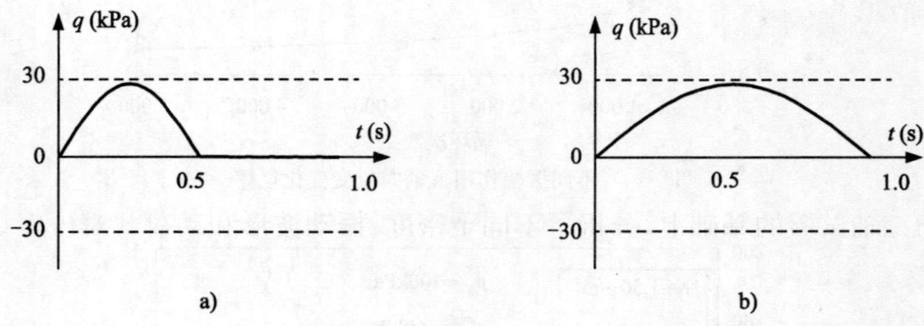

图 5-13 不同荷载形式

a)1-1 停顿波;b)1-0 压缩波

图 5-14 和图 5-15 为两种不同交通荷载形式作用下击实黄土的有效应力路径。可以看出,随着循环次数的增加,有效应力路径向左发展,且移动幅度逐渐减缓。以一个循环周期的有效应力路径为研究对象。随着循环次数的增加,一个循环周期形成的封闭区域的面积逐渐减小,当循环次数增加至一定值时,有效应力路径在加载阶段与卸载阶段基本重合。对比两种不同交通荷载形式作用下击实黄土的有效应力路径可以看出,当车速较慢时有效应力路径中有效主应力跨度远大于车速较快工况,且有效应力路径在加载阶段与卸载阶段基本重合所需循环次数也大于车速较快工况。而相对山西省高速公路运煤交通车速较慢的特点,可以看出其对路基的影响要远大于一般高速公路交通荷载的影响。

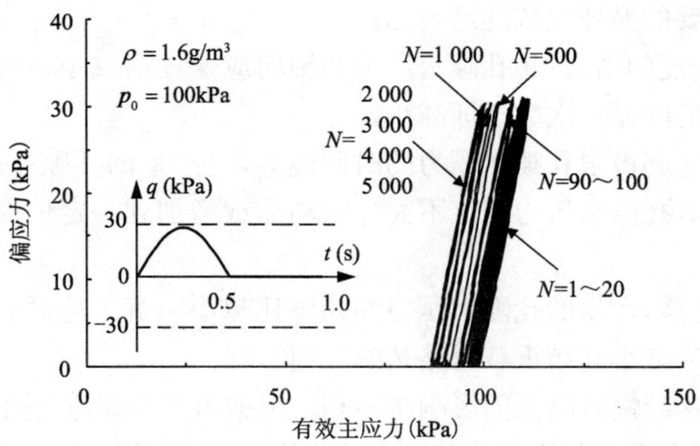

图 5-14 1-1 停顿波有效应力路径

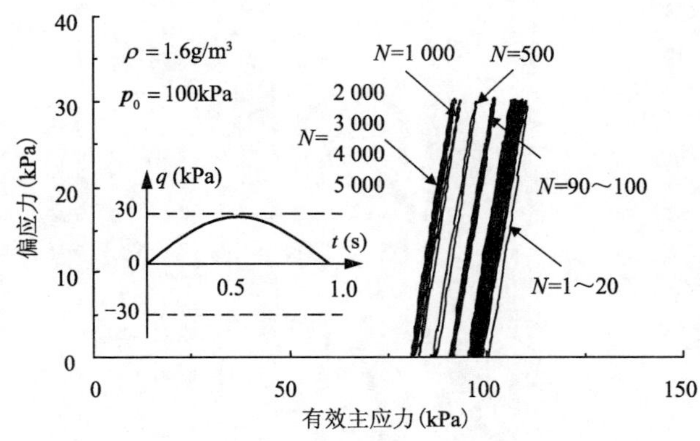

图 5-15 1-0 压缩波有效应力路径

5.5 本章小结

在大量动三轴试验的基础上，分析了不同干密度、振动波形和动荷载对压实黄土动力特性的影响，所得结论对分析压实黄土路基在交通荷载作用下的工作原理有一定的参考价值。具体结论如下：

(1)试验加载初始阶段，超孔隙水压力和轴向变形快速增长，随着循环次数的增加，超孔隙水压力和轴向变形增速逐渐减缓。同时，超孔隙水压力和轴向变形的变化曲线都存在一个明显的拐点，当循环次数超过该拐点后，超孔隙水压力和轴向变形趋于稳定。

(2)随着循环次数的增加，有效应力路径向左发展，且移动幅度逐渐减缓。随着循环次数的增加，一个循环周期形成的封闭区域的面积逐渐减小，当循环次数增加至一定值时，有效应力路径在加载阶段与卸载阶段基本重合。

(3)随着循环次数的增加，滞回圈向左发展，且移动幅度逐渐减缓。随着循环次数的增加，一个循环周期形成的滞回圈的面积逐渐增大。同时，随着循环次数的增加，滞回圈的倾斜程度逐渐增大。

(4)随着激振振幅的增大，超孔隙水压力和轴向应变逐渐增大，且超孔隙水压力和轴向应变达到稳定状态所需要的循环次数逐渐增加。

(5)随着试样干密度的增大，超孔隙水压力和轴向应变逐渐减小，且超孔隙水压力和轴向应变达到稳定状态所需的循环次数逐渐减小。

(6)动荷载越大，达到极限孔隙水压力的时间越短，且产生的孔隙比越大。当动荷载值较小时，随着时间的增加，孔隙水压力变化不大。当动荷载增加到一定值时，其最大孔隙水压力将不再增加。

(7)路基密实度越高，产生的孔隙水压力和孔隙比越小。黄土地区公路路基修筑时，可以通过增大路基密实度来减小高频重载对路基的不利影响。

(8)载重越大，车速越慢对路基的影响越不利。根据山西省高速公路运煤通道载重大和车速慢的特点，其设计时需重点分析评估运煤交通荷载对路基的影响。

6 黄土路基筋一土界面细观特性研究

6.1 概　　述

目前,对加筋土体界面颗粒细观特性的研究还较少,本章基于前人室内模型试验的成果,采用颗粒流软件 PFC2D 建立离散元数值模型对格栅拉拔试验进行模拟,分析拉拔作用下位移场、接触力、孔隙率等参数的变化。同时,通过开发颗粒细观组构统计程序记录格栅拉拔过程中砂土细观组构的演化规律。根据砂土颗粒接触法向、法向接触力以及切向接触力各向异性分布和演化规律探讨其与试样宏观力学响应之间的关系。在整体力链统计基础上,按平均法向接触力大小划分强弱,对比强弱力链组构演化规律与大主应力方向变化关系,探讨在力传递过程中,强弱力链的作用。本章的研究对加深筋一土界面细观特性的认识具有重要意义。

6.2 格栅拉拔离散元模型建立

6.2.1 参考模型

格栅拉拔试验所选模型尺寸如图 6-1 所示,选用格栅型号为 SS-1,试验砂为 Silica 5 号砂。

6.2.2 砂土细观参数选取

实际工程计算中,描述材料特性的宏观参数(如模量、强度等)都是直接从室内模型试验或者原位试验中得到。对离散元理论,输入的是土体的细观参数(如颗粒级配、形状、粒径、摩擦系数、刚度等),材料的宏观参数均为细观参数的外在表现,所以需要首先通过双轴试验,建立细观参数与宏观参数之间的关系。

本文采用圆盘颗粒模拟砂土颗粒,为提高计算效率,颗粒直径取为 4～7mm,其细观参数由双轴试验确定。试验加载至竖向应变为 10%时停止,双轴试验结果如图 6-2 所示,砂土细观参数见表 6-1。

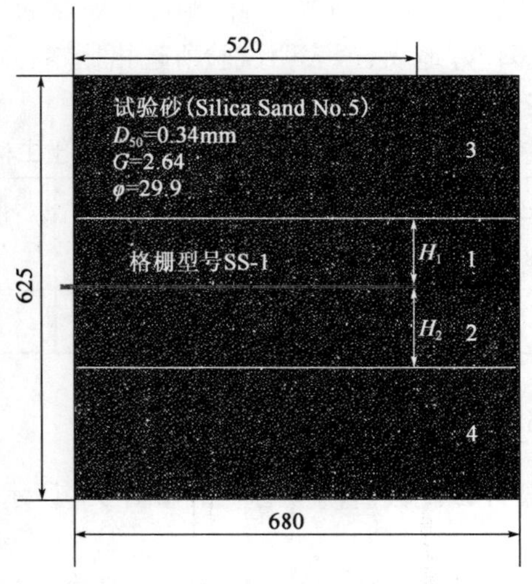

图 6-1　格栅拉拔试验模型(尺寸单位:mm)

如图 6-2a)所示，加载初期，偏应力随轴向应变增大呈近似线性增长，进入应变硬化阶段；峰值出现后，偏应力随着轴向应变的继续增大而降低，进入应变软化阶段，试验土样表现出密实砂土的特征。图 6-2b)为摩尔应力圆曲线，砂土的内摩擦角接近 30°，砂土表现出“似黏聚力”特性，强度包络线截距不为零。

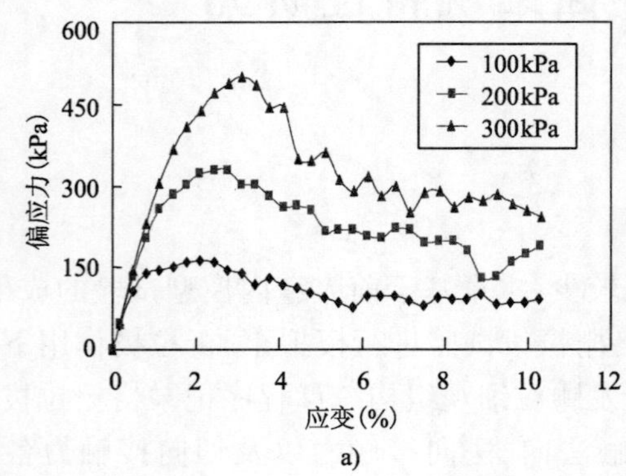

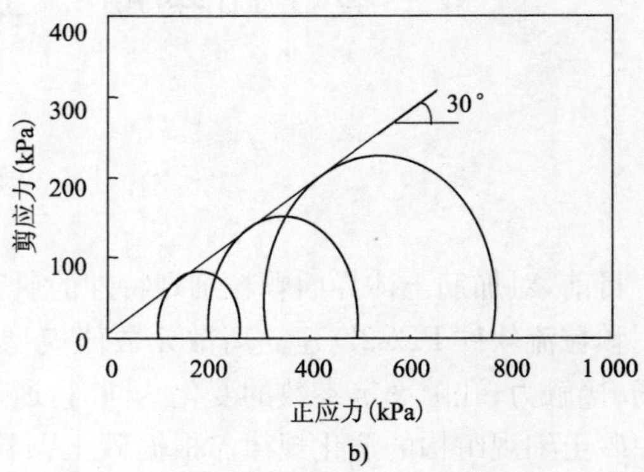

图 6-2　砂土双轴试验模拟结果

a)偏应力—应变曲线；b)剪应力—正应力曲线

砂土细观参数　　表 6-1

参　数	k_n (MPa)	k_s (MPa)	密度 (kg/m³)	摩擦系数	孔隙率 (%)
砂土	75	62.5	2 640	0.5	16.0

6.2.3　格栅细观参数选取

土工格栅采用平行黏结模型，其细观参数由格栅拉伸试验确定，试验过程按《公路工程土工合成材料试验规程》(JTG E50—2006)进行。试验过程记录的第一个颗粒的拉拔响应与拉拔位移关系如图 6-3 所示，格栅数值模型的拉伸力—应变曲线呈线性增长，模拟结果与试验数据能够较好地吻合，表明试验所选格栅参数能够很好地反映格栅拉伸特性，格栅细观参数详见表 6-2。

土工格栅细观参数　　表 6-2

颗粒密度 (kg/m³)	颗粒粒径 (mm)	法向刚度 (MN/m)	切向刚度 (MN/m)	法向黏结刚度 (MPa/m)	切向黏结刚度 (MPa/m)	摩擦系数
1 000	2.0	10	10	4×10^4	4×10^4	0.23

6.2.4　格栅拉拔与模型验证

拉拔试验数值模拟的模型如图 6-1 所示，砂土试验按重力沉积法生成，并在规定位置生成格栅。

试验过程保持法向应力 49kPa 不变，拉拔过程记录的拉拔力与拉拔位移关系如图 6-4 所示，模拟结果与试验数据能够很好地吻合，表明本文 PFC2D 模拟所选参数是合理的。

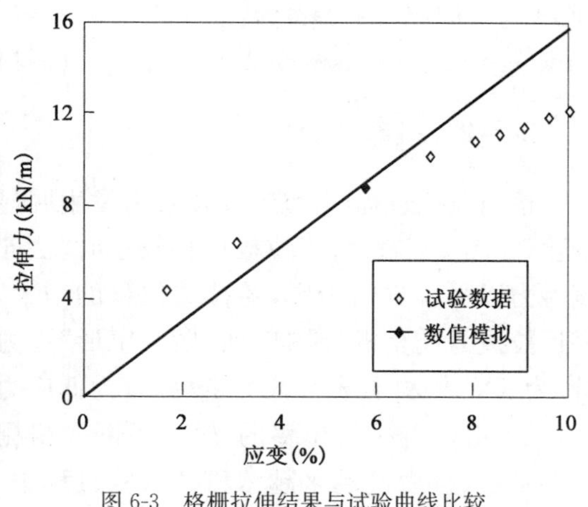

图 6-3 格栅拉伸结果与试验曲线比较

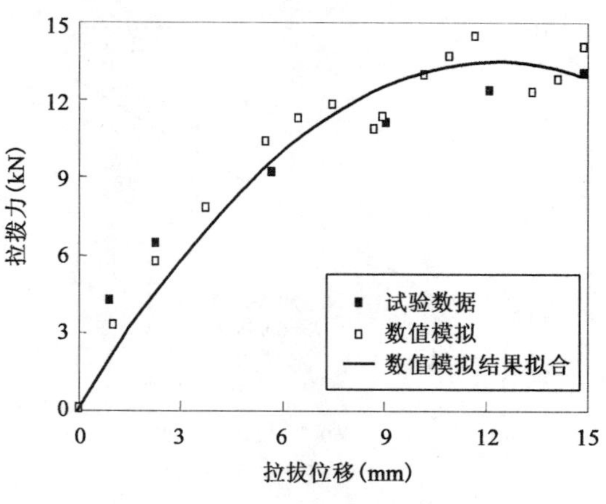

图 6-4 格栅拉拔力—拉拔位移关系曲线

6.3 数值模拟结果分析

6.3.1 位移场分析

图 6-5 为格栅周围砂土颗粒位移场变化。由图可知：格栅拉拔初期，剪切带厚度随拉拔位移增大而增大，并向格栅末端延伸。格栅拉拔后期，剪切带厚度和长度并不随拉拔位移继续增大而增大。拉拔过程中，下剪切带厚度 H_2 大于上剪切带厚度 H_1，如图 6-5d)所示。这是由于下部颗粒的运动方向与自身重力和法向应力方向相同，而上部颗粒则相反。

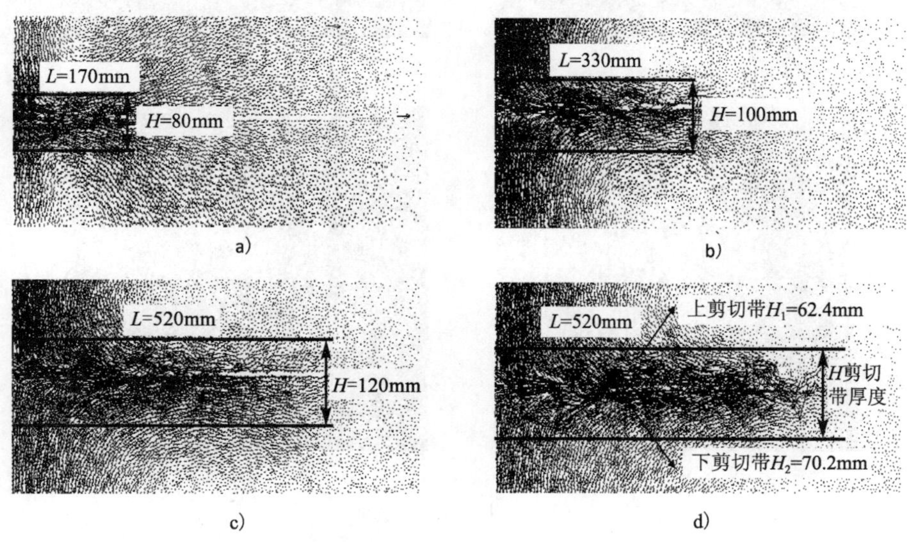

图 6-5 拉拔位移矢量图

a)1mm；b)7mm；c)11mm；d)15mm

不仅拉拔位移对剪切带有影响，法向应力对剪切带变化的影响亦不可忽略。图 6-6 为剪切带厚度与法向应力的关系。如图所示，拉拔过程中试样出现剪胀现象，剪切带厚度随法向应力增加而增大，法向应力与剪切带厚度呈正线性相关关系，拟合相关系数可达 0.999 8，界面厚

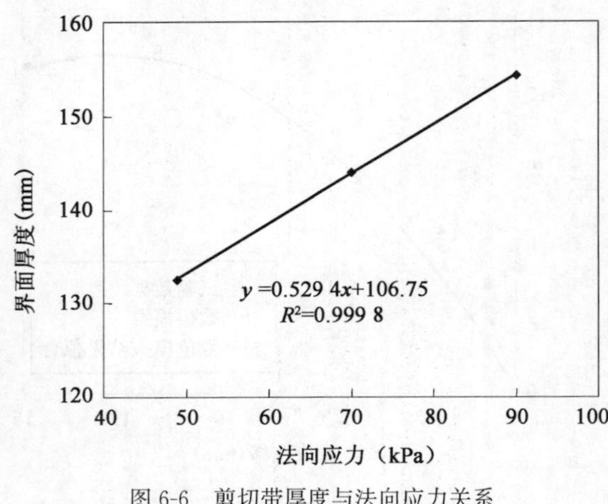

图 6-6 剪切带厚度与法向应力关系

度 H 与法向应力 σ 关系为：

$$H = 0.5294\sigma + 106.75 \quad (6\text{-}1)$$

6.3.2 接触力分析

格栅拉拔过程中，颗粒间接触力发生明显变化，如图 6-7 所示，当拉拔位移较小时，法向接触力以竖直方向为主，随拉拔位移的增大，靠近拉拔力端格栅周围出现"横八字形"强力链，为高应力区，格栅后段力链稀疏，为低应力区，强力链随着拉拔位移的增大，不断向格栅末端发展，且力链越来越浓密。试验过程中，拉拔力端始终处于高应力区。上述接触力演化过程与 Dyer 光弹试验结果一致。

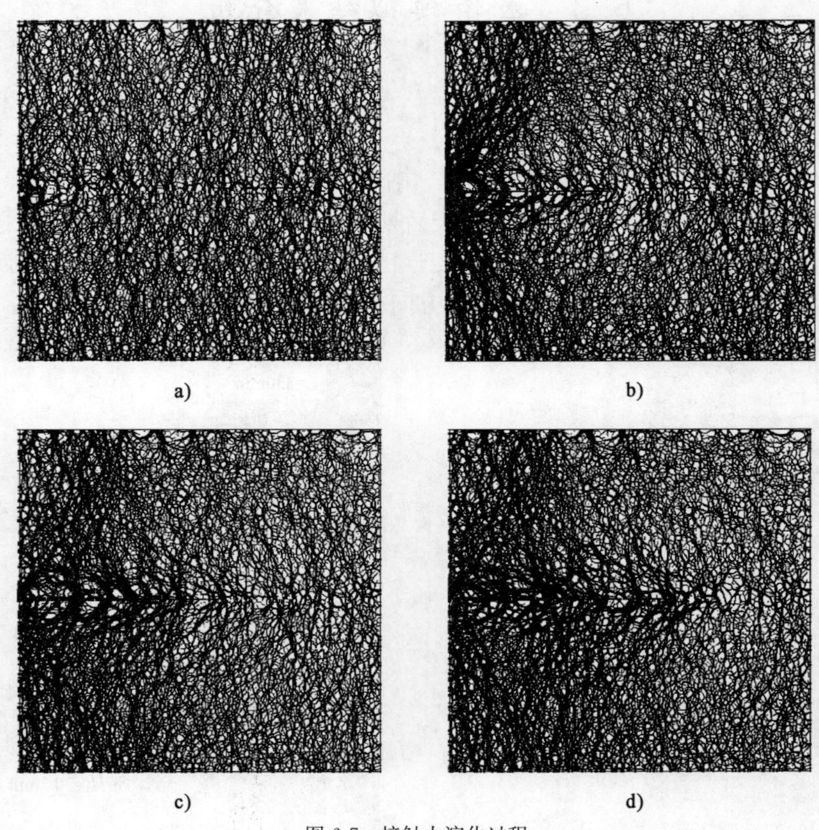

图 6-7 接触力演化过程

a)1mm；b)7mm；c)11mm；d)15mm

6.3.3 孔隙率分析

颗粒流模拟过程中布置一系列测量圈记录相关细观参数变化。孔隙率分析时，取上下剪切带内测量圈内孔隙率的平均值来分析。如图 6-8 所示，由于施加了法向应力，格栅上下层界面土体颗粒孔隙率不等于 0.16，且格栅上层界面局部孔隙率大于格栅下层界面的局部孔隙率；随着拉拔位移的增大，上下层界面局部孔隙率均增大，其中下层界面局部孔隙率的增长幅度较大。

6.3.4 配位数分析

图 6-9 为剪切带内土颗粒配位数变化。格栅下层界面配位数大于格栅上层界面土体颗粒配位数，且随拉拔位移增大，上下界面颗粒间配位数均减少，这与格栅拉拔过程中局部孔隙率的变化规律相对应，即配位数减少，局部孔隙率增大，配位数增大，局部孔隙率减小。

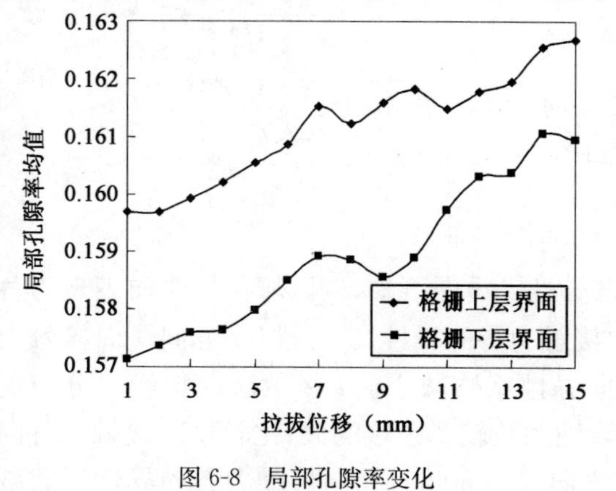

图 6-8 局部孔隙率变化

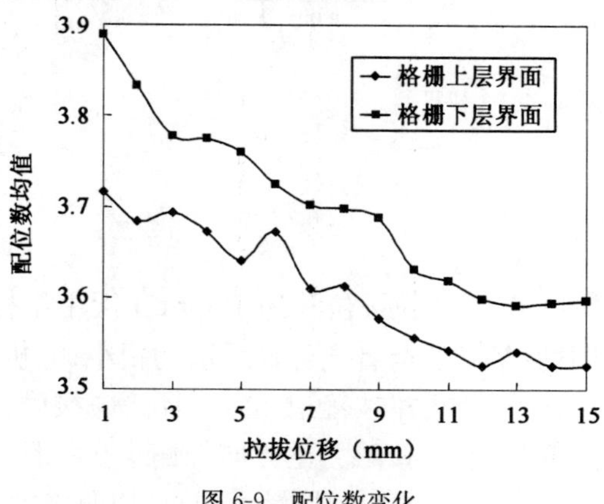

图 6-9 配位数变化

6.4 组构各向异性演化分析

6.4.1 整体力链统计

对于离散体材料，格栅拉拔过程中表现的宏观强度与试样内部细观组构的演化规律密切相关。Rothenburg 和 Bathust 提出采用傅立叶函数来近似描述格栅拉拔作用下粒间接触法向、法向接触力和切向接触力各向异性演化规律，其数学表达式分别为：

$$E(\theta)=\frac{1}{2\pi}[1+a\cos2(\theta-\theta_a)] \tag{6-2}$$

$$f_n(\theta)=f_0[1+a_n\cos2(\theta-\theta_n)] \tag{6-3}$$

$$f_t(\theta)=-f_0a_t\sin2(\theta-\theta_t) \tag{6-4}$$

式中：f_0——平均法向接触力；

θ_a、θ_n、θ_t——接触法向、法向接触力以及切向接触力主方向；

a、a_n、a_t——接触法向、法向接触力以及切向接触力各向异性系数，各向异性系数反映了细观组构参量的各向异性程度。

由式(6-2)～式(6-4)拟合所得初始状态时组构各向异性如图 6-10 所示。接触法向呈“圆形”分布，接触法向各向异性系数小于 0.005，各方向接触数基本相同，表现出明显的各向同性；平均法向接触力分布呈“花生状”，各向异性系数较大，偏于竖直方向的法向接触力较大，各向异性主方向接近 90°(点画线所示)；切向接触力曲线拟合呈“蝴蝶状”，切向接触力主方向偏于 90°，且该方向切向接触力为 0，两组对称切向接触力峰值与主方向呈 45°。

为从细观角度分析整个拉拔过程砂土颗粒组构各向异性演化，本文按照最终形成的剪切带厚度[（图 6-5d）]，将整个模型分为四个区域进行统计分析。由于 1、3 区域和 2、4 区域几乎对称分布，限于篇幅，仅以 2、4 区域砂土组构各向异性在试验过程中的变化为例进行阐述。

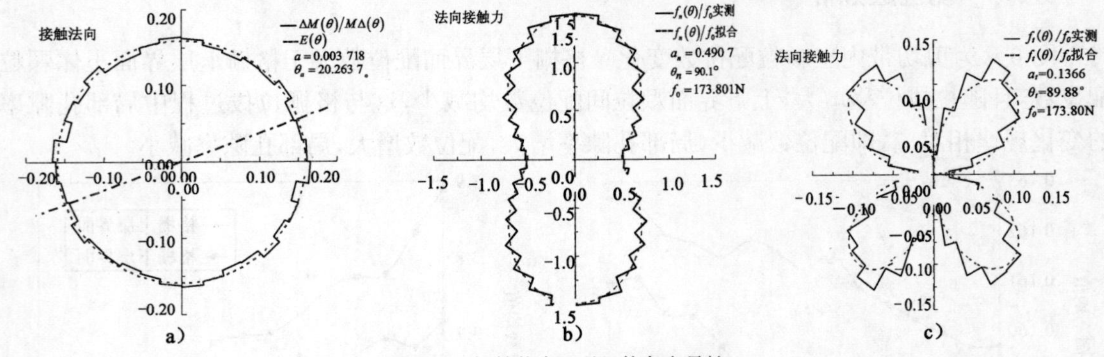

图 6-10　初始状态工况组构各向异性

图 6-11 为拉拔位移为 15mm 工况下组构各向异性。由图可知，两区域接触法向表现为各向同性，接触法向各向异性系数均很小；分析法向接触力各向异性，2 区域 90°方向法向接触力减小，60°方向法向接触力增大，且法向接触力各向异性系数减小。4 区域法向接触力分布无明显变化，法向接触力主方向仍偏于 90°，且各向异性系数较 2 区域的大；比较切向接触力各向异性分布，2 区域切向接触力减小，切向接触力主方向偏于 60°，且切向接触力各向异性系数减小，而 4 区域切向接触力各向异性无明显变化，法向接触力各向异性系数较 2 区域的大。由上述现象分析可知，2 区域法向接触力和切向接触力主方向变化与接触力演化规律相似。

为研究砂土组构各向异性与宏观抗剪强度关系，本文通过与大主应力方向变化对比阐述。取 2、4 区域测量圈内各向应力分量的平均值，按式（6-5）计算大主应力方向，其与 x 轴主方向的夹角用 α 表示：

$$\alpha = \frac{1}{2}\arctan\left(\frac{-2\sigma_{xy}}{\sigma_{xx}-\sigma_{yy}}\right) \tag{6-5}$$

图 6-12 给出了拉拔过程组构各向异性演化规律。随拉拔位移增大，2 区法向接触力主方向逐渐偏向 60°，与切向接触力变化规律相似。4 区接触力分量各向异性主方向变化较小，仍偏于竖直方向。对比分析 α 可知，两个区间 α 变化规律与 θ_n 变化规律同步，表明格栅拉拔过程所表现的宏观抗剪强度主要受法向接触力的分布和其各向异性变化规律影响。图 6-12b）为各向异性系数变化规律，如图所示，拉拔位移增大过程，2 区接触法向各向异性系数略有增大，4 区无明显变化，整个过程两区间接触法向各向异性系数都很小，表现出明显各向同性，各方向接触数相近。对比分析法向接触力各向异性系数 a_n，当拉拔位移小于 7mm 时，两个区间法向接触力各向异性系数 a_n 不断减小；当拉拔位移大于 7mm 时，2 区 a_n 略有增大后保持不变，而 4 区 a_n 无明显变化；当拉拔位移大于 13mm 时，2 区 a_n 继续减小，整个拉拔过程 2 区法向接触力各向异性系数小于 4 区的。由 a_n 变化可知，随拉拔力的增大，剪切带内砂土抗剪强度不断降低，因 4 区受扰动较 2 区小，土体抗剪强度略微减小后保持不变。分析两个区间切向接触力各向异性系数 a_t 变化规律可知，对应区间的 a_t 与 a_n 变化规律相似，表现为两个区间砂土密实度降低，发生剪胀现象，切向接触力减小，且 2 区剪胀现象较为明显。

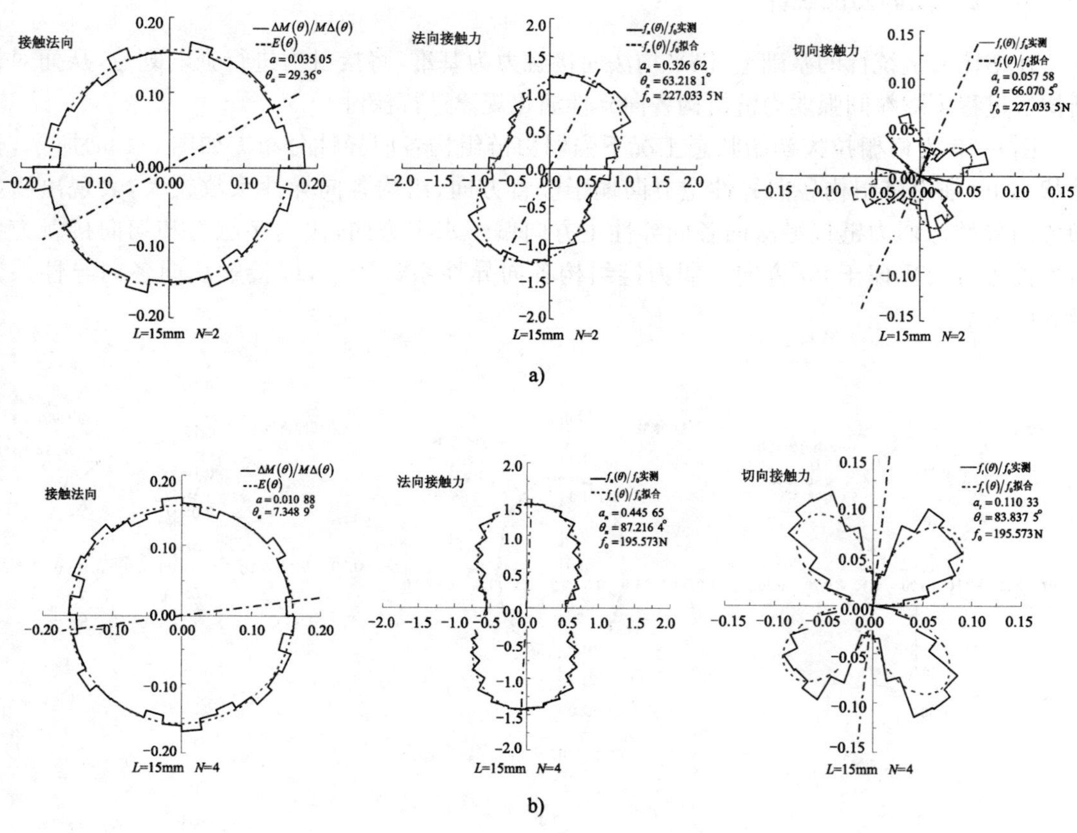

图 6-11 拉拔位移为 15mm 工况组构各向异性

a)2 区域；b)4 区域

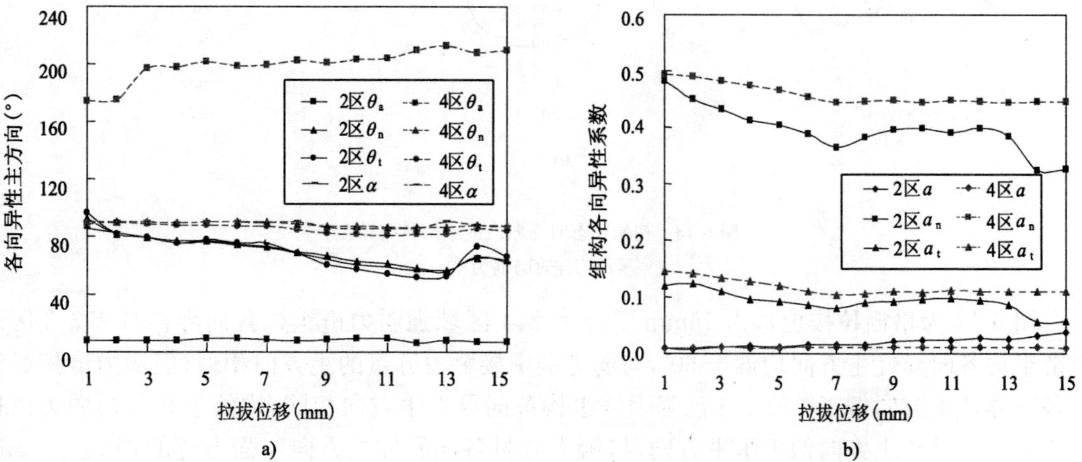

图 6-12 组构各向异性演化规律

a)各向异性主方向；b)各向异性系数

6.4.2 强弱力链统计

在整体力链统计的基础上，以平均法向接触力为基准，将接触力进行强弱划分，从而对格栅拉拔过程中颗粒间强弱力链组构各向异性演化规律进行探讨。

图 6-13 为格栅拉拔初始状态工况下强弱力链组构各向异性分布。如图 6-13a)所示，初始状态下，强力链组构各向异性主方向偏于竖直方向，组构各向异性系数较大，表现出明显的各向异性。弱力链接触法向各向异性主方向偏于水平方向，法向接触力和切向接触力各向异性主方向仍偏于 90°方向。弱力链组构各向异性系数较小，以接触法向各向异性系数最为明显。

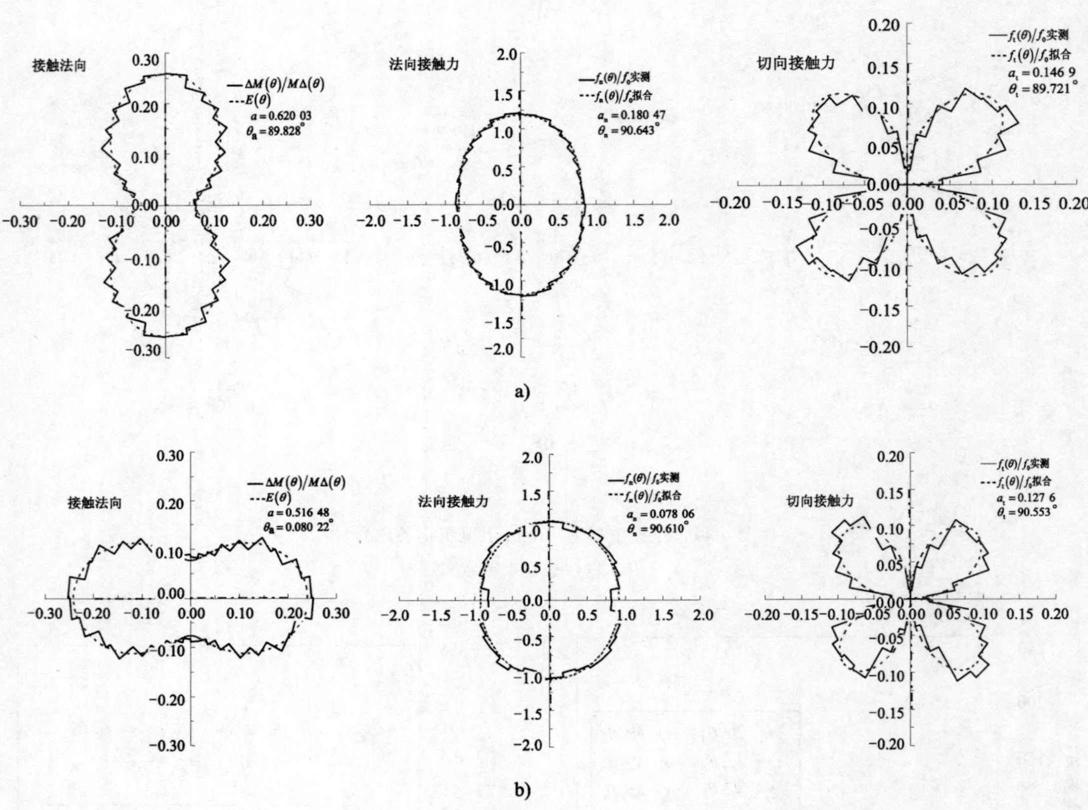

图 6-13 初始状态时强弱力链组构各向异性

a)强力链；b)弱力链

图 6-14 为格栅拉拔位移为 15mm 工况下 2、4 区域强弱力链组构各向异性分布。2 区强力链组构各向异性主方向均偏于 60°，与弱力链中接触力分量的主方向相似，但弱力链接触法向各向异性主方向偏于 150°。4 区强力链组构各向异性主方向相同，均偏于 90°，而弱力链接触法向各向异性主方向偏于水平方向，接触力分量各向异性主方向与强力链的相似。2、4 区域强力链组构各向异性系数均大于对应区域的弱力链组构各向异性系数，且 2 区域接触法向各向异性系数小于 4 区域。

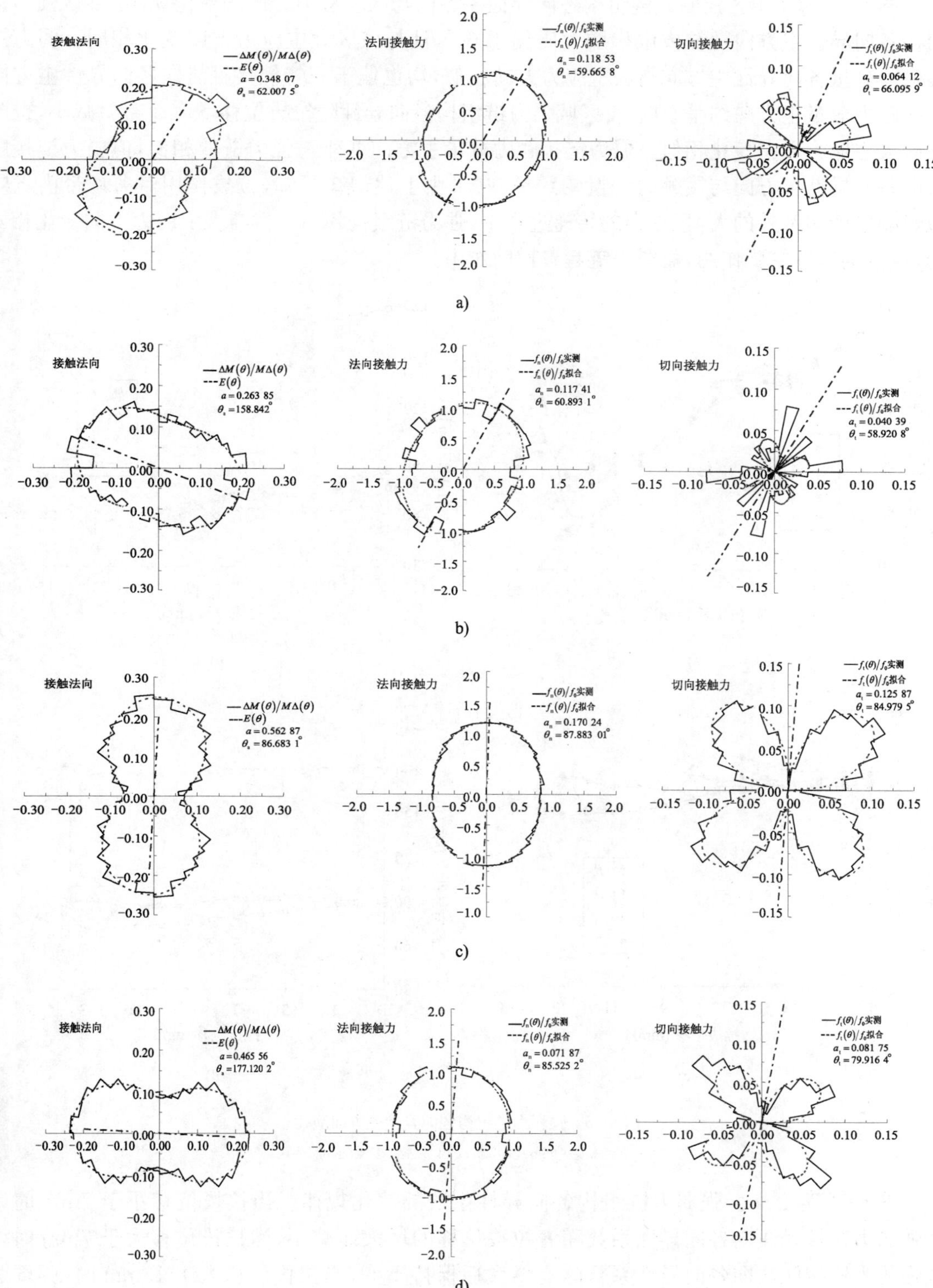

图 6-14　拉拔位移为 15mm 时强弱力链组构各向异性

a)2 区强；b)2 区弱；c)4 区强；d)4 区弱

图 6-15 为 2、4 区强弱力链组构各向异性主方向与大主应力方向的演化规律。2 区强力链组构各向异性主方向随拉拔位移增大而偏于 60°,且与该区大主应力方向变化相同。弱力链接触力分量各向异性主方向与大主应力方向相似,均也偏于 60°,但接触法向各向异性主方向与接触力分量主方向约呈 90°。4 区域强力链组构各向异性随拉拔位移增大而略微减小,也与该区大主应力方向变化相似。弱力链接触力分量主方向变化与强力链的相似,但弱力链接触法向各向异性主方向与接触力分量的约呈 90°。由上述规律可知,拉拔作用对剪切带内土颗粒影响较剪切带外的大,且在力的传递过程中,强力链组构各向异性与大主应力方向变化相协调,强力链起着主要作用,而弱力链起着辅助作用。

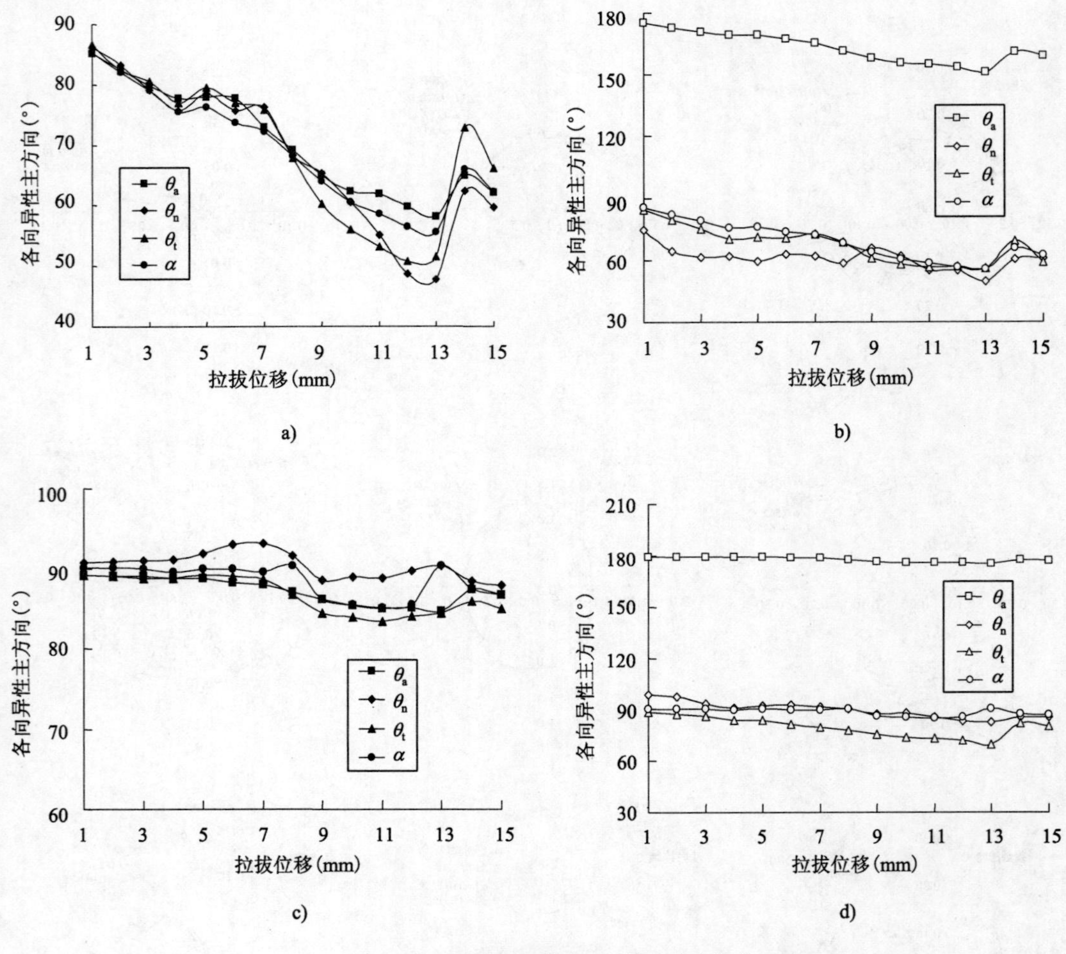

图 6-15 强弱力链组构各向异性主方向演化

a)2 区强;b)2 区弱;c)4 区强;d)4 区弱

图 6-16 为 2、4 区强弱力链组构各向异性系数的演化规律。当拉拔位移小于 7mm 时,2 区强弱力链接触法向各向异性系数随着拉拔位移的增大而减小,当拉拔位移大于 7mm 时,2 区强弱力链接触法向各向异性系数略有增大后保持不变,当拉拔位移大于 13mm 时,强弱力链接触法向各向异性系数继续减小。当拉拔位移小于 7mm 时,2 区强力链接触力分量各向异性系数随拉拔位移增大而减小,当拉拔位移大于 7mm 时,其不再发生明显变化。此时切向接

触力各向异性系数微增大后保持不变,而弱力链法向接触力各向异性系数微减小后保持不变,而且整个过程切向接触力各向异性系数均大于法向接触力各向异性系数;分析 4 区域组构各向异性系数,当拉拔位移小于 7mm 时,4 区强力链接触法向各向异性系数与 2 区域强力链的变化相似,但当拉拔位移大于 7mm 时,其保持不变,该变化与弱力链的相似。整个拉拔过程中,强力链接触力分量各向异性系数无明显变化,与弱力链法向接触力的相似,但弱力链切向接触力变化规律却与接触法向各向异性系数的变化相似。

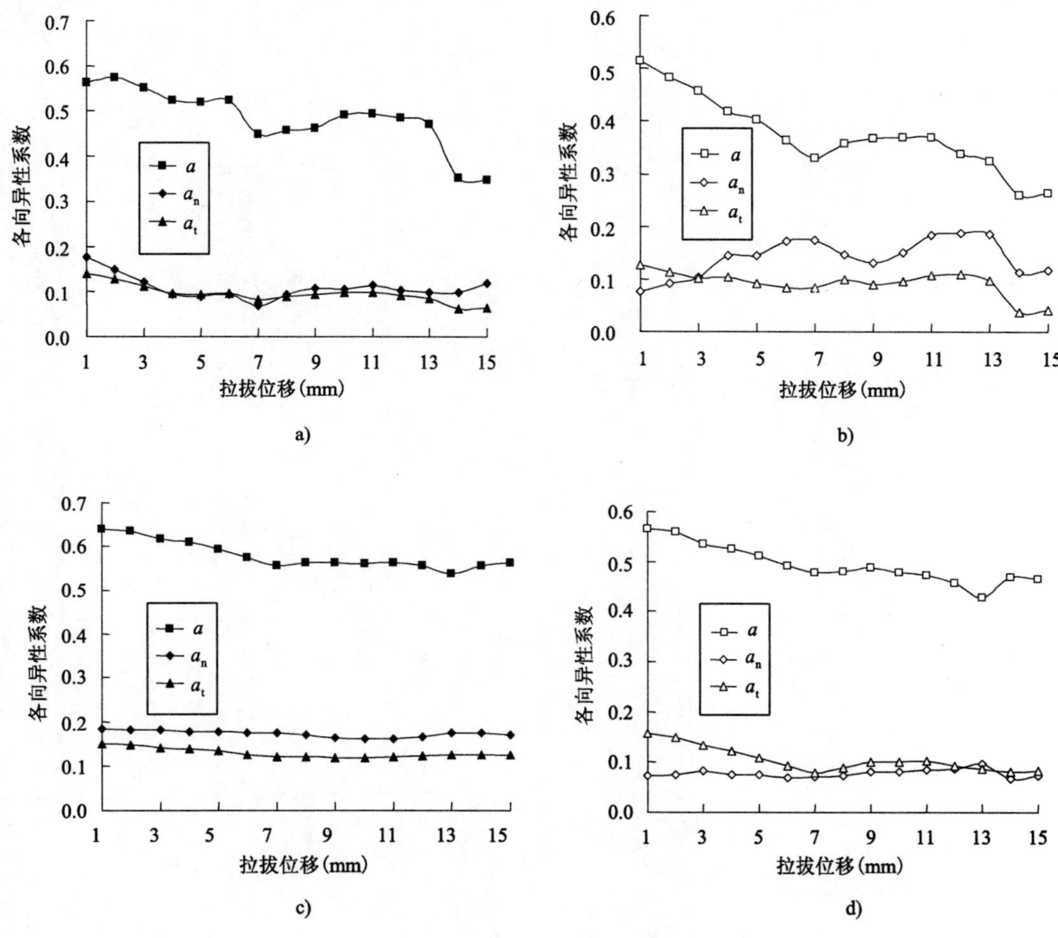

图 6-16 强弱力链组构各向异性系数演化

a)2 区强;b)2 区弱;c)4 区强;d)4 区弱

6.5 本章小结

本章基于前人试验成果,采用离散元方法对格栅拉拔过程中筋土界面的宏观力学行为和细观组构参量的演化规律进行了模拟,主要得出以下结论:

(1)比较剪切带内外砂土组构参量各向异性演化可知,拉拔作用对剪切带内土体扰动较大,且剪切带内平均法向接触力不断增大,切向接触力逐渐减小。

(2)试验过程中,砂土颗粒间最大主应力方向的变化与法向接触力各向异性主方向的变化相协同,表明剪切带内砂土抗剪强度受控于法向接触力分布及其各向异性的演化。

(3)由组构各向异性系数变化可知,随拉拔位移增大,剪切带内砂土拉拔抗剪强度逐渐降低,砂土密实度减小,土颗粒自由旋转加剧,剪胀现象明显,且试验过程切向接触力逐渐减小。

(4)在试验过程中,强力链组构各向异性主方向与大主应力的相协调,在力的传递过程中起着主要作用,而弱力链接触法向各向异性主方向与大主应力约呈 90°,起着辅助作用。

7 黄土沟壑区不均匀填方加筋路基现场试验研究

7.1 概　　述

从道路发展与建设实际可知:①很长的一段时间内公路建设仍将在我国中西部黄土地区蓬勃发展,因此,道路工程师将继续被穿越复杂地形的黄土沟壑区非对称路基形式困扰;②经济发展对道路各方面要求的提高,使得大量老路面临拓宽和改建,由此将会广泛采用结构性非对称路基形式。目前,关于黄土沟壑区非对称路基整体设计的理论研究水平还远远落后于工程实践。从总体上看,国内关于填、挖方路基不均匀沉降、填挖方路基交接段主要病害判别、交接段工程处治措施、填挖过渡段路面结构形式的设计等还没有成熟的理论,这将严重影响非对称路基工程的设计、建造和使用质量。

根据前期工程调研和查阅相关文献,没有发现针对山西省境内黄土沟壑区不均匀填方加筋路基力学和变形特性的长期监测记载,黄土沟壑区不均匀填方路基分布广泛,且该类路基病害严重。因此,开展其力学和变形特性长期监测工作有着重要的理论和工程实际意义。同时,本文开展的长期监测试验成果可填补黄土地区高速公路路基长期监测资料的空白,对提高黄土地区高速公路的设计与施工水平具有重要的指导意义。

7.2 现 场 试 验

7.2.1 工程概况

山平高速公路 K210+987～K211+087 路段填方高度为 8～10m,该路段地质与水文条件较为复杂,如图 7-1 所示。根据现场地质勘察报告和土工试验结果,试验段土层物理力学参数见表 7-1。试验路段属于桥—涵过渡段,且穿越深冲沟。该冲沟与现有公路管涵相连,冲沟影响区域土质较差。涵洞设计高程远高于原冲沟,且涵洞轴线方向与冲沟—管涵方向不一致。路堤修筑过程中遇强降雨时,冲沟填筑区填方路段多次被冲毁,且冲沟积水现象严重。考虑到即使涵洞建造完毕后改造排水线路,该路段受降雨等

图 7-1　试验段现场概况

影响仍会很大。初步方案拟采用土工格栅进行分层加筋处理,增强路基抗剪强度和整体性,减小桥—涵过渡段沉降差异,并分析黄土地区公路路基采用土工格栅加筋处理工况下高填方路堤受力和变形特性。

试验段土层物理力学参数　表 7-1

土层	E(MPa)	重度(kN/m³)	泊松比	黏聚力(kPa)	内摩擦角(°)
路堤填土	20.4	19.2	0.3	38.4	17.6
冲沟	4.5	17.8	0.35	12.0	16.0
粉土	8.2	18.4	0.33	18.4	20.8
黏质粉土	12.6	19.2	0.33	26.0	17.3
砂卵石层	18.4	19.2	0.3	14.2	24.6
硬土层	25.4	19.7	0.3	44.5	18.2
EPS板	6.7	0.2	0.3	—	—
土工格栅	EA=86.0MN/m				

7.2.2　现场试验设计

试验方案如图 7-2 所示,具体试验内容如下:

(1)路基基底沉降:采用单点沉降计,在两侧路肩和中心轴对应位置设置。

(2)路堤顶面沉降:采用钢钎桩,在两侧路肩对应位置设置,中心埋设一个沉降板,沉降板底埋设在路基中心轴对应位置。

(3)地基分层沉降:采用分层沉降仪,设置在路基中心。

(4)地基深层侧向(水平)位移观测:采用测斜仪对主观测断面进行地基深层水平变形观测,设置在路基两侧坡脚处(靠近排水沟内侧)。

(5)格栅应变:在两侧路肩、路肩与坡脚中心和中心轴对应位置的格栅上方设置柔性位移计。

(6)基底压力:采用土压力盒监测基底压力,在两侧路肩、路肩与坡脚中心和中心轴对应位置设置。

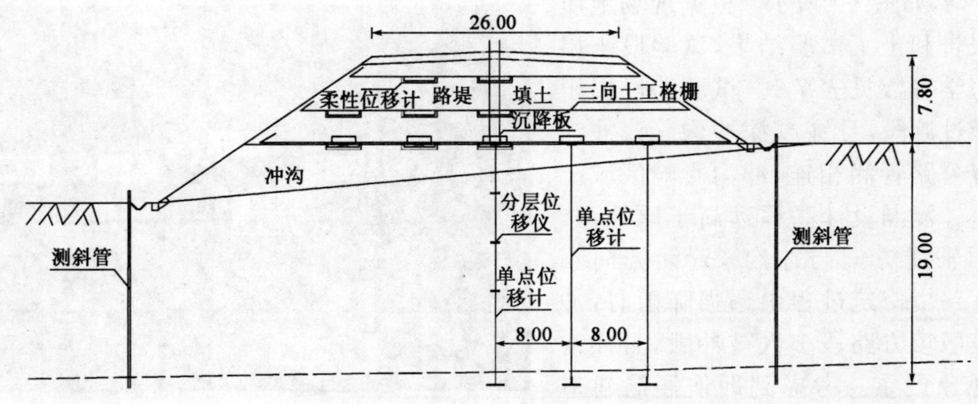

图 7-2　现场试验段试验方案(尺寸单位:m)

7.3 试验结果分析

7.3.1 沉降变化规律

图 7-3 为加筋工况地基表面沉降变化规律。从图中可看出:地基表面沉降随着路堤填筑高度的增加而增加;在填筑前期(填筑路堤高度 4.5m 前)随着路堤高度的增加路堤表面各处产生的沉降量增幅较小;当路堤填筑高度从 4.5m 增加至 7.0m 时,路堤表面各处产生的沉降量呈线性显著增大;当路堤填筑高度超过 7.0m 后,路堤表面各处产生的沉降增幅减小,此时路堤表面各处产生的沉降差异较明显;在路堤填筑结束后,路堤中心轴处沉降值最大达 184.7mm,路堤右侧 16m 处最小为 161.2mm。

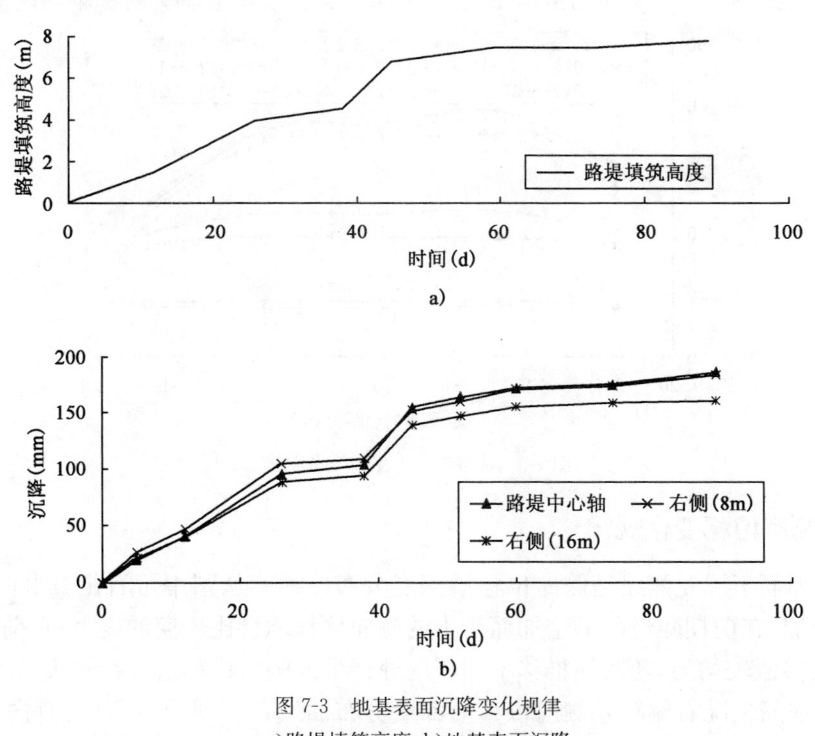

图 7-3 地基表面沉降变化规律

a)路堤填筑高度;b)地基表面沉降

7.3.2 土压力变化规律

图 7-4 为加筋工况地基表面土压力随路堤填筑高度的变化规律。从图中可看出:地基表面土压力随着路堤填筑高度的增加而增加;在填筑前期(填筑路堤高度 4.5m 前)随着路堤高度的增加路堤表面各处的土压力值几乎相同;当路堤填筑高度从 4.5m 增加至 7.0m 时,路堤表面各处的土压力值呈线性显著增大,且不同位置处的增幅出现明显差异;当路堤填筑高度超过 7.0m 后,路堤表面各处的土压力值随路堤填筑高度的增加而增加的幅度变小,此时路堤表面各点的土压力值差异较明显;在路堤填筑结束后,路堤中心轴及路堤左右侧 8m 位置的土压力值最大达 156kPa,路堤左右侧 16m 处较小约为 98kPa。

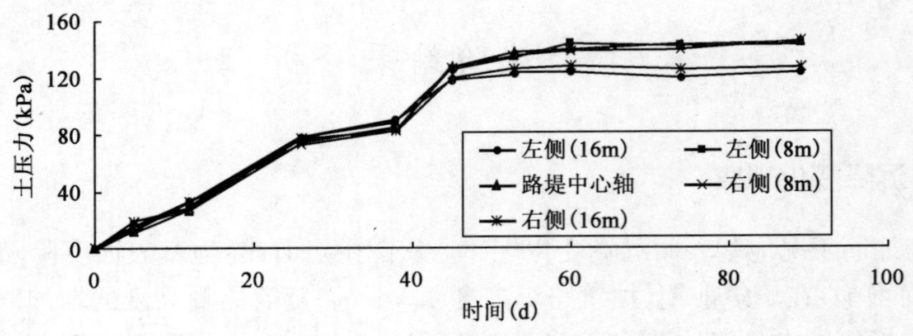

图 7-4　地基表面土压力变化规律

图 7-5 为加筋工况地基表面土压力分布曲线。从图中可看出:地基表面土压力随着时间的增加而增加;路堤填筑初期,地基表面土压力值随着时间的增加而产生的土压力值增量较大,在填筑后期随时间推移产生的土压力值增量逐渐减小,并以路堤中心轴为对称轴向两侧递减。

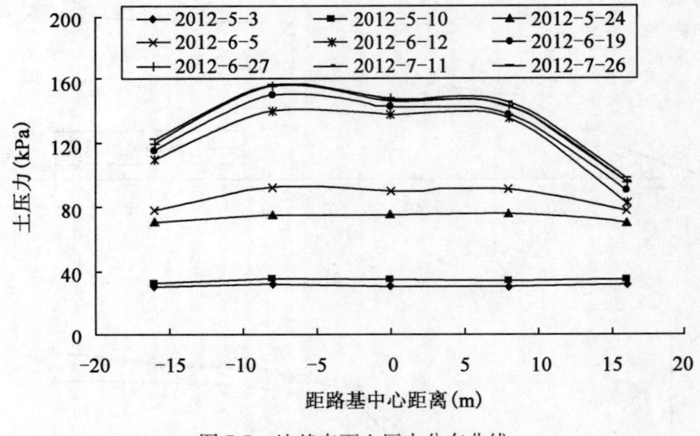

图 7-5　地基表面土压力分布曲线

7.3.3　侧向位移变化规律

图 7-6 为加筋工况左侧路基侧向位移沿深度分布曲线。从图中可看出:侧向位移随着时间的增加而增加;在前期随时间的增加而产生的侧向位移增量比后期的要大;在前期各深度处产生的侧向位移值较均匀,随时间推移不同深度处产生的侧向位移值存在较大差异。

图 7-7 为加筋工况右侧路基侧向位移沿深度分布曲线。从图中可看出:侧向位移随着时间的增加而增加;在前期随时间的增加而产生的侧向位移增量比后期的要大;在前期各深度处产生的侧向位移值较均匀,随时间推移不同深度处产生的侧向位移值存在较大差异。

7.3.4　格栅应变变化规律

图 7-8 为加筋工况地基格栅应变随路堤填筑高度变化曲线。从图中可看出:各层格栅应变随路堤填筑高度的增加而增加;在填筑前期(路堤填筑高度小于 4.5m 前)格栅应变随着填筑高度的增加而增加,增加幅度较小;路堤填筑高度从 4.5m 增加到 7.2m 时,格栅应变呈线性显著增大,且不同位置处的增幅出现明显差异;当路堤填筑高度超过 7.0m 后,格栅应变随路堤填筑高度增加增幅减小,此时格栅不同位置处的应变值差异较大;填筑过程中相同竖向位置处第一层格栅应变值最大,第二层格栅的次之,第三层格栅的最小,路堤填筑完成时,第一层至第三层格栅的最

大应变分别为 1.212%、0.671%和 0.476%；在同一层格栅中，位于路堤左侧 16m 的应变值最小，路堤中心轴处次之，路堤左侧 8m 的最大。

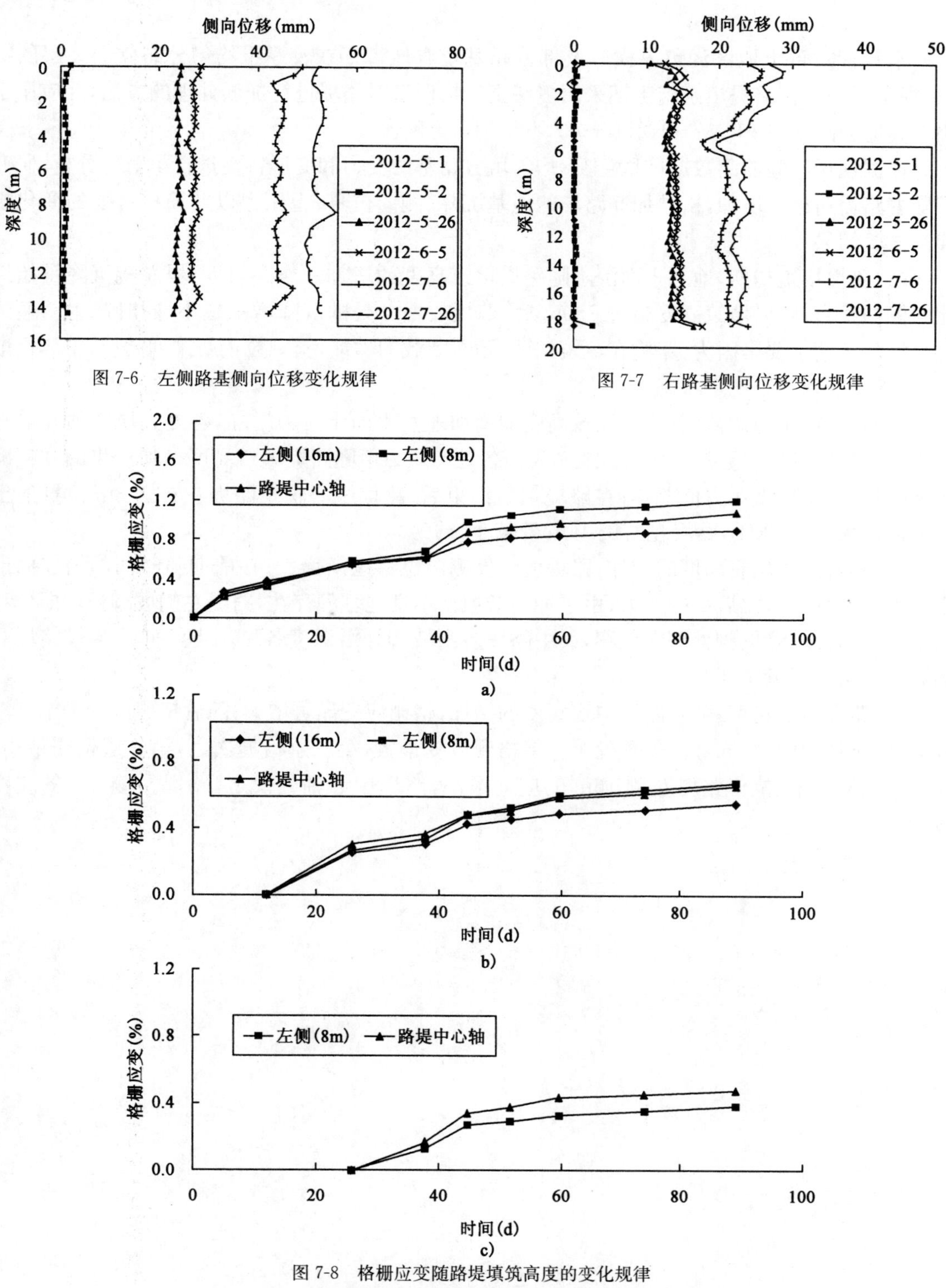

图 7-6　左侧路基侧向位移变化规律

图 7-7　右路基侧向位移变化规律

图 7-8　格栅应变随路堤填筑高度的变化规律

a)第一层格栅应变；b)第二层格栅应变；c)第三层格栅应变

7.4 本章小结

本章针对黄土地区沟壑纵横以及部分路基填方地带存在较厚不均匀分布软弱夹层的特点,提出了一种在路堤填筑施工期采用多层土工格栅来对路堤进行加筋处理的方法,并应用于山平高速公路K210+987~K211+087不均匀填方路段。

根据现场试验监测数据,对黄土不均匀填方路基的受力和变形特性进行了对比分析,研究了随着路堤荷载的增加,格栅加筋路堤的地基沉降、侧向位移、土压力以及筋材应变的变化规律。试验结果表明:

(1)路堤填筑初期,地基表面沉降随路堤填筑高度的增加而增大,且路堤左侧沉降量始终比右侧的要大;路堤填筑高度超过7.0m后,路堤表面各处的沉降增幅减小,同时产生明显的差异沉降。这主要是因为:路堤在填筑初期,随着荷载的增加,土颗粒重新排列就位,土体逐渐密实,逐渐达到一个稳定状态。

(2)路堤填筑初期,随着路堤填筑高度的增加地基表面土压力增加,各处土压力值几乎相同;当路堤填筑高度超过7.0m后,地基表面各处土压力值随路堤填筑高度增加产生的增幅减小,同时产生明显土压力值差异;在路堤填筑结束后,路堤中心轴及路堤左右侧8m位置的土压力值最大达156kPa,路堤左右侧16m处较小,约为98kPa。

(3)随着路堤填筑高度的增加,路堤坡脚处侧向位移逐渐增大;在前期随时间的增加而产生的侧向位移增量比后期的要大;由于冲沟杂填土不良地基的存在,路堤左侧坡脚处侧向位移明显大于路堤右侧坡脚处侧向位移,其中路堤左侧坡脚处沿深度各监测点侧向位移较路堤右侧坡脚处增大了近75%。

(4)路堤填筑初期,随着路堤填筑高度的增加,格栅应变显著增大;随后格栅应变增幅逐渐减小;填筑过程中,相同竖向位置处第一层格栅应变最大,第二层格栅次之,第三层格栅最小;在同一层格栅中,位于路堤左侧16m的应变最小,路堤中心轴处次之,路堤左侧8m的应变最大。

8 黄土沟壑区不均匀填方加筋路基变形特性研究

8.1 概　　述

由于现场试验工程地质条件复杂，试验成本较高且周期较长，通过有限的现场试验监测结果并不能完全了解非对称路基在路堤填筑期和运营期交通荷载作用下的作用机理和工作特性，需要通过数值仿真方法对不均匀填方加筋路基的变形特性进行深入的研究。

本章在现场试验的基础上，依据山平（山阴至平鲁）高速公路现场试验路段地形条件和地基土层分布，分析在路堤填筑施工期和运营期交通荷载作用下，分别采用土工格栅加筋与EPS板加筋减载技术对黄土地区含冲沟软弱夹层的不均匀填方公路路基的变形特性。

8.2 计算模型建立

以山平高速公路K210＋987～K211＋087现场试验路段地形条件和土层分布为工程背景，采用岩土工程专业有限元软件PLAXIS，建立了如图8-1所示的有限元数值模型。EPS板埋设在距离路面8m位置，EPS板沿路堤横向长26m，厚3m；采用满铺方式在路堤距基底高29～43m范围内每隔3m铺设一层土工格栅，共四层，每层格栅长21～50m不等。数值计算模型尺寸采用山平高速公路试验段现场实际数据，以便反映现场实际情况。数值模拟计算参数同山平高速公路试验段现场实际数据，详见表7-1。

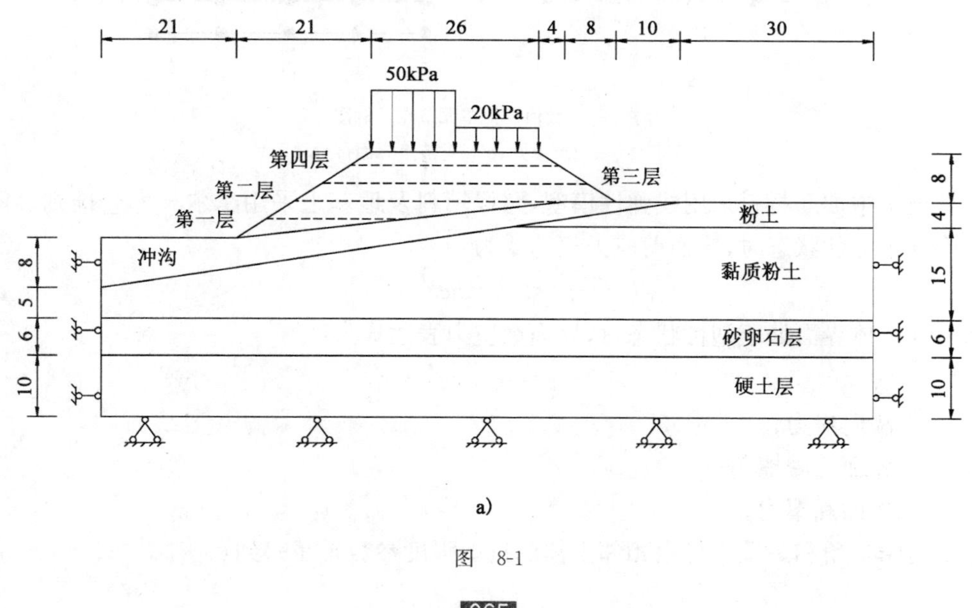

a)

图　8-1

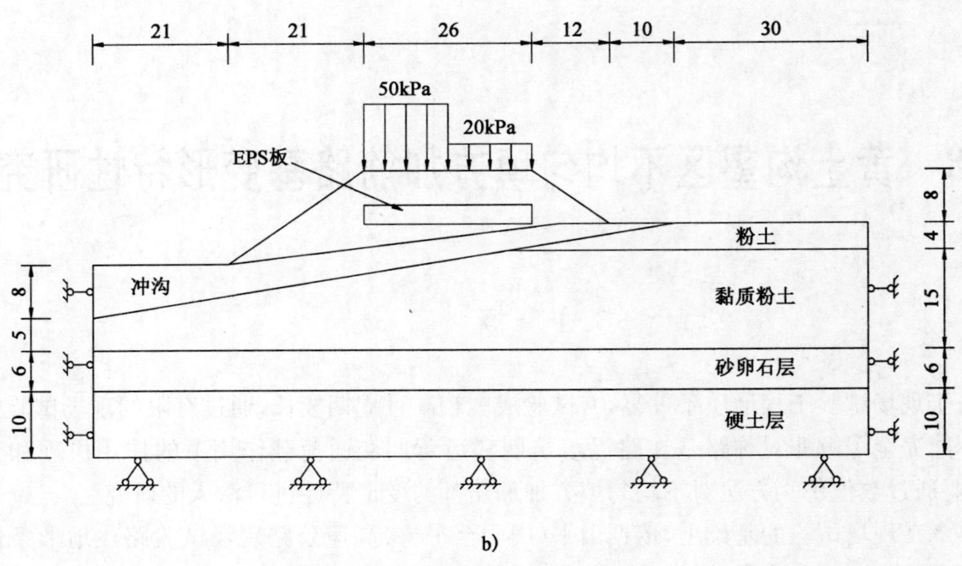

图 8-1 计算模型与基本荷载工况(尺寸单位:m)

a)加格栅;b)加 EPS 板

数值建模过程中,实体单元采用 15 节点三角形高精度单元,为了反映筋—土及 EPS 板—土之间的相互作用,在界面处设置接触单元,界面接触单元由 5 对节点组成,接触单元的刚度矩阵由 Newton-Cotes 积分得到。接触单元节点示意图见图 8-2。

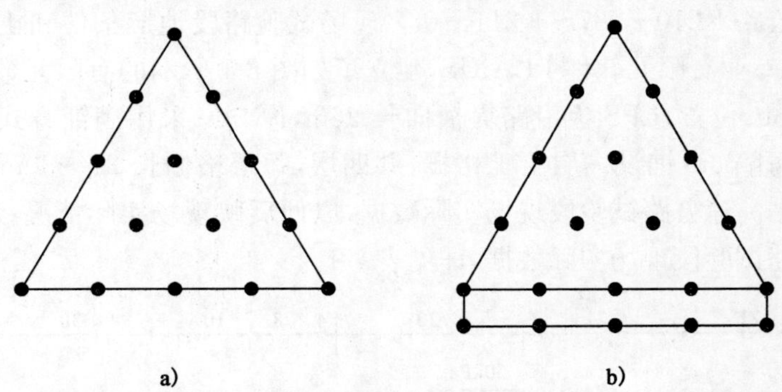

图 8-2 数值模拟单元节点示意图

a)15 节点三角形单元;b)5 对节点界面接触单元

计算模型中加筋材料采用线弹性模型,路堤填料及地基土采用摩尔一库仑准则。筋材与土体界面处于弹性状态时,界面剪应力表达式为:

$$|\tau| < \sigma_n \tan\varphi' + c' \tag{8-1}$$

筋材与土体界面处于塑性状态时,界面剪应力表达式为:

$$|\tau| = \sigma_n \tan\varphi' + c' \tag{8-2}$$

式中:σ_n——法向应力;

φ'——界面内摩擦角;

c'——界面黏聚力。

界面内摩擦角和黏聚力可由相邻土体的抗剪强度参数折减得到:

$$c' = R_{\text{inter}} c_{\text{soil}} \tag{8-3}$$

$$\tan\varphi' = R_{\text{inter}} \tan\varphi_{\text{soil}} \tag{8-4}$$

式中：R_{inter}——界面折减因子。

8.3 计算结果分析

8.3.1 路堤填筑期变形特性

在数值模拟过程中，路堤分层进行填筑，每层填筑 1.0m，图 8-3 为不同加筋工况下路堤顶面沉降曲线。

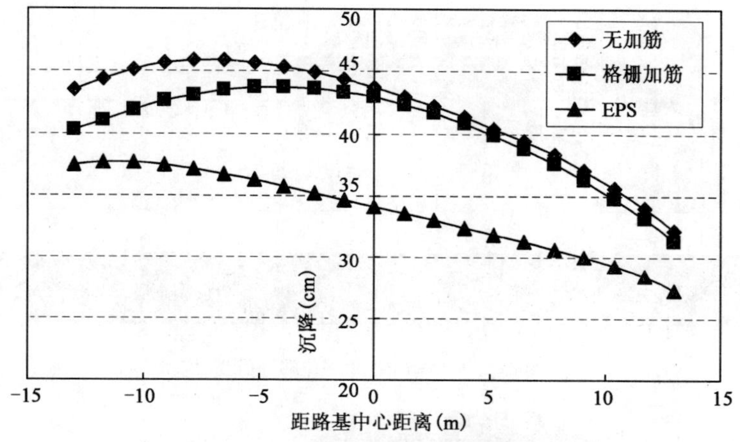

图 8-3 不同加筋工况下路堤顶面沉降曲线

由图 8-3 可知：三种工况下路堤顶面沉降关系始终为无加筋＞加筋＞EPS；相对于无加筋工况最大沉降量，加格栅工况的最大沉降量减小了 5.3%，加 EPS 板工况的最大沉降量减小了 15.8%。这主要是由于 EPS 板的重度仅为 0.2kN/m^3，远小于路堤填土的重度 19.2kN/m^3，因此当采用 EPS 板置换部分路堤填土之后，大大减小了路堤填筑施工期所引发的地基竖向沉降。因此，加格栅工况的沉降小于无加筋工况，但是相差不大，与无加筋和加格栅 2 种工况相比，加 EPS 板工况的沉降减小幅度较大。

图 8-4～图 8-6 为不同加筋工况下水平位移等值线图。图 8-4 为无加筋工况水平位移等值线图，最大水平位移发生在路堤左边坡脚处，最大水平位移值为 0.28m；图 8-5 为格栅加筋工况水平位移等值线图，最大水平位移发生在路堤左边坡脚处；图 8-6 为加 EPS 板工况水平位移等值线图，最大水平位移发生在路堤左边坡脚处。与无加筋工况相比，加格栅工况的最大水平位移值减小了 44.1%，加 EPS 板工况的最大水平位移值减小了 45.5%，两种加筋工况下水平位移相差不大。

图 8-7 为路堤填筑期间路堤左侧坡脚水平位移随填土高度的变化曲线。左侧坡脚水平位移随着填土高度的增加而增大，且增大速率逐渐增加，未加筋时的水平位移始终大于加格栅和加 EPS 板。加格栅和加 EPS 板两种工况下坡脚水平位移相差不大，当路堤填筑高度小于 12m 时，加 EPS 板的坡脚水平位移小于加格栅，填筑完成时，加 EPS 板工况下的坡脚水平位移略大于加格栅，说明加格栅对路堤填土高度较高时具有更好的侧向位移控制效果。

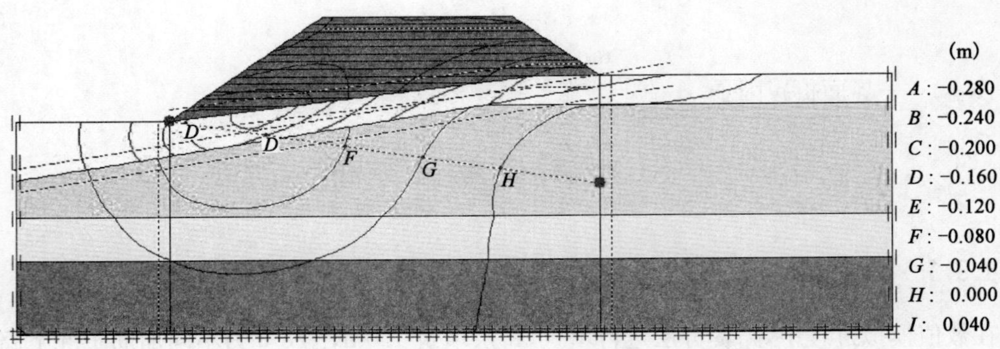

图 8-4 无加筋工况水平位移等值线图

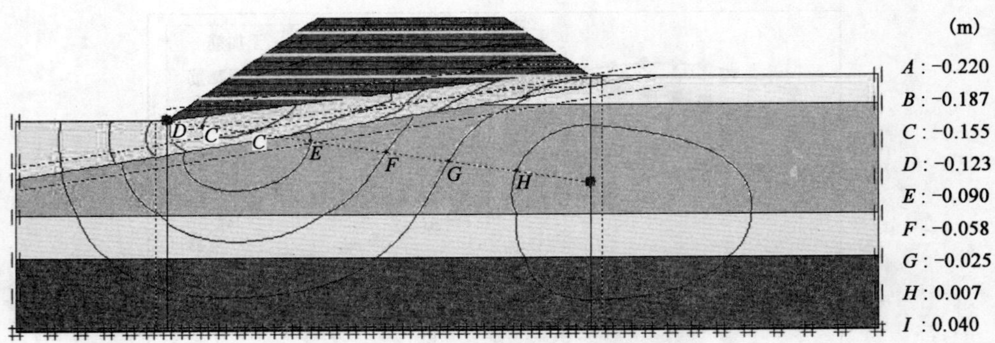

图 8-5 加格栅工况水平位移等值线图

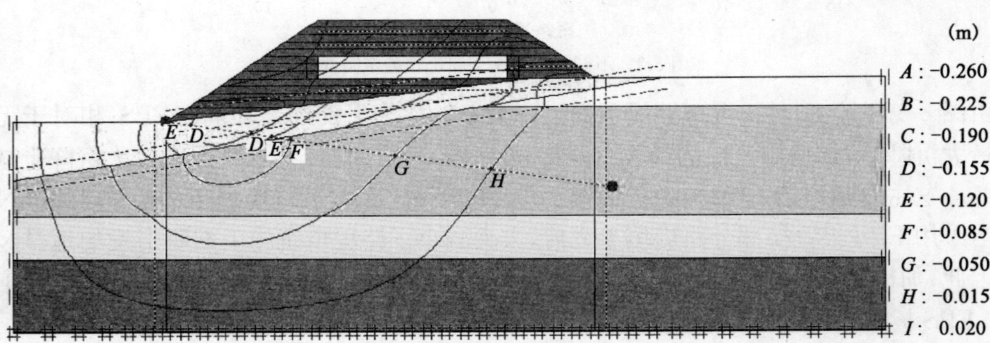

图 8-6 加 EPS 板工况水平位移等值线图

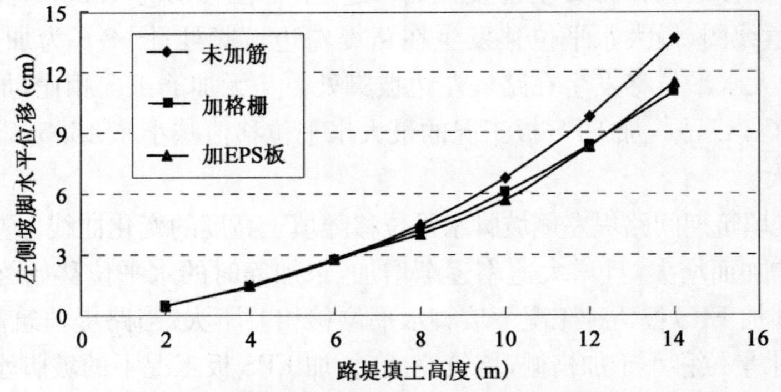

图 8-7 路堤填筑期左侧坡脚水平位移随填土高度变化曲线

图 8-8 为格栅加筋工况下路堤填筑完成时的各层格栅沉降曲线。各层格栅沉降曲线相近，随着距路基中心距离的减小而增加，由于路基的非对称性，格栅沉降在路基中心靠左侧达到最大值。

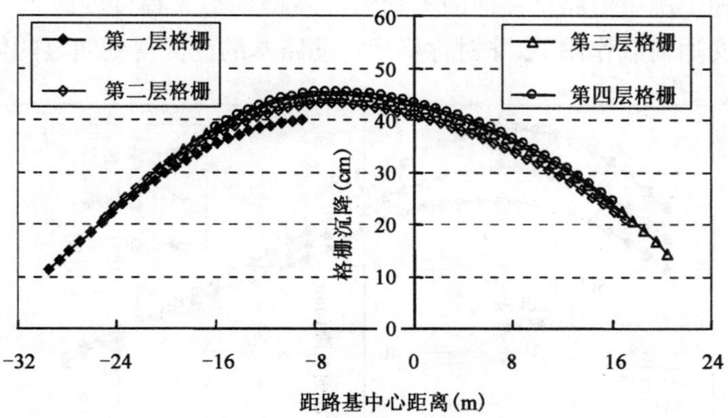

图 8-8 加筋工况下路堤填筑完成时各层格栅沉降曲线

图 8-9 为格栅加筋工况下各层格栅轴力分布图。在路基左侧第二层格栅的轴力最大，第一层格栅次之，第三层格栅较小，距离路堤顶面最近的第四层格栅的轴力几乎接近于 0，说明此时主要是第一层格栅和第二层格栅在发挥对路堤侧向位移的约束作用。

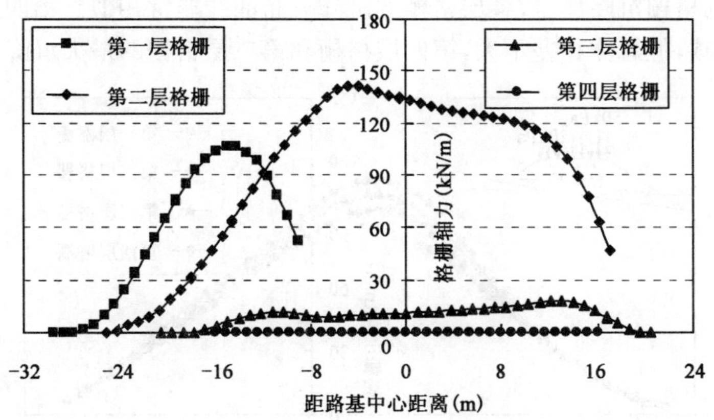

图 8-9 加筋工况下各层格栅轴力曲线

8.3.2 交通荷载作用下变形特性

山西省是产煤大省，对于运煤公路，运输道路两侧承受的荷载是不同的：一侧运行装煤车，其承受的荷载较大；另一侧主要运行空车，承受荷载较小。根据山西省独特的交通荷载形式，设计如图 8-10 所示的交通荷载基本工况，以研究在该非对称荷载作用下，非对称路堤的承载变形特性和加筋材料的受力特性。

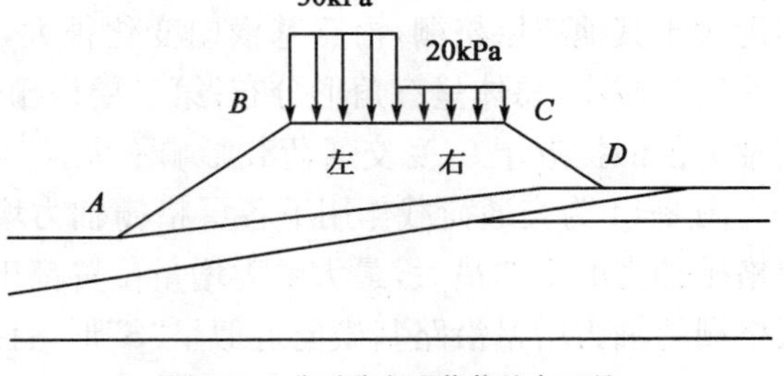

图 8-10 非对称交通荷载基本工况

图 8-11 为非对称交通荷载作用下不同加筋工况的路堤顶面沉降分布曲线。各加筋工况下路面沉降曲线分布相近，从左到右，路面沉降的大小分布规律始终为：未加筋>加 EPS 板>加格栅，相比于未加筋工况，加格栅的最大沉降减小了 23.6%，加 EPS 板的最大沉降减小了 12.8%，说明加格栅工况下沿路基横向的不均匀沉降得到很大程度的改善。相比于路堤填筑期的路基变形，在交通荷载作用下，非对称格栅加筋路基的优势得到明显的体现。

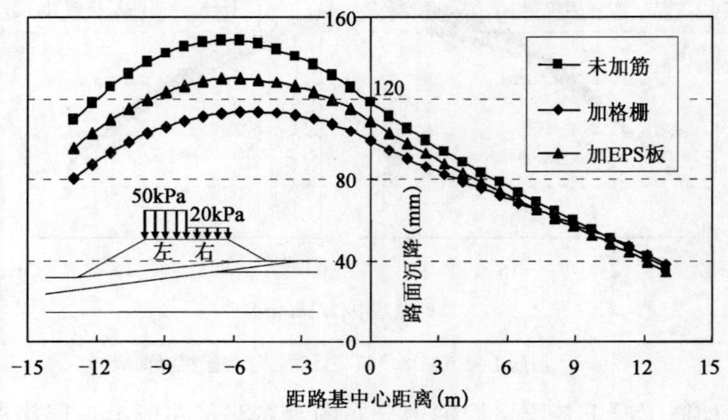

图 8-11　交通荷载作用下不同加筋工况的路堤顶面沉降分布曲线

图 8-12 为交通荷载作用下加格栅工况时各层格栅沉降分布曲线。在此仅考虑由于交通荷载作用而引起的格栅沉降增量，各层格栅的沉降分布曲线非常相似。第四层格栅沉降最大，从上往下，依次递减，但总体相差不大，第四层格栅和第二层格栅的最大沉降差仅为 13.2mm。

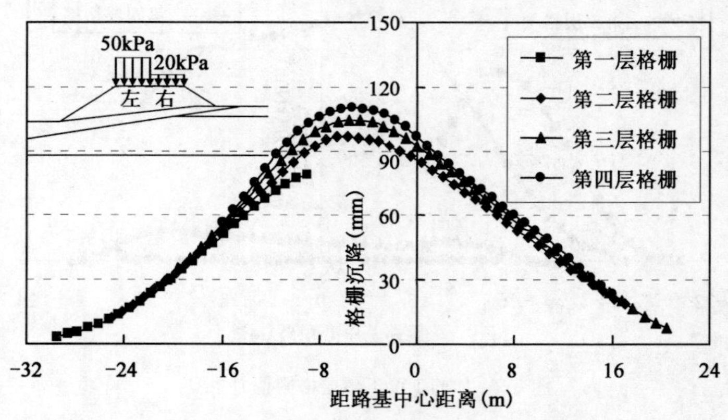

图 8-12　交通荷载作用下各层格栅沉降分布曲线

图 8-13 为交通荷载作用下加格栅工况时各层格栅实际轴力分布曲线。第二层格栅的轴力远大于其他三层格栅，沿路基横向变化很大，最大值出现在路基左侧距中心约 5m 的位置，之后迅速减小，总体呈三角形分布；第三层格栅轴力沿路基横向变化趋势较为平缓；第四层格栅轴力依旧接近于 0，受交通荷载影响不大。

图 8-14 为交通荷载作用下各层格栅轴力增量分布曲线。交通荷载对第二层格栅和第三层格栅轴力的影响最大，最大轴力增量位置都出现在路基左侧距路基中心约 5m 的位置；第一层格栅的轴力增量沿路基横向近似呈“S”形，且出现负值，说明交通荷载作用引起的基底变形较为明显，从而导致该深度处格栅轴力的波动；第四层格栅轴力增量接近于 0，仅在路基右侧

局部有较为明显的增加。

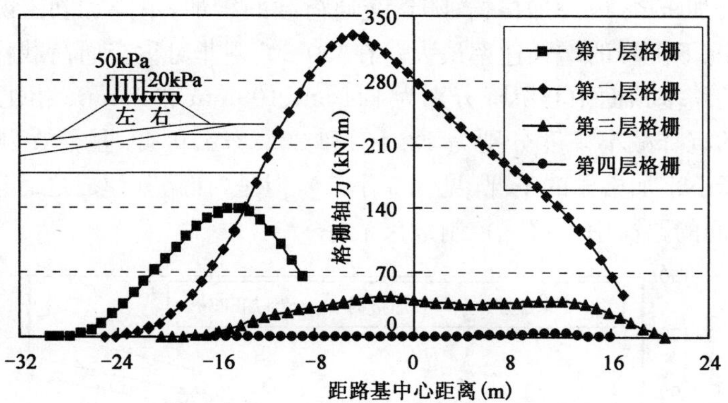

图 8-13　交通荷载作用下各层格栅轴力分布曲线

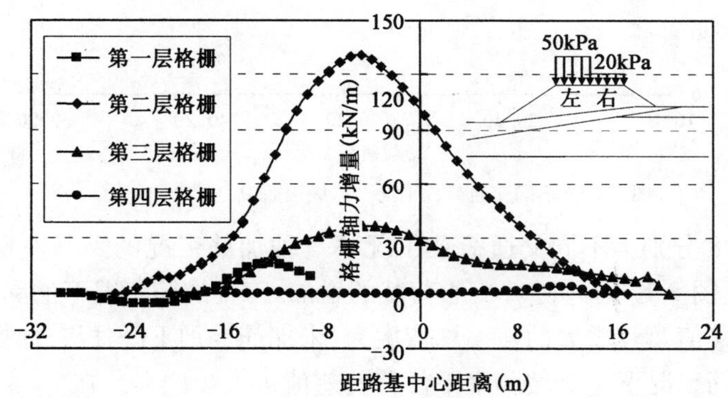

图 8-14　交通荷载作用下各层格栅轴力增量分布曲线

8.4　参数分析

8.4.1　交通荷载大小

设计如图 8-15 所示的 5 种交通荷载分析工况，包括 3 种非对称荷载和 2 种对称荷载，分析不同交通荷载工况下未加筋、加格栅和加 EPS 板三种加筋工况下路基的沉降变形特性及格栅的受力变形特性。

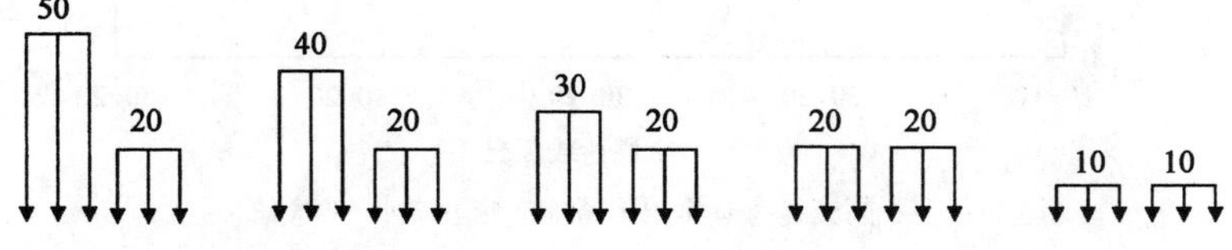

图 8-15　交通荷载分析工况(单位:kPa)

图 8-16 为不同交通荷载工况下三种加筋工况的路基顶面中心沉降分布曲线。随着交通荷载的增加，三种加筋工况下的路基顶面中心沉降均增大，尤其是从“20-20”型荷载开始，随着

非对称荷载的增加，沉降近似呈线性增长；相同交通荷载作用下，路基顶面中心沉降的大小分布始终为未加筋＞加 EPS 板＞加格栅；随着交通荷载的增加，不同加筋工况下的沉降差值逐渐增大，未加筋工况下沉降的增长速率最大。在"50-20"型非对称交通荷载作用下，未加筋、加 EPS 板和加格栅的路基顶面中心沉降分别为 124mm、109mm 和 99mm，相比于未加筋工况，加 EPS 板和加格栅的沉降减小幅度分别为 12.1％和 20.2％。因此，虽然在路堤填筑期加 EPS 板工况的路基沉降小于加格栅的工况（见 8.3 小节），但是，在路基建成之后运营期交通荷载作用下，采用格栅加筋的路面中心沉降控制效果最好。

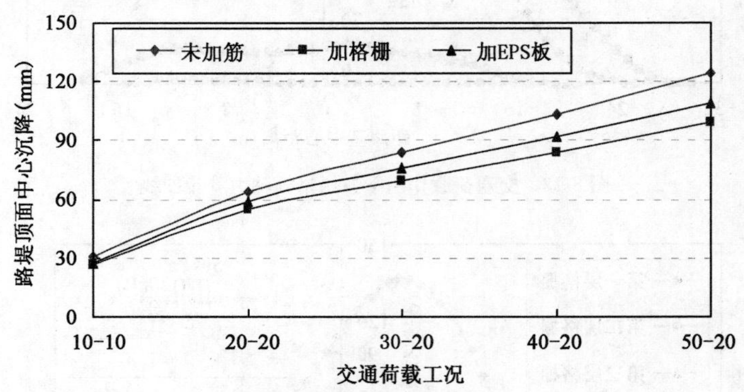

图 8-16　不同交通荷载工况下路堤顶面中心沉降曲线

图 8-17 和图 8-18 分别为不同交通荷载工况下三种加筋工况的路基左侧、右侧坡脚的水平位移分布曲线。由图 8-17 可知随着交通荷载的增加，三种加筋工况下的路基左侧坡脚水平位移均增大，水平位移值及其增大的速率均依次为：未加筋＞加 EPS 板＞加格栅，即随着交通荷载的增加，不同加筋工况下左侧坡脚水平位移的差值进一步增大。在"50-20"型交通荷载作用下，未加筋、加 EPS 板和加格栅的左侧坡脚水平位移分别为 79mm、52mm 和 32mm，相比于未加筋工况，加 EPS 板和加格栅工况的位移减小幅度分别为 34.2％和 59.5％，因此，针对路基中存在软弱夹层的非对称路基，对路堤采用格栅加筋技术能够很好的控制路基坡脚水平位移，减小路基侧向变形，大大降低因路堤侧滑而引发路堤边坡失稳破坏的风险。

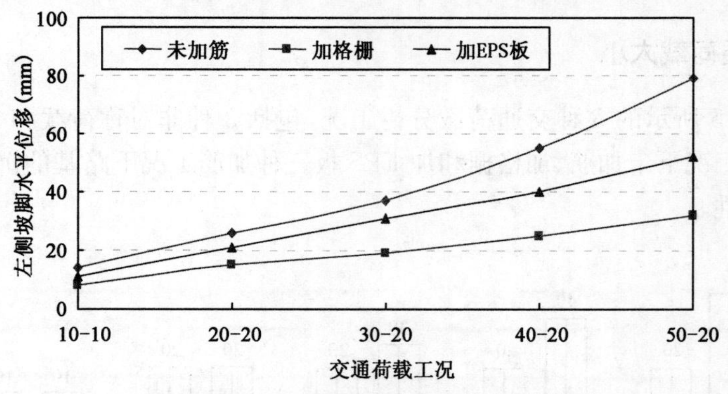

图 8-17　不同交通荷载作用下路堤左侧坡脚水平位移曲线

由图 8-18 可知，相比于路基左侧坡脚水平位移，路基右侧坡脚水平位移值相对较小，在"20-20"型交通荷载之后，坡脚水平位移随交通荷载增加的变化幅度不大。对于未加筋的工况，右侧坡脚水平位移随交通荷载的进一步增大而减小，并在"40-20"和"50-20"型交通荷载作用下小于加 EPS 板的工况，分析其原因，可能是由于未加筋工况下，在较大非对称荷载作用下，路堤整体向左滑移量较大，从而使右侧坡脚向外的水平位移减小。总体而言，三种加筋工况下路基右侧坡脚的水平位移均较小。

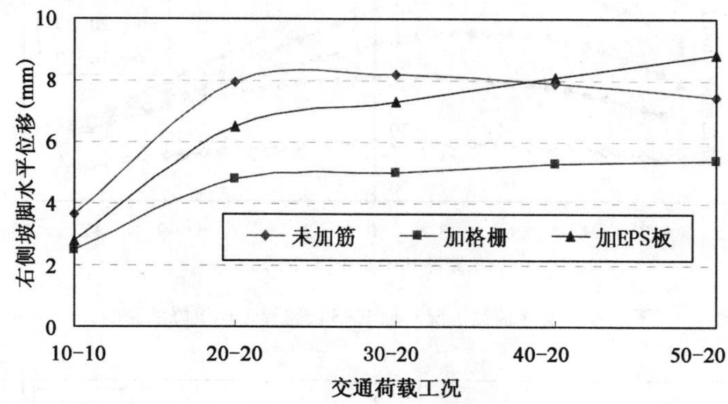

图 8-18　不同交通荷载作用下路堤右侧坡脚水平位移曲线

图 8-19、图 8-20 和图 8-21 分别为不同交通荷载工况下未加筋、加 EPS 板和加格栅三种加筋工况时路基顶面沉降分布曲线。对称荷载作用下，路面沉降随着距路基中心距离的减小而增加，最大沉降发生在路基中心，且沿路基横向的差异沉降值较小。非对称荷载作用下，最大沉降发生在路基左侧，且不同交通荷载及不同加筋工况下最大沉降发生的位置不同，交通荷载越大，最大沉降发生位置距路基中心的距离也越大，交通荷载相同时，最大沉降发生位置距路基中心的距离依次为：未加筋＞加 EPS 板＞加格栅，其中在“50-20”型非对称荷载作用下，未加筋、加 EPS 板和加格栅 3 种工况下路基顶面最大沉降发生位移距路基中心的距离分别为 6.5m、5.7m 和 4.9m，最大沉降发生位置距路基中心的距离越远，就意味着最大沉降发生位置距左侧边坡越近，因此路基左侧边坡也就越容易发生滑移破坏。

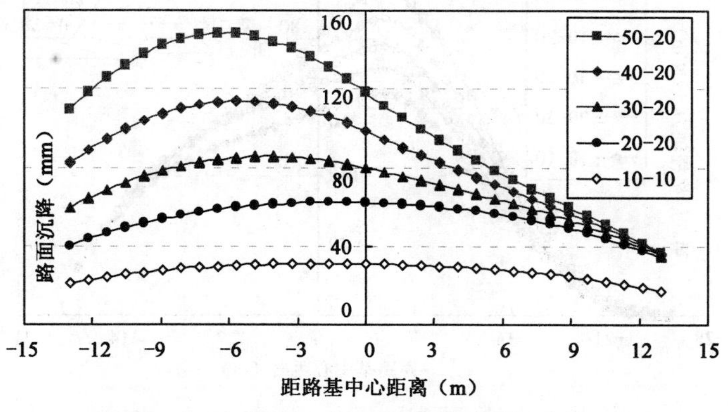

图 8-19　交通荷载工况对未加筋路堤顶面沉降的影响

图 8-22 和图 8-23 分别为不同交通荷载工况下第二层格栅轴力和轴力增量分布曲线，其中格栅轴力增量指的是各层格栅由于交通荷载的作用而引起的轴力变化。由图 8-22 可知不同交通荷载作用下第二层格栅轴力分布曲线比较接近，最大值发生在路基左侧距路基中心 5m 左右的位置，且随着交通荷载的增大而增加。由图 8-23 可知各级交通荷载作用下第二层格栅轴力最大值增加幅度和发生位置都较为接近。

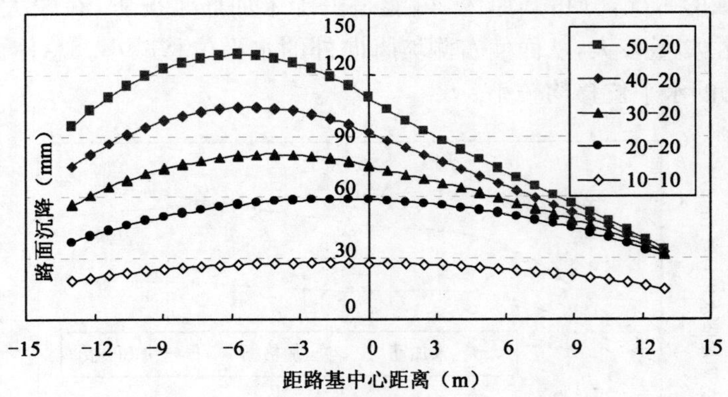

图 8-20　交通荷载工况对加 EPS 板路堤顶面沉降的影响

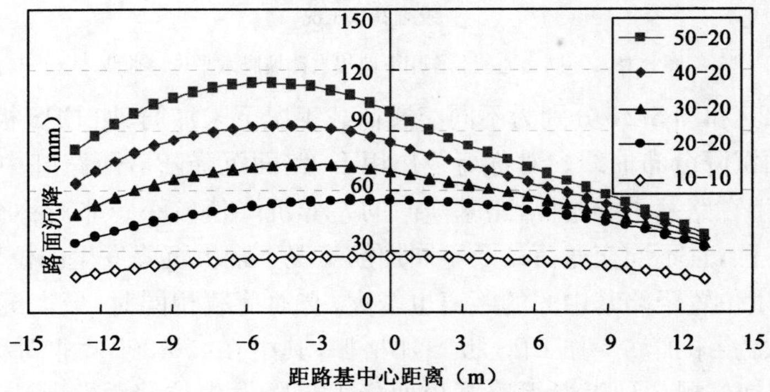

图 8-21　交通荷载工况对加格栅路堤顶面沉降的影响

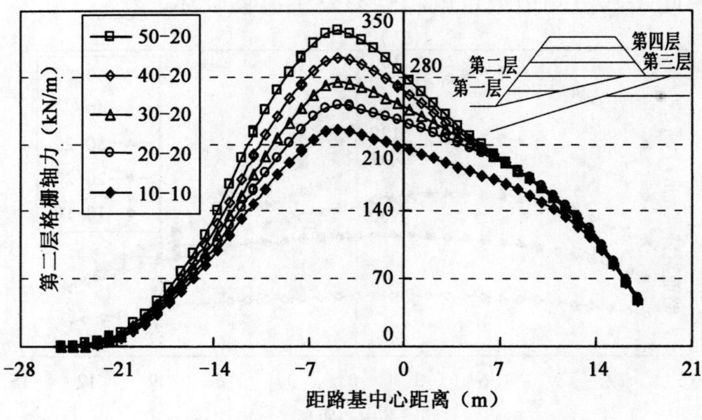

图 8-22　不同交通荷载工况下第二层格栅轴力分布曲线

图 8-24 和图 8-25 分别为不同交通荷载作用下第三层格栅轴力和轴力增量分布曲线。由图 8-24 可知在对称荷载作用下，第三层格栅轴力仅在距路基右侧 11m 左右的位置存在峰值，但是在非对称荷载作用下，随着路基左侧荷载的增加，格栅轴力逐渐在路基左、右两侧分别出现峰值，左侧峰值位置在距路基中心 2m 左右的位置，随着左侧荷载的增大，峰值出现位置逐渐向左侧偏移。由图 8-25 可知非对称荷载作用下第三层格栅轴力增量的最大值出现在路基

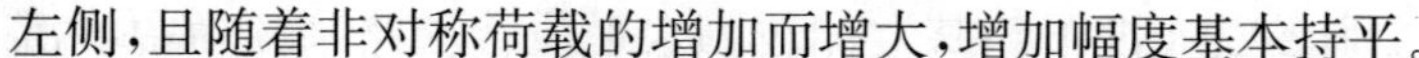

左侧，且随着非对称荷载的增加而增大，增加幅度基本持平。

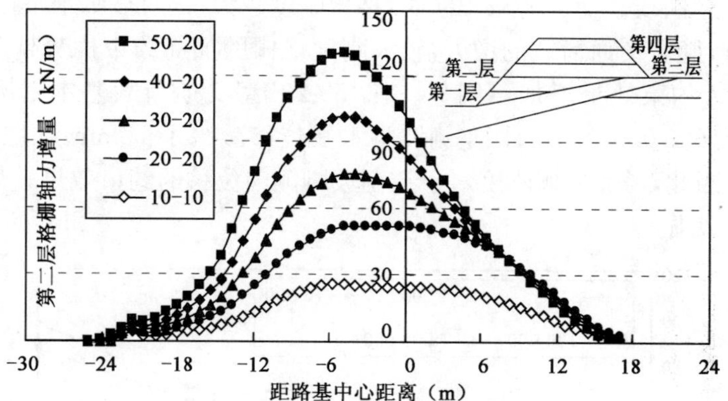

图 8-23 不同交通荷载工况下第二层格栅轴力增量分布曲线

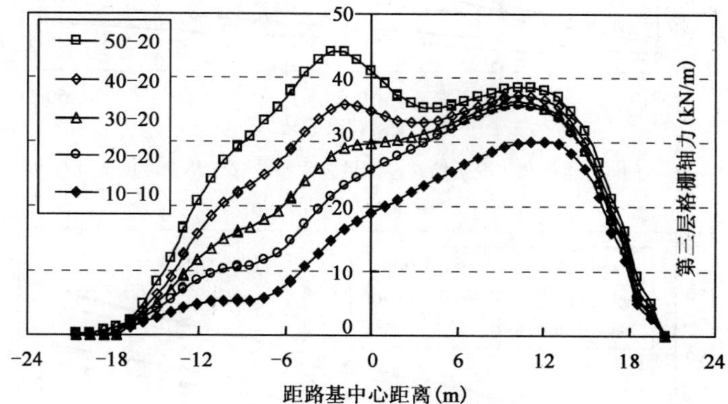

图 8-24 不同交通荷载工况下第三层格栅轴力分布曲线

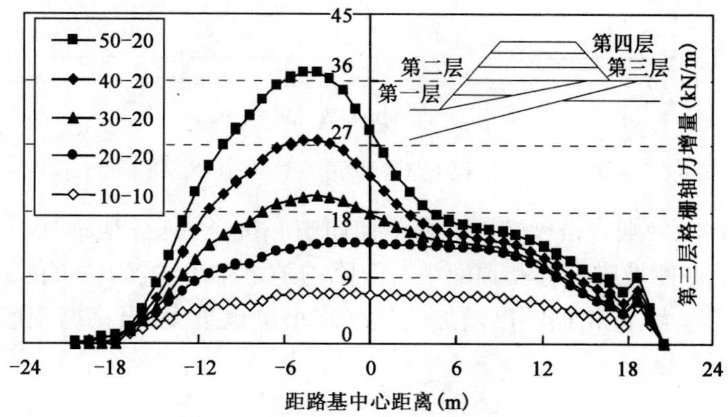

图 8-25 不同交通荷载工况下第三层格栅轴力增量分布曲线

8.4.2 格栅刚度

将格栅刚度分布取为 100kN/m、1 000kN/m、10 000kN/m、100 000kN/m 和 1 000 000kN/m，分析在不同交通荷载工况下，格栅刚度增加对路基坡脚水平位移和顶面中心沉降的影响。

图 8-26 和图 8-27 分别为不同交通荷载工况下路基左侧坡脚水平位移和路基顶面中心沉降随格栅刚度的变化曲线。交通荷载相同时，格栅刚度越大，则对坡脚水平位移和顶面中心沉降的约束效果越好；随着交通荷载的增大，较大刚度格栅的加筋约束优势越明显，当格栅刚度达到一定程度之后，约束效果增加不明显。在“50-20”型交通荷载基本工况下，格栅刚度从100kN/m 增加到 1 000 000kN/m 时，左侧坡脚水平位移减少了 76mm，而路基顶面中心沉降仅减少了 39mm。因此，增加格栅刚度对于控制坡脚侧向位移的约束效果较好，而对于减小路基顶面沉降效果不明显。

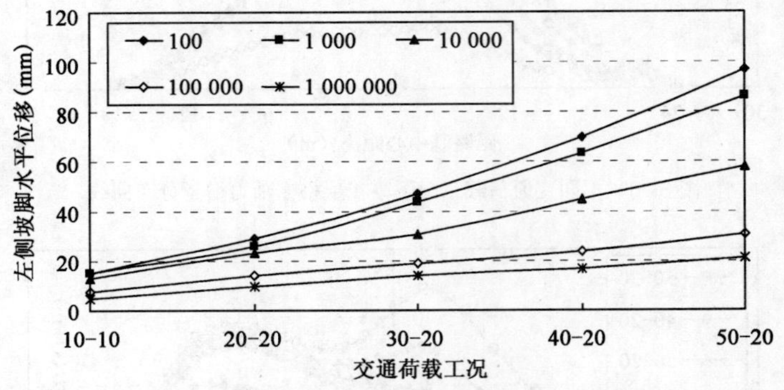

图 8-26　不同交通荷载工况下路基左侧坡脚水平位移随格栅刚度的变化曲线

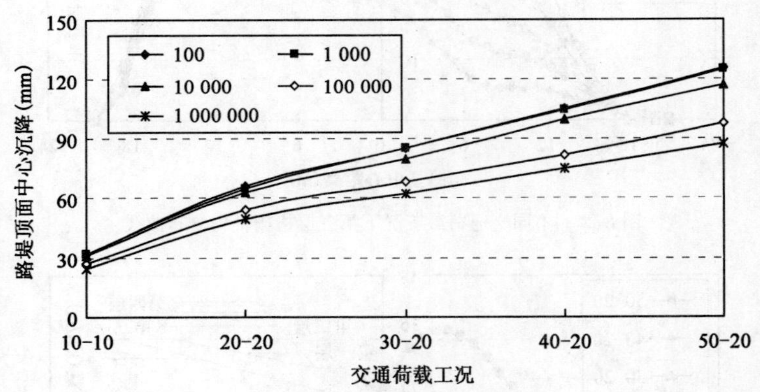

图 8-27　不同交通荷载工况下路基顶面中心沉降随格栅刚度的变化曲线

图 8-28 和图 8-29 分别为格栅刚度对路基顶面中心沉降和左侧坡脚水平位移的影响。随格栅刚度增加，路基左侧坡脚位移和顶面中心沉降均随之减小，坡脚位移的减小幅度大于顶面中心沉降；交通荷载越大，随格栅刚度增加的位移减小量也越大；当格栅刚度增加到一定程度时，约束效果增加不明显。

8.4.3　加筋间距

将格栅的竖向加筋间距分别取为 2m 和 3m，分析加筋间距对路基顶面沉降和坡脚侧向位移的影响。

图 8-30 和图 8-31 分别为对称荷载和非对称荷载作用下格栅间距对路基顶面沉降的影响。对称荷载“20-20”作用下，格栅间距对路基顶面沉降的影响很小，两种加筋间距下的路面

沉降分布曲线几乎重叠，且在路基右侧，格栅间距为 3m 的路基沉降还略小于格栅间距为 2m 的工况。非对称荷载“50-20”作用下，路基右侧顶面沉降几乎重叠，仅在路基左侧格栅间距为 2m 工况下沉降小于格栅间距为 3m 的工况，但减小幅度不大，最大沉降差仅为 5.3mm。

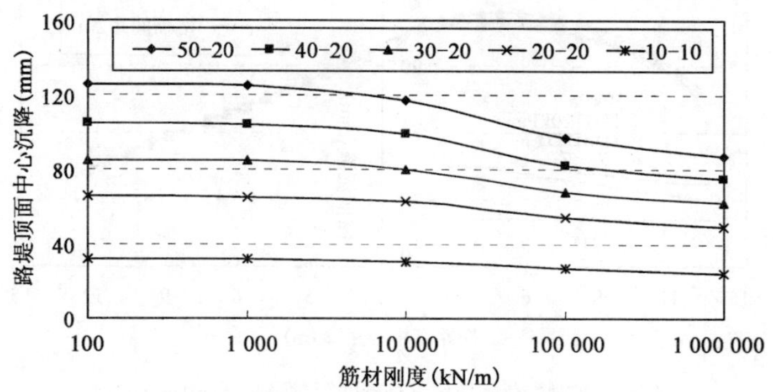

图 8-28　格栅刚度对路基顶面中心沉降的影响

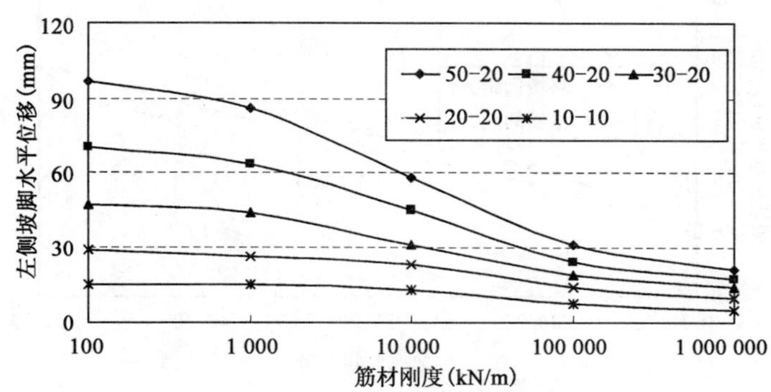

图 8-29　格栅刚度对路基左侧坡脚水平位移的影响

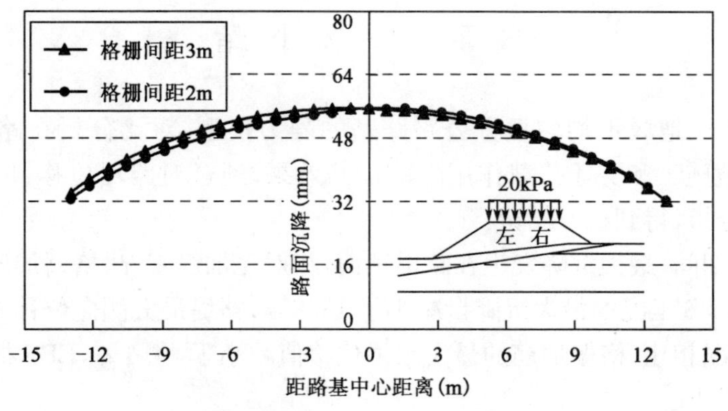

图 8-30　对称荷载作用下格栅间距对路基顶面沉降的影响

图 8-32 为不同交通荷载工况下格栅间距对路基左侧坡脚水平位移的影响。由图 8-32 可知不同的格栅间距对路基左侧坡脚水平位移会产生影响，相同交通荷载作用下，格栅间距为 2m 工况下的坡脚水平位移始终小于格栅间距为 3m 的工况，且随着交通荷载的增加，由格栅间距引起的坡脚水平位移差值也在增加。当交通荷载为“10-10”型对称荷载时，位移差仅为

0.9mm,而当交通荷载为“50-20”型非对称荷载时,位移差达5mm。

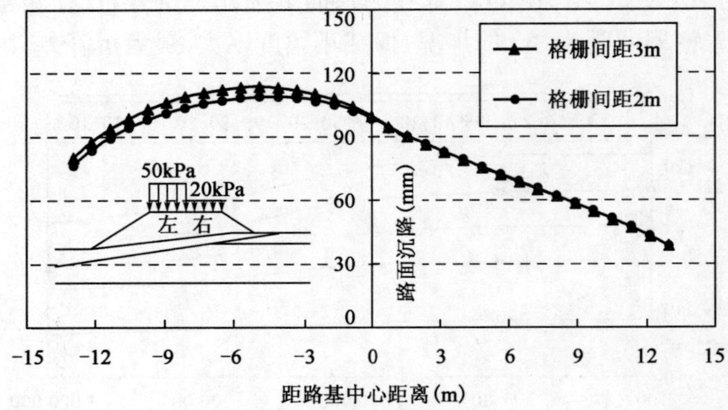

图8-31　非对称荷载作用下格栅间距对路基顶面沉降的影响

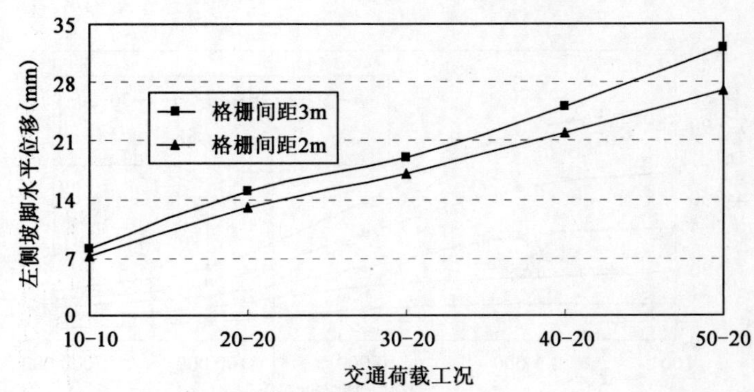

图8-32　不同交通荷载工况下格栅间距对路基左侧坡脚水平位移的影响

8.5　本章小结

本章建立了黄土地区不均匀填方公路路基的静力模型,对比分析在路堤中加格栅和加EPS板时路堤填筑施工和交通荷载作用下的加筋效果,通过对路堤位移、格栅轴力和沉降等相关变化规律的分析,得到以下结论:

(1)路堤填筑期间,最大沉降发生在路堤顶面,相对无加筋工况,格栅加筋工况的最大沉降量减小了5.3%,EPS工况的最大沉降量减小了15.8%;路堤最大侧向位移发生在左侧路堤坡脚处,与无加筋工况相比,格栅加筋的最大水平位移值减小了44.1%,EPS板加筋减载的最大水平位移值减小了45.5%。

(2)路堤填筑期间,在路基左侧第二层格栅的轴力最大,第一层格栅次之,第三层格栅较小,距离路堤顶面最近的第四层格栅的轴力几乎接近于0,主要是距路堤底部距离较近的第一层、第二层格栅在发挥对路堤约束作用。

(3)交通荷载作用下,路面沉降始终为未加筋>加EPS板>加格栅,相比于未加筋工况,加格栅的最大沉降减小了23.6%,加EPS板的最大沉降减小了12.8%,交通荷载作用下非对称格栅加筋路基的优势得到明显的体现。

通过对交通荷载大小、格栅刚度和加筋间距进行参数分析，主要得到以下结论：

(1)路堤沉降随着交通荷载的增加而增大，路基顶面中心沉降始终为未加筋＞加 EPS 板＞加格栅，且随着交通荷载的增加，不同加筋工况下的沉降差值逐渐增大。

(2)路基左侧坡脚水平位移随着交通荷载的增加而增大，水平位移值及其增大的速率均依次为未加筋＞加 EPS 板＞加格栅，随着交通荷载的增加，不同加筋工况下左侧坡脚水平位移的差值进一步增大。

(3)路基左侧坡脚位移和顶面中心沉降均随格栅刚度增加而减小；增加格栅刚度对于控制坡脚侧向位移的约束效果较好，而对于减小路基顶面沉降效果不明显；当格栅刚度增加到一定程度时，约束效果增加不明显。

(4)不同交通荷载工况下，格栅间距对路基顶面中心沉降的影响很小；减小格栅间距，仅对路基左侧坡脚水平位移会产生影响。但就总体而言，缩小格栅间距(即增加格栅的层数)对控制路基沉降和地基变形的意义不大。

9　黄土沟壑区不均匀填方加筋路基稳定性分析

9.1　概　　述

边坡稳定是保证路基安全及正常使用的基本条件,实际工程中在评价边坡安全稳定性时,常采用安全系数作为标准,安全系数的计算方法主要可以分为三类:第一类是极限平衡法,常用的方法如瑞典法、Bishop 圆弧滑裂法、Morgenstern-Price 法;第二类是基于塑性力学上、下限定理的极限分析法;第三类是严格满足塑性理论的滑移线场法。在采用极限平衡法计算安全系数时,通常需采用一些简化与假设,因此最后求得的安全系数具有多解性;由于实际工程地形、地质的复杂性,极限分析法和滑移线场法在使用中也受到一定制约,因此基于有限元、有限差分的强度折减法被越来越多的应用于边坡稳定性分析计算中,其应用日臻成熟。

1975 年,Zienkiewicz 等首次提出了抗剪强度折减系数的概念,并指出采用强度折减法所确定的强度储备系数与 Bishop 在极限平衡法中给出的稳定安全系数在概念上是一致的;Duncan(1996)认为安全系数等于边坡达到临界状态时对抗剪强度参数的折减程度;Bishop(1999)指出:对边坡而言,安全系数可定义为土体实际抗剪强度值与边坡保持稳定所需的最小抗剪强度值的比值。

强度折减法的基本原理是将土体的抗剪强度参数 c、φ 同时除以折减系数 F_{trial},用得到的新抗剪强度参数 c'、φ' 对边坡进行稳定性分析,循环往复直至其达到临界失稳状态,此时的折减系数 F_{trial} 即为边坡的安全系数 F。

$$c' = \frac{c}{F_{\text{trial}}} \tag{9-1}$$

$$\varphi' = \arctan\left(\frac{\tan\varphi}{F_{\text{trial}}}\right) \tag{9-2}$$

相对于传统计算方法,强度折减法虽然仍以极限平衡理论为基础,但计算时滑动面是由应力应变条件自行得出,而不是通过假定得到。

9.2　计算模型建立

本章分别对未加筋、加格栅和加 EPS 板三种加筋工况下的路堤稳定性进行分析。选取山平高速公路 K210+987～K211+087 现场试验路段为分析对象,建立三种加筋工况的数值分析模型,同图 8-1 所示,相关土层及材料物理力学参数同表 7-1 试验段土层物理力学参数。

在 FLAC 3D 数值模拟过程中,格栅采用土工格栅单元(geogrid)进行模拟,并假设土工格栅单元与土体界面参数 $k_{\text{inter}}=0.8$,则土工格栅与土体耦合弹性参数分别为耦合黏聚力

c_s=30.72kPa,耦合摩擦角 φ_s=12.96°,耦合切向刚度 D_s=13.6MPa,计算公式见式(9-3)~式(9-5)。

$$c_s = k_{inter} \cdot c \tag{9-3}$$

$$\tan\varphi_s = k_{inter} \cdot \tan\varphi \tag{9-4}$$

$$D_s = k_{inter} \cdot E_s \tag{9-5}$$

式中:c——路堤填土的黏聚力;

φ——路堤填土的内摩擦角;

E_s——路堤填土的压缩模量。

本文采用自编二分法对EPS板处治路堤进行稳定性分析;在采用强度折减法求解时,定义初始上、下限安全系数分别为0.0和5.0,按单次折减计算过程,选取不平衡力比率 R 小于临界值 9.8×10^{-6} 或运行时步超过30 000步后停止。

9.3 计算结果分析

9.3.1 无筋与加格栅工况对比

由计算结果可知:非对称路堤边坡在无加筋工况和铺设四层土工格栅工况下的安全系数分别为1.247和2.074,未加筋工况安全系数小于规范要求的1.25;铺设格栅后安全系数提高了0.827,满足规范设计要求。

图9-1为无筋工况路堤边坡达到临界破坏时的剪应变增量云图。路堤左侧边坡出现了明显的塑性贯通区,即边坡存在潜在滑动面;最大的剪应变增量出现在坡脚。

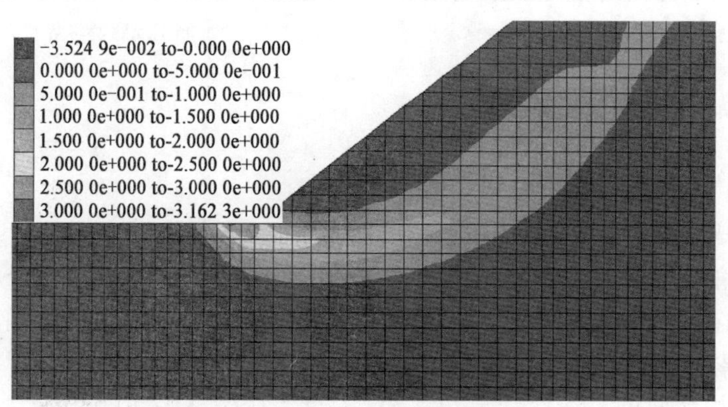

图9-1 无筋工况路堤剪切应变增量云图

图9-2为无筋工况路堤边坡达到临界状态下水平位移云图。边坡土体被水平位移为-2.0m的位移等值线分为两部分,左侧边坡土体发生明显的相对滑移,结合边坡剪切应变增量云图可认为该等值线即为边坡潜在的滑移面。

图9-3为加筋工况路堤剪应变增量云图。从图中可见,塑性贯通区未现于边坡处,左侧坡脚出现最大剪应变增量,分析原因是路堤填土加筋后抗剪强度增加,冲沟位置土体的抗剪强度较弱,塑性贯通区沿着左右坡脚联通路堤底部冲沟发展。与无筋工况路堤相比,加筋工况塑性

贯通区的面积较大，且主要集中在路堤底部。

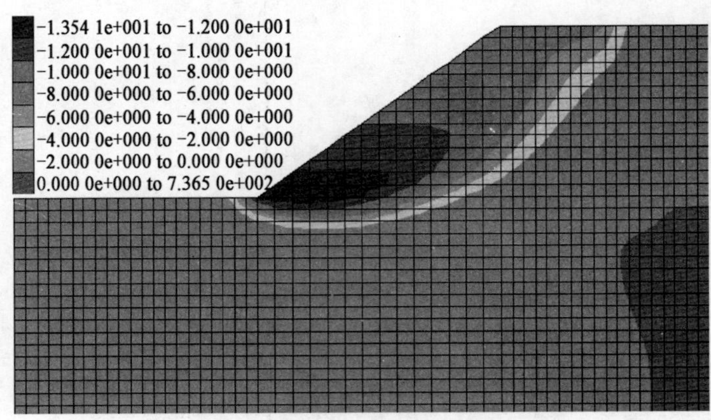

图 9-2　无筋工况路堤边坡临界状态下水平位移云图

图 9-4 为加筋工况路堤临界状态下水平位移云图。路堤在边坡坡脚位置水平位移最大。塑性贯通区出现位置，土体被分为上下两个部分，上部分的土体位移大于下部分，结合塑性贯通区与水平方向的位移云图可绘出滑移面曲线。

图 9-3　加筋工况路堤剪应变增量云图

图 9-4　加筋工况路堤临界状态下水平位移云图

9.3.2　EPS 板参数的影响

9.3.2.1　EPS 板厚度的影响

EPS 板是弹塑性材料，随着路堤填土高度的增加，EPS 板逐渐由弹性状态进入塑性状态。厚度小的 EPS 板能够提供的塑性变形较小，减荷作用效果低；厚度大的 EPS 板能够提供的塑性变形能力大，减荷效果的持续性优于厚度小的 EPS 板，由此可见，EPS 板的厚度是影响路堤稳定性的重要因素。

分别取 EPS 板的厚度 t 为 1m、2m、3m 和 4m 进行比较分析，路堤边坡安全系数和 EPS 板厚度的关系如图 9-5 所示。

由图 9-5 可知，路堤边坡安全系数随着 EPS 板的厚度增加而近似线性增大，但增长幅度较小，EPS 板厚度从 1m 增加到 4m 时，安全系数增幅仅为 0.062。

图 9-6 为不同 EPS 板厚度工况下边坡滑移面分布曲线。滑移面主要集中在距计算模型左侧 15～45m 的位置；在 EPS 板下方，边坡滑移面随着 EPS 板厚度的增加变化很小；在 ESP 板上方，边坡滑移面随着 EPS 板厚度的增加逐渐由路堤中心向路肩方向移动，路堤滑移体积逐渐减少，表明 EPS 板厚度对路堤上部填土中边坡滑移面的位置影响较大。

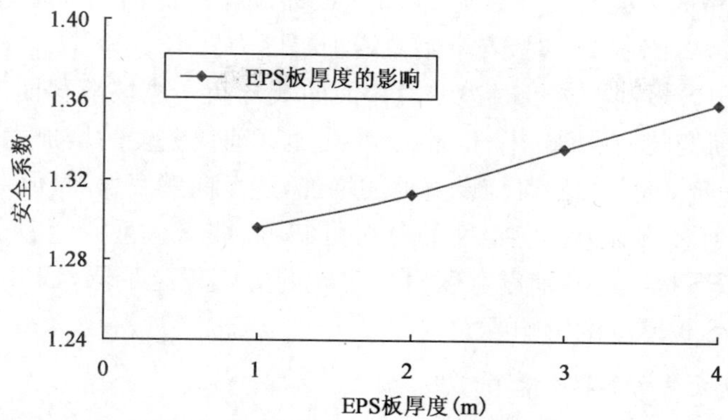

图 9-5 EPS 板厚度与路堤边坡安全系数的关系

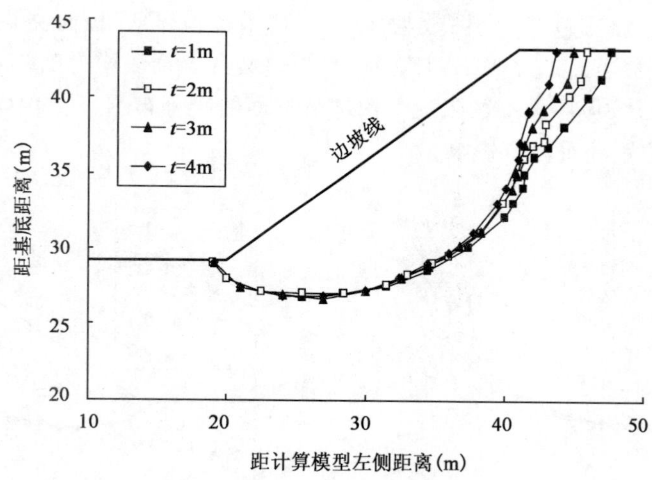

图 9-6 不同 EPS 板厚度工况边坡滑移面分布曲线

9.3.2.2 EPS 板铺设宽度的影响

分别取 EPS 板的铺设宽度为 20m、22m、24m、26m 和 29m 对路堤边坡进行稳定性分析，边坡安全系数与 EPS 板铺设宽度的关系如图 9-7 所示。

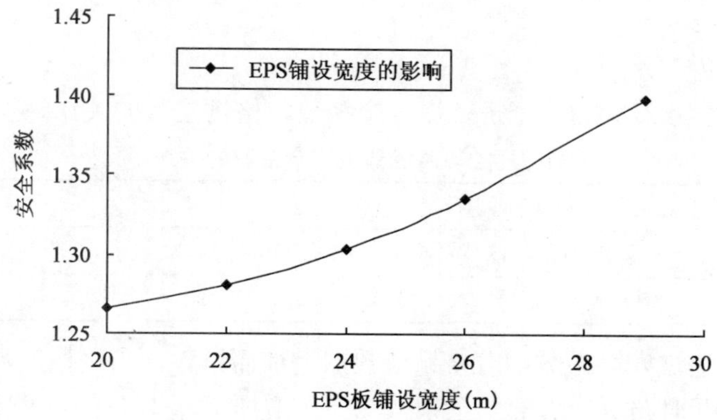

图 9-7 EPS 板铺设宽度与路堤边坡安全系数的关系

由图 9-7 可知:路堤边坡安全系数随着 EPS 板铺设宽度的增加而增加,增加幅度逐渐变大,铺设宽度从 20m 增加到 29m 时,安全系数增加幅度为 0.13。

图 9-8 为不同 EPS 板铺设宽度时边坡滑移面曲线分布。边坡滑移面曲线随着 EPS 板铺设宽度的增加而逐渐变陡;在 EPS 板上部,滑移线随着铺设宽度的增加由路堤中心逐渐向路肩移动;在 EPS 板下部,滑移线随着铺设宽度的增加,逐渐向基底发展,但变化幅度较小。

通过 EPS 板几何参数对边坡稳定性的分析可知:边坡安全系数随着 EPS 板几何参数的增加而增加,但是 EPS 板厚度和铺设宽度对稳定性的影响程度不同,EPS 板铺设宽度对边坡稳定性的影响比 EPS 板厚度的影响要大。

9.3.2.3 EPS 板界面参数的影响

数值模型中,EPS 板与路堤填土是通过设置接触面单元相互作用的,分别取接触界面参数 k_{inter} 为 0、0.2、0.4、0.6、0.8 和 1.0 六种工况进行分析。

当 k_{inter} 为 0 时,路堤边坡安全系数为 1.247,与未铺设 EPS 板时路堤的安全系数相同,EPS 板不起加筋作用;当 k_{inter} 为 0.2~1.0 时,路堤边坡安全系数均为 1.336,保持不变。

图 9-9 为不同 EPS 板界面参数工况下边坡滑移面曲线分布图,从图中可看出 EPS 板界面参数对边坡滑移面位置几乎没有影响。

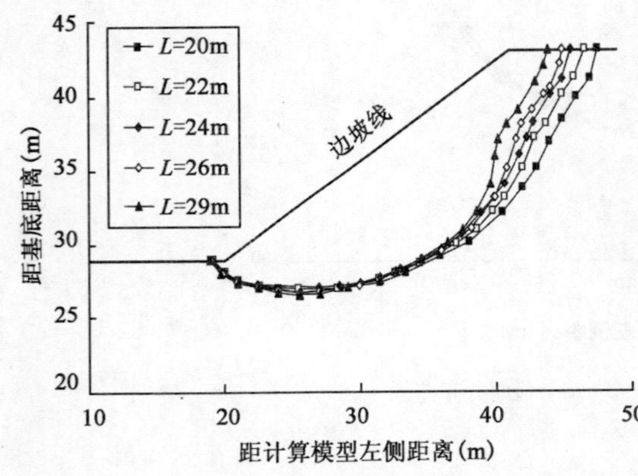

图 9-8 不同 EPS 板铺设宽度时边坡滑移面曲线分布

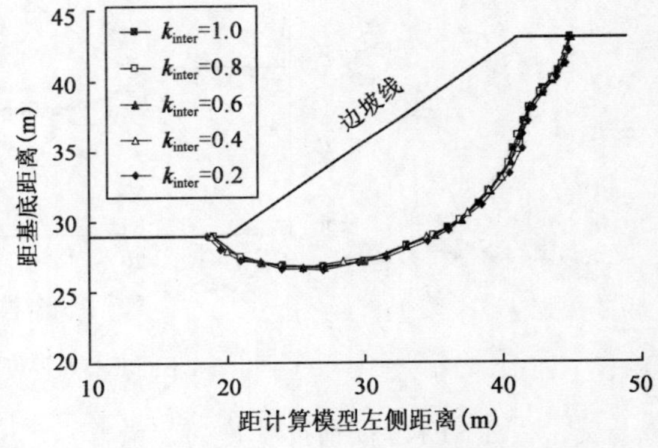

图 9-9 不同 EPS 板界面参数工况边坡滑移面曲线分布

9.3.3 加筋参数的影响

9.3.3.1 格栅铺设层数

分别取格栅层数为 2、3 和 4,分析路堤安全系数与格栅层数的关系,见表 9-1。

加筋层数与路堤边坡安全系数的关系 表 9-1

加筋层数	2	3	4
F_s	1.711	1.975	2.074
ΔF	0	0.264	0.099

由表 9-1 可知:边坡安全系数随着格栅层数的增加而增大。当格栅层数为 2 时,安全系数为 1.711,较无筋工况时路堤边坡的安全系数 1.247 增加了 0.464;随着格栅层数的增加,安全系数变化幅度减小,加筋效果并非随着加筋层数的增加而线性递增,当加筋层数增大至 4 层

时，增幅 ΔF 小于 0.1。

由图 9-10 可知：当加 2 层格栅时，路堤的塑性贯通区域在路堤左侧边坡至左侧坡脚位置；随着加筋层数的增大，塑性区面积扩大，逐渐贯通左右侧的坡脚，最大的剪应变增量不断向路堤深部延伸。从塑性贯通区发展的过程可知，随着加筋层数的增加，路堤上层抗剪强度增大，塑性破坏逐渐向冲沟位置发展，最后沿着冲沟位置贯通。

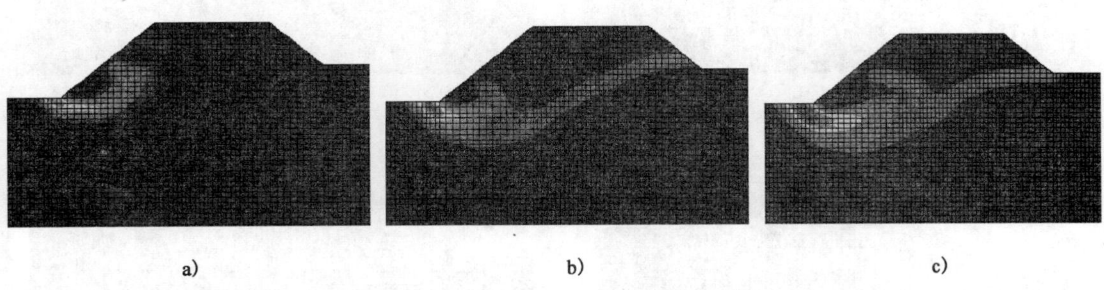

图 9-10 不同格栅层数时加筋路堤剪应变增量云图

a) $n=2$；b) $n=3$；c) $n=4$

9.3.3.2 筋—土界面参数的影响

为了研究筋—土界面参数对格栅加筋路堤稳定性的影响，考虑筋—土界面参数 k_{inter} 分别为 0、0.2、0.4、0.6、0.8 和 1.0，计算得到的 k_{inter} 与路堤边坡安全系数之间的关系如图 9-11 所示。

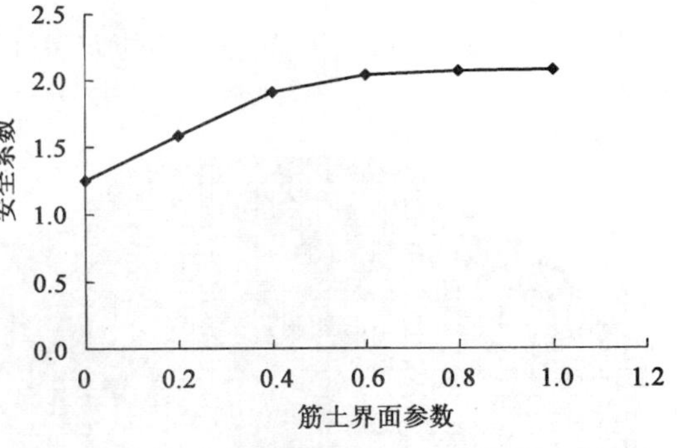

图 9-11 筋土界面参数与边坡安全系数关系曲线

由图 9-11 可知：路堤边坡安全系数随着筋—土界面参数的增加而增大，在 k_{inter} 为 0～0.4 的范围内增幅较大，当 k_{inter} 大于 0.6 时，安全系数增幅较小，变化不大。当 k_{inter} 为 0 时，安全系数为 1.247，与无筋工况下路堤边坡安全系数相同。当 k_{inter} 为0.2时，安全系数大于 1.25，已经能够满足规范的要求。

图 9-12 为不同筋—土界面参数工况下路堤的剪应变增量云图。当 k_{inter} 为 0.2 时，塑性贯通区主要出现在左侧路堤，贯通左侧坡脚和路堤顶面，最大剪应变增量出现在坡脚附近位置；当 k_{inter} 为 0.4 时，剪应变增量云图发生变化，塑性区域未贯通路面，但位于坡脚位置的最大剪应变增量向路堤深部发展，且塑性区域有朝左侧坡面发展趋势；当 k_{inter} 为 0.6 时，塑性贯通区发生在连通左右坡脚的路堤底部，沿着冲沟位置发展，塑性贯通区面积增大，但最大的剪应变增量仍位于左侧坡脚附近；当 k_{inter} 为 0.8 时，剪应变增量云图与 k_{inter} 为 0.6 时相差不大。

图 9-13 为不同筋土界面参数工况下路堤的水平位移云图。当 k_{inter} 为 0.2 时，滑移面主要出现在路堤左侧，且最大水平位移出现在左侧坡脚附近位置；当 k_{inter} 为 0.6 时，滑移面贯通了路堤左右侧坡脚；随着 k_{inter} 的不断增大，滑移线向路堤深处发展，但 k_{inter} 为 0.6 和 0.8 时的路堤水平位移云图变化较小。

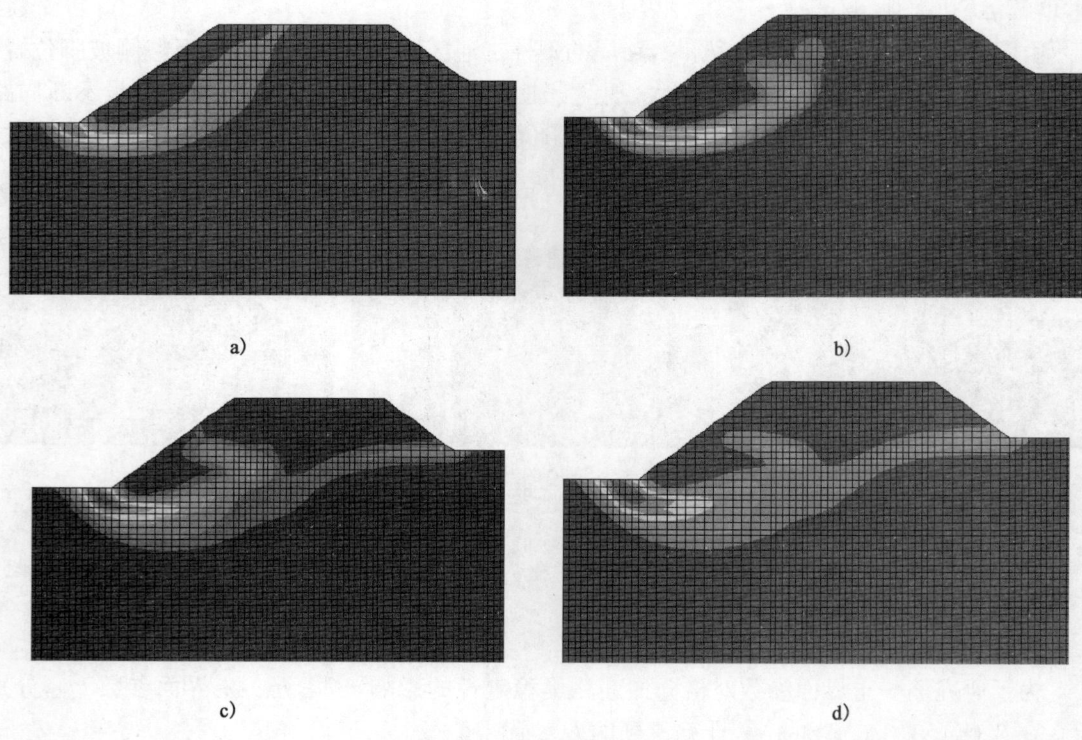

图 9-12　不同筋土界面参数工况路堤的剪应变增量云图

a)k_{inter}=0.2；b)k_{inter}=0.4；c)k_{inter}=0.6；d)k_{inter}=0.8

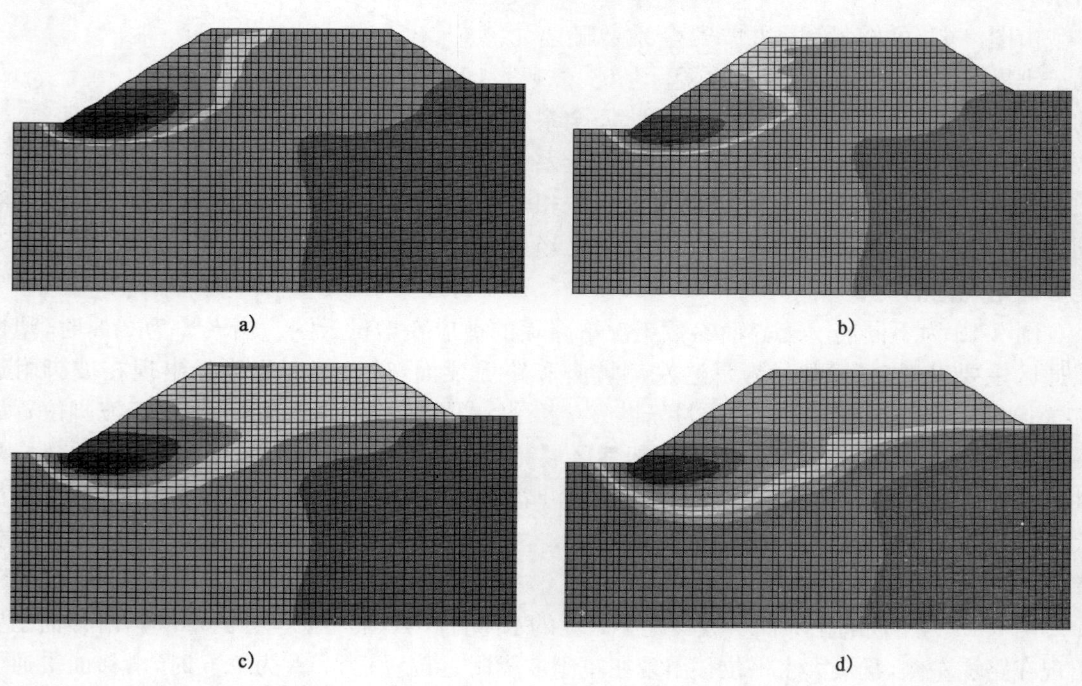

图 9-13　不同筋土界面参数工况路堤的水平位移云图

a)k_{inter}=0.2；b)k_{inter}=0.4；c)k_{inter}=0.6；d)k_{inter}=0.8

9.4 参数分析

采用EPS板以及格栅加筋都有助于提高路堤的稳定性，二者均广泛地应用于桥台、道路的加宽拼接等工程。为了对比分析二者对黄土路堤稳定性的影响规律，本文将从4个方面进行比较，为类似工程设计与施工提供参考。

9.4.1 黏聚力的影响

分别取路堤填土黏聚力 c 为0kPa、5kPa、10kPa、15kPa、20kPa、25kPa、30kPa进行强度折减，分析不同路堤填土黏聚力下路堤边坡的安全系数，计算结果如图9-14所示。

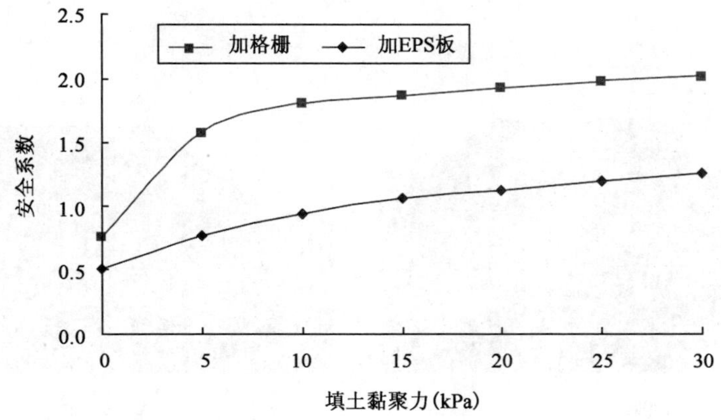

图9-14 路堤填土黏聚力与安全系数的关系

由图9-14可知，两种加筋工况下，路堤边坡的安全系数均随着填土黏聚力的增加而增大，其中格栅加筋工况的安全系数始终大于EPS板工况。当 c 为0kPa时，EPS板加筋路堤的安全系数为0.508，格栅加筋路堤的安全系数为0.765，比前者大0.257；当 c 为30kPa时，EPS板加筋路堤的安全系数仅为1.258，仅略大于1.25，而格栅加筋路堤的安全系数为2.027，远大于1.25，比EPS板加筋工况下大0.769。

图9-15为填土黏聚力与路堤安全系数变化幅度的关系。当填土黏聚力小于15kPa时，格栅加筋工况的路堤安全系数增加幅度较大，大于EPS板加筋工况，最大值达0.82；当填土黏聚力达15kPa时，其继续增大对两种加筋工况下路堤安全系数的影响较小，填土黏聚力每增加5kPa，安全系数增幅均在0.1以内。

图9-16为不同填土黏聚力工况下路堤剪应变增量云图。当 c 为0kPa时，EPS板加筋路堤塑性区域主要集中在路堤左侧顶部，最大的剪应变增量出现在左侧坡肩位置，塑性区域未贯通至坡脚，采用格栅加筋路堤的塑性区域出现在路堤两侧坡面位置，最大的剪应变增量发生在路堤左侧坡面，塑性区域贯通至坡脚。当 c 为10kPa时，EPS板加筋路堤的塑性区域出现在左侧坡面一定区域，塑性区域贯通坡肩和坡脚，且塑性区能体现出EPS板的矩形角，而格栅加筋路堤塑性区域沿路堤深部发展，贯通路面和左侧坡脚，且左侧部分坡面也出现塑性区。

当路堤填土黏聚力相同时，格栅加筋路堤临界破坏所形成的塑性贯通区大于EPS板加筋路堤临界状态下塑性贯通区，因此格栅加筋路堤稳定性更好，不易达到破坏状态。

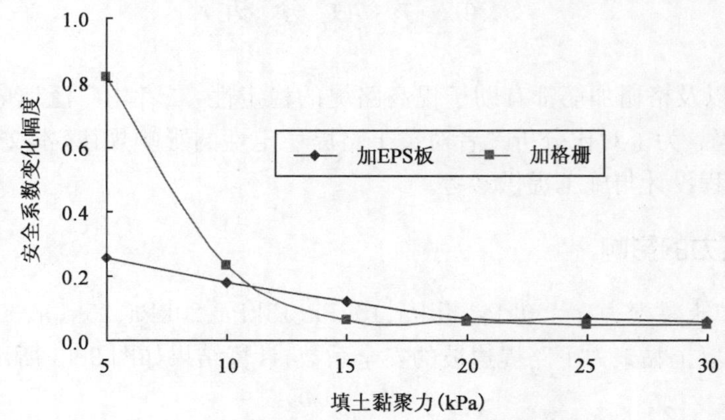

图 9-15　填土黏聚力与路堤安全系数变化幅度的关系

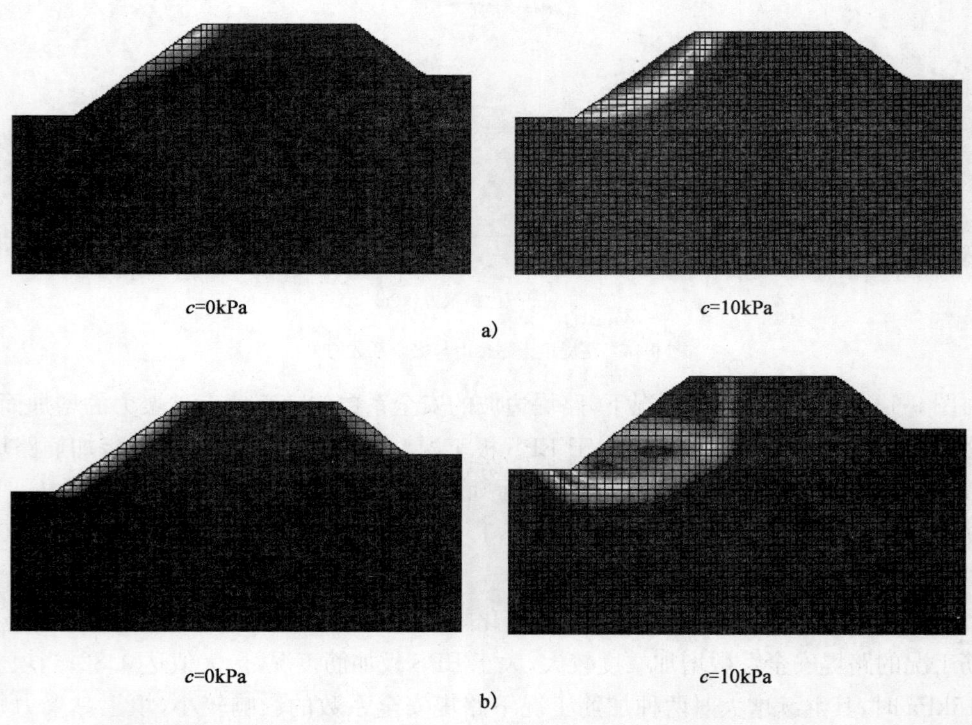

图 9-16　不同填土黏聚力工况下路堤剪应变增量云图

a)EPS 板加筋；b)格栅加筋

为考虑冲沟土体黏聚力对两种加筋工况路堤稳定性影响，分别取冲沟土体黏聚力 c 为 0kPa、5kPa、10kPa、15kPa 和 20kPa 进行对比分析，通过强度折减计算得出 5 组不同冲沟土体黏聚力下两种加筋路堤边坡安全系数如图 9-17 所示。

由图 9-17 可知：两种加筋工况下，路堤边坡的安全系数均随着冲沟土体黏聚力的增加而增大，其中格栅加筋工况的安全系统始终大于 EPS 板工况。当冲沟填土黏聚力为 0kPa 时，EPS 板加筋路堤边坡的安全系数小于 1.25，不满足规范要求，而格栅加筋路堤边坡安全系数

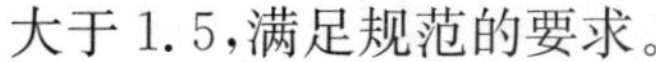

大于 1.5,满足规范的要求。

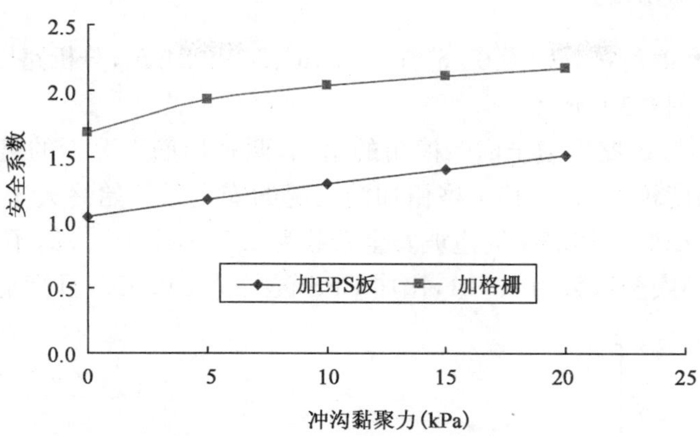

图 9-17　冲沟土体黏聚力与边坡安全系数关系

图 9-18 为不同冲沟土体黏聚力时两种工况下路堤剪应变增量云图,由图可知:当冲沟填土黏聚力为 0kPa 时,EPS 板加筋路堤塑性贯通区出现在路堤左侧边坡位置,最大的剪应变增量出现在左侧坡脚位置,而格栅加筋路堤的塑性区域仅位于路堤左侧坡脚局部区域,最大的剪应变增量也发生在坡脚;当冲沟填土黏聚力为 10kPa 时,EPS 板加筋路堤的塑性贯通区变化甚少,但格栅加筋路堤的塑性区域面积变大,不仅连通了路堤的左右坡脚沿着冲沟位置发展,塑性贯通区贯通路堤底部,且最大的剪应变增量向路堤的深部发展。由此可知,当冲沟填土黏聚力大于 10kPa 时,加筋路堤在临界破坏状态下塑性贯通区面积大,此时格栅加筋路堤比 EPS 板加筋路堤更不易破坏。

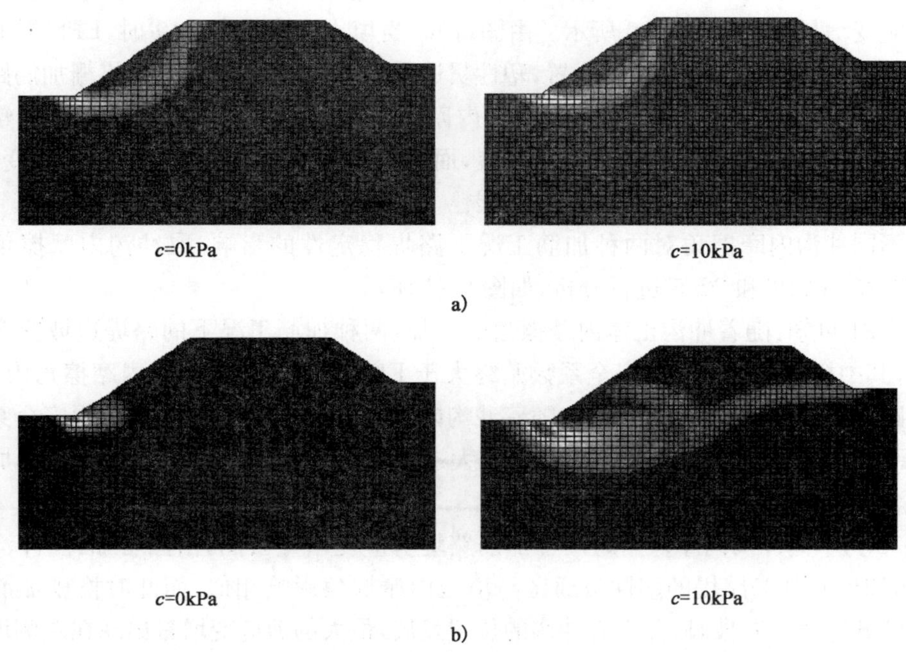

图 9-18　不同冲沟填土黏聚力工况路堤剪应变增量云图

a)EPS 板加筋;b)格栅加筋

9.4.2 内摩擦角影响

取路堤填土内摩擦角 φ 分别为 0°、6°、10.5°、16°、20°和 24.5°，分析路堤填土内摩擦角对边坡稳定性的影响，如图 9-19 所示。

由图 9-19 可知：随着路堤填土内摩擦角的增加，两种加筋工况下的路堤边坡的安全系数均随之增大，增加幅度较为均匀，其中格栅加筋工况的安全系数始终大于 EPS 板工况。当填土内摩擦角为 0°时，EPS 板加筋路堤边坡安全系数为 1.129，小于 1.25，不满足规范要求，而此时格栅加筋路堤边坡安全系数为 1.781，比加 EPS 板工况大 0.652，且满足规范要求。

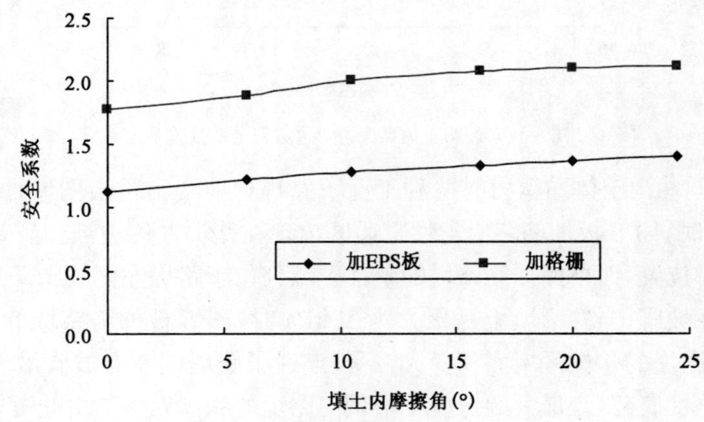

图 9-19 路堤填土内摩擦角与安全系数关系

为了更为深入地比较填土内摩擦角对两种加筋工况路堤稳定性的影响，两种加筋工况下路堤的剪应变增量云图如图 9-20 所示。由图可知：当填土内摩擦角为 0°时，EPS 板加筋路堤的最大剪应变增量出现在左侧坡脚位置，塑性贯通区连通坡脚和路面，此时格栅加筋路堤塑性区未贯通路面，但贯通了坡面和坡脚；当填土内摩擦角为 16°时，EPS 板加筋路堤的塑性贯通区变化较小，最大剪应变增量向路堤深部发展，而此时格栅加筋路堤塑性区域面积变大，贯通左右边坡脚，最大剪应变增量向路堤深部发展。

考虑不同冲沟内摩擦角对两种加筋工况下路堤稳定性的影响，取冲沟内摩擦角分别为 0°、4.5°、9°、13.5°、18°和 22.5°进行分析，如图 9-21 所示。

由图 9-21 可知：随着冲沟土体内摩擦角的增加，两种加筋工况下的路堤边坡安全系数均随之增大，其中格栅加筋工况的安全系数始终大于 EPS 板工况。当冲沟内摩擦角为 0°时，两种工况下路堤边坡安全系数较为接近；随着冲沟内摩擦角的增加，格栅加筋路堤安全系数快速增加，增幅大于 EPS 板工况；当冲沟内摩擦角大于 18°时，格栅加筋路堤安全系数增加速度减缓，增幅略小于 EPS 板加筋工况。

图 9-22 为不同冲沟内摩擦角时两种加筋路堤剪应变增量云图，由图可知：当冲沟内摩擦角为 0°时，EPS 板加筋路堤的塑性贯通区与填土内摩擦角影响相似，而此时格栅加筋路堤的塑性贯通区域连通左右坡脚，并沿着冲沟的位置发展，最大的剪应变增量出现在左侧坡脚附近位置；当冲沟内摩擦角为 22.5°时，EPS 板加筋路堤塑性贯通区域变化不大，而格栅加筋路堤塑性区域变大，不仅贯通坡脚附近平台，且贯通了左侧部分坡面，最大的剪应变增量向路堤深

部延伸。

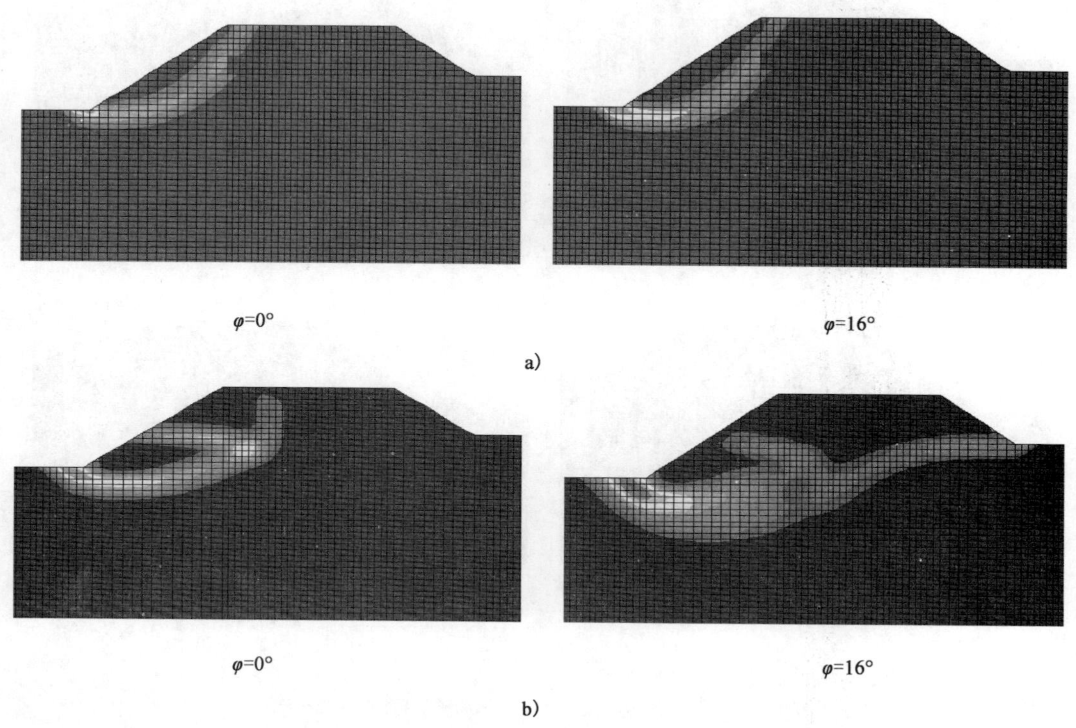

图 9-20　不同路堤填土内摩擦工况路堤剪应变增量云图
a)EPS 板加筋；b)格栅加筋

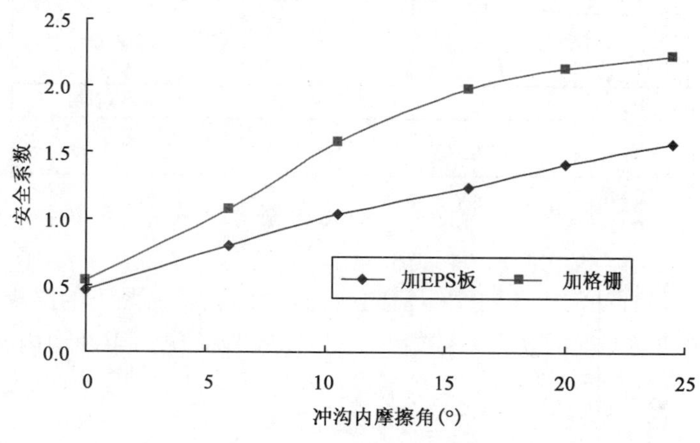

图 9-21　冲沟内摩擦角与路堤边坡安全系数关系

9.4.3　路堤两侧高差的影响

保持计算模型右侧边坡高度不变，考虑路堤两侧高差(图 9-23，图中 ΔH 表示路堤两侧高差值)分别为 2m、4m、6m、8m 和 10m 时路堤在非对称荷载基本工况作用下的稳定性，得到三种加筋工况下路堤安全系数随两侧高差变化的关系曲线如图 9-24 所示。

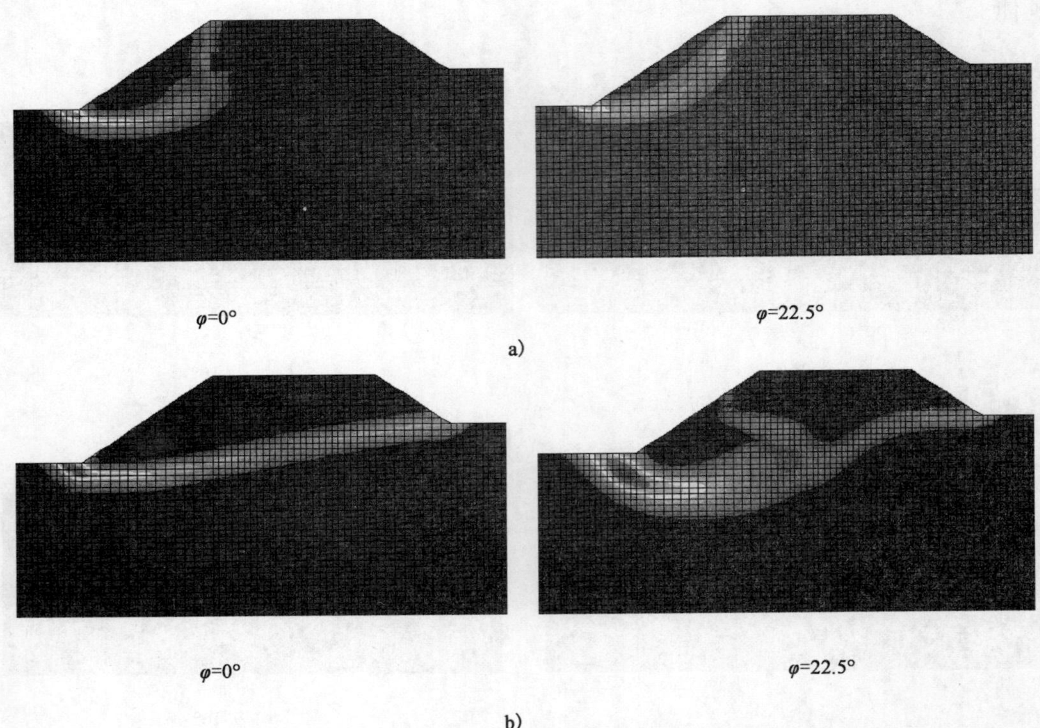

图 9-22　不同冲沟内摩擦角时两种加筋路堤剪应变增量云图

a)EPS 板加筋；b)格栅加筋

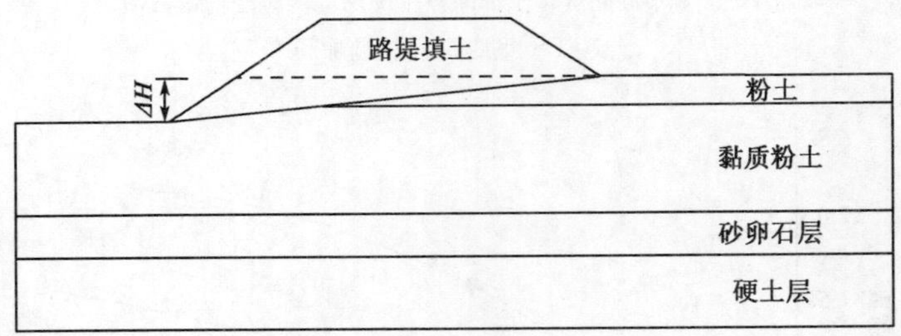

图 9-23　路堤高差示意图

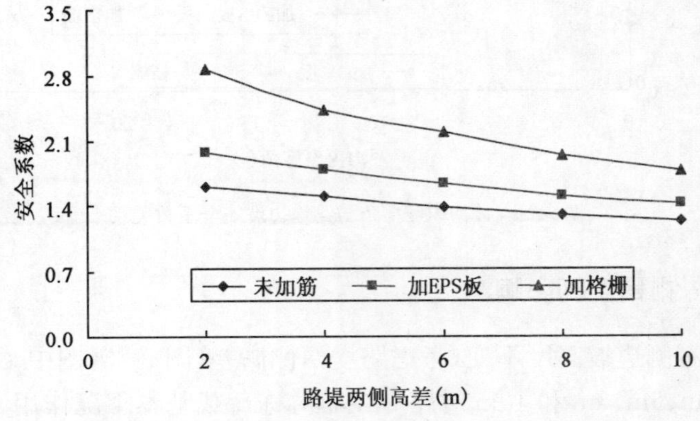

图 9-24　路堤左右高差对安全系数的影响

由图 9-24 可以看出：三种加筋工况下，路堤边坡安全系数均随着路堤两侧高差的增加而减小，格栅加筋工况下路堤安全系数的减小幅度最大；三种加筋工况下路堤边坡的安全系数始终为加格栅＞加 EPS 板＞未加筋。当路堤两侧高差从 2m 增加到 10m 时，除 10m 高差时未加筋路堤安全系数为 1.24，小于 1.25 外，其余工况下的安全系数均大于 1.25，均能满足规范要求。

9.4.4　交通荷载的影响

9.4.4.1　均布交通荷载影响

路面行车荷载是路堤边坡稳定的重要影响因素之一。假设宽度为 26m 的路堤顶部作用有均布荷载 q，分别取为 10kPa、20kPa、30kPa、40kPa 和 50kPa，如图 9-25 所示，采用拟静力方法对路堤边坡在不同荷载条件下的稳定性进行分析，不同加筋工况时均布交通荷载作用下的路堤边坡安全系数如图 9-26 所示。

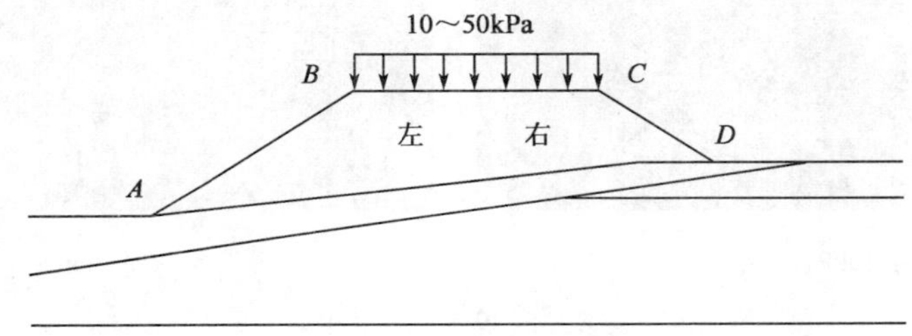

图 9-25　均布交通荷载工况

由图 9-26 可知：两种加筋工况下，路堤边坡安全系数均随着交通荷载的增加而几乎线性减小，但减小幅度不大；不同荷载工况下，格栅加筋路堤边坡安全系数始终大于 EPS 板加筋路堤边坡安全系数。

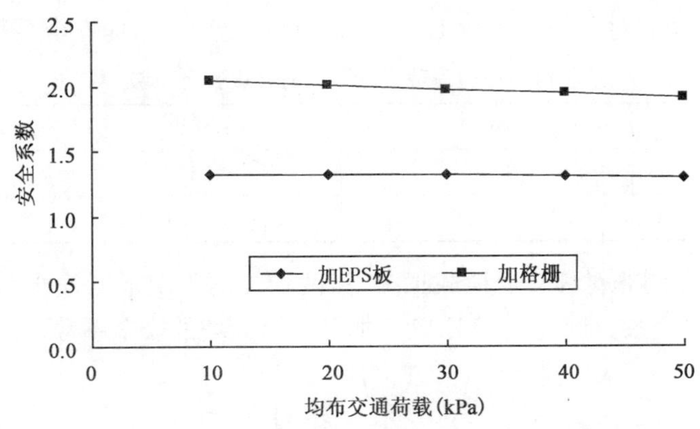

图 9-26　均布交通荷载与路堤边坡安全系数关系

图 9-27 为均布交通荷载作用下两种加筋路堤的剪应变增量云图。当均布交通荷载为 10kPa 时，EPS 板加筋路堤的塑性贯通区出现在路堤左侧，贯通坡脚和路面，最大的剪应变增量出现在坡脚附近位置，此时格栅加筋路堤塑性贯通区面积较大，连通左右坡脚和部分坡脚位置平台；当均布交通荷载为 50kPa 时，两种加筋路堤的塑性区域都增大，最大的剪应变增量往

路堤深部延伸。

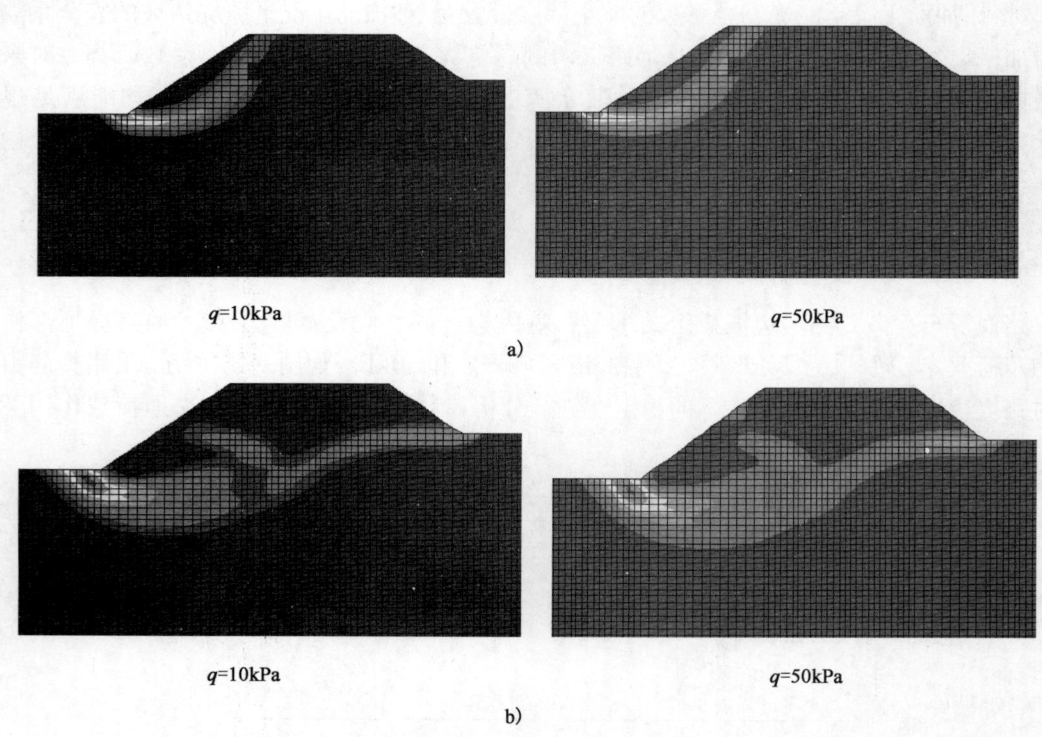

图 9-27　不同均布交通荷载工况下路堤的剪应变增量云图

a)EPS 板加筋；b)格栅加筋

9.4.4.2　非对称交通荷载影响

非对称荷载作用下，EPS 板加筋路堤和格栅加筋路堤表现出与均布荷载工况下不同的稳定性响应，分别取 3 种非对称交通荷载工况(表 9-2)，对比分析路堤安全系数变化规律。

非对称交通荷载工况下加筋路堤安全系数　　表 9-2

荷载类型		20-10	50-20	50-40
F_s	加 EPS 板	1.326	1.293	1.298
	加格栅	2.016	1.969	1.956

由表 9-2 可知：不同非对称交通荷载工况下，两种加筋工况下的安全系数相差较大，且格栅加筋路堤边坡的安全系数始终大于 EPS 板加筋路堤边坡的安全系数。

9.5　本章小结

本章建立了数值分析模型，采用强度折减法对黄土地区不均匀填方加筋路堤的稳定性进行了分析，通过对 EPS 板加筋路堤和格栅加筋路堤稳定性进行对比分析，得到以下结论：

(1)两种加筋工况下，路堤边坡安全系数均随着路堤土体黏聚力的增加而增大，加格栅工况边坡安全系数始终大于加 EPS 板工况，且加格栅工况下路堤破坏时所出现的塑性贯通区面积要比加 EPS 板工况路堤破坏时的大。故在相同土体黏聚力工况下，加格栅工况路堤的稳定性比加 EPS 板工况好。

(2)两种加筋工况下，路堤边坡安全系数均随着土体内摩擦角的增加而增大，但加格栅工况下路堤边坡安全系数始终大于加 EPS 板工况，且加格栅工况下路堤达到破坏时所出现的塑性贯通区面积要比 EPS 板加筋工况路堤的大。故在相同土体内摩擦角工况下，加格栅工况路堤稳定性比加 EPS 板工况好。

(3)均布交通荷载作用下，两种加筋路堤边坡安全系数均随着交通荷载的增加而减小，但减小的幅度较小；在均布荷载的变化过程中，格栅加筋路堤边坡的安全系数始终大于 EPS 板加筋路堤边坡安全系数，从出现塑性贯通区域面积可见，格栅加筋路堤稳定性优于 EPS 板加筋路堤的稳定性。

(4)非对称交通荷载作用下，路堤左侧(靠近冲沟)荷载小于右侧时的安全系数较大；在非对称荷载作用下，两种加筋路堤边坡安全系数的变化幅度都较小，在整个荷载变化过程中，格栅加筋路堤边坡的安全系数始终大于 EPS 板加筋路堤边坡安全系数，采用格栅加筋路堤稳定性优于加 EPS 板的路堤。

10 黄土沟壑区不均匀填方加筋路基动力特性研究

10.1 概　述

近年来,交通荷载对路堤的影响越来越受到人们的重视,实践表明,交通荷载作用下路堤易产生较大的工后沉降和不均匀变形,对公路的使用寿命、行车安全及舒适性产生严重影响,特别是超载车辆在不平整路面上行驶对路面结构影响更大。

车辆荷载是一种随机荷载,即其大小、运动方式及空间位置都具有随机性,这种随机性与路面不平整度、路面材料特性及车型车速等诸多因素相关。从简化的角度而言,对车辆荷载的描述主要分为两种:一是将车辆荷载视为移动的恒载,即大小为车辆自重的恒载沿着车辆行驶的方向移动;一是将车辆荷载视为稳态简谐振动,如半正弦波,通过对荷载的振幅、频率及其周期性来描述车辆荷载变化规律。

本章将交通荷载视为半正弦波循环荷载,结合有限元软件 ANSYS 和有限差分软件 FLAC 3D,对含有冲沟软弱层的不均匀填方路基在非对称车辆荷载作用下的动力响应进行研究,分析不同荷载形式下黄土地区非对称加筋路堤的工作性状。

10.2 计算模型建立

选取山平高速公路 K210＋987～K211＋087 现场试验路段为分析对象,建立数值模型如图 10-1 所示,对未加筋、加格栅和加 EPS 板三种加筋工况下的路堤动力特性进行分析。土层物理力学参数同表 7-1,EPS 板埋设位置和格栅铺设方式同 8.2 节。

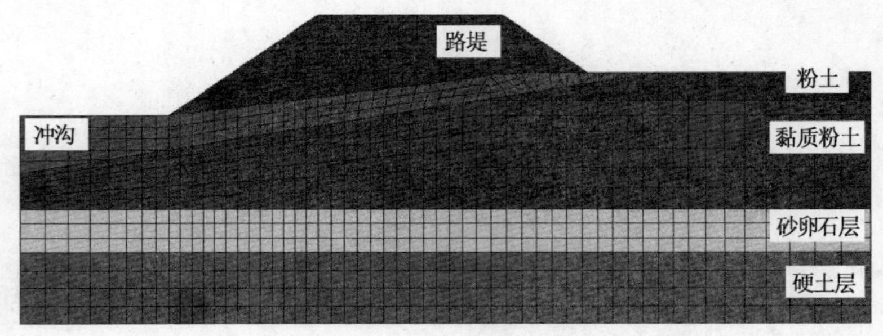

图 10-1　动力特性分析数值计算模型

山平高速公路位于山西省境内,大量运煤车满载从左幅道路将煤运出,经右幅道路空载返回,因此运营期间,路面长期受不对称行车荷载影响。为了模拟路堤在这种特殊工况下的动力响应,采用不对称的半波正弦荷载模拟路堤顶部交通荷载 q_u,q_u作用在路堤顶部 26m 的路面范围内，其频率 f 为 0.1Hz，行车时间间隔为 4s，道路左幅荷载振幅 q_1 为 50kPa，道路右幅荷载振幅 q_2 为 20kPa，为非对称交通荷载基本工况，如图 10-1 所示。动力计算时采用自由边界，以减小边界效应对计算结果的影响。

交通荷载 q_u 随加载时间 t 的变化规律见式(10-1)和图 10-2a)、图 10-2b)为前三个周期左幅和右幅行车荷载大小随加载时间变化的波形图。

$$q_u = \begin{cases} q_0 \sin(\pi t) & nT \leqslant t \leqslant nT+1 \\ 0 & nT+1 < t < (n+1)T \end{cases} \quad (n=0,1,2\cdots) \tag{10-1}$$

式中：T——交通荷载作用周期。

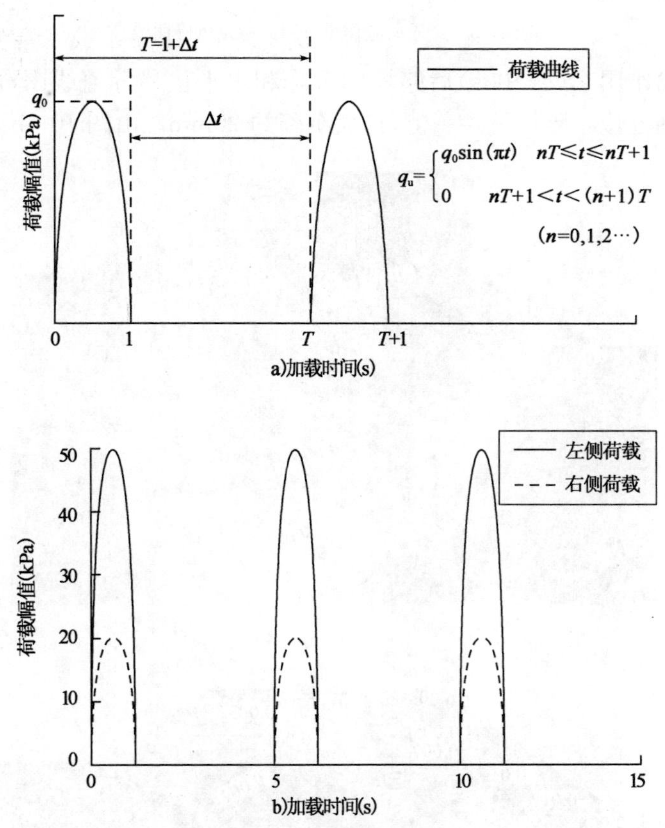

图 10-2 半正弦波交通荷载示意图

a)路堤顶部含时间间隔的交通荷载示意图；b)路面半波正弦交通荷载

10.3 动力响应分析结果

图 10-3 为前 20 个循环周期路堤顶面中点的沉降随加载时间的变化曲线，在循环荷载 q_u 作用下，路面中心沉降随加载时间呈波形变化，随加载循环的增加，每循环最大沉降不断增大，最终逐渐趋于稳定。在荷载作用初期路面中心沉降波动明显，沉降急剧增大，约 14T(70s)后沉降基本稳定，最大沉降量 28.26mm，荷载作用结束后，沉降又回弹至 17.36mm，回弹量为 10.90mm。

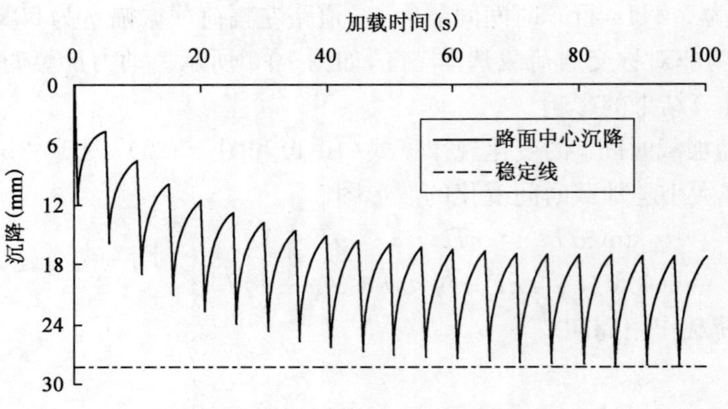

图 10-3　交通荷载作用下路面中点沉降曲线

图 10-4 为荷载作用 $20T$(100s)后路堤的沉降和水平位移等值线图，由图 10-4a)可以看出，路堤的最大沉降处位于路堤偏左一侧，最大沉降约 20mm。由图 10-4b)可以看出水平位移

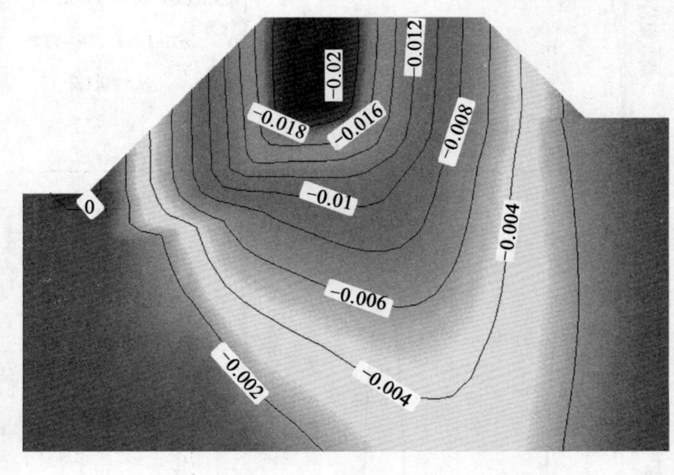

a)

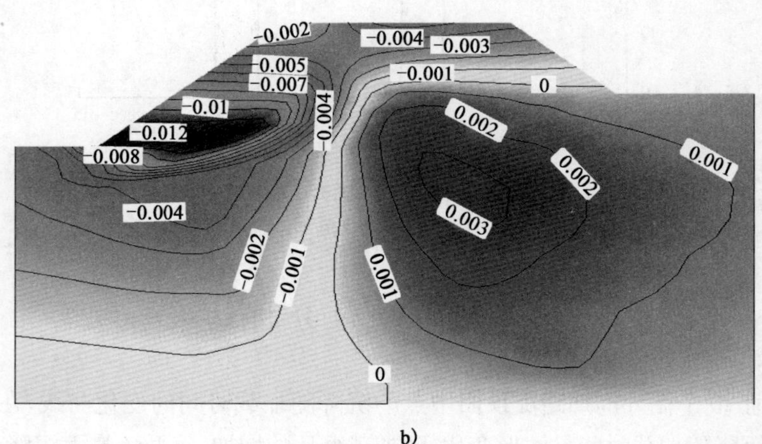

b)

图 10-4　荷载作用 $20T$ 后路基沉降和水平位移等值线图(单位:m)

a)沉降等值线图;b)水平位移等值线图

为零处也位于路堤偏左一侧，与沉降最大的位置相同，表明沉降最大处水平位移为零。此外，路堤向沉降最大处收缩，地基向两边扩张。这是由于在行车荷载作用下路堤段受压沉降明显，形成弧槽，导致两侧土体向中部靠拢，而地基段土体压实度较高，沉降较小，在上部传来的楔形应力作用下，土体发生剪切滑动被挤向两侧，左侧最大水平位移出现在冲沟层，达到12mm。

图10-5为不同加载周期下路面的沉降曲线，不同加载周期下路面的沉降曲线大致呈抛物线形，路面中心左侧7m处沉降最大；沉降增加的幅度随加载周期增加逐渐变缓，最终趋于稳定，加载20T后路面最大沉降为36.04mm。

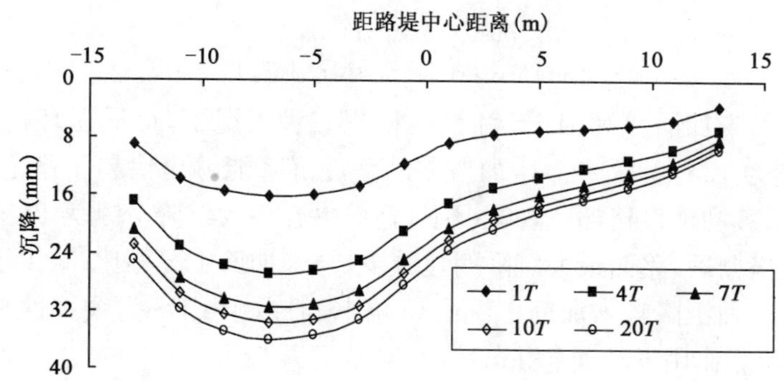

图10-5 不同加载周期下路面沉降曲线

图10-6为不加筋、加格栅和加EPS板三种工况下的数值模型，三个模型的尺寸和网格划分完全相同，格栅每3m铺设一层，共四层，最上层格栅距路堤顶部2m，EPS板宽26m，高3m。

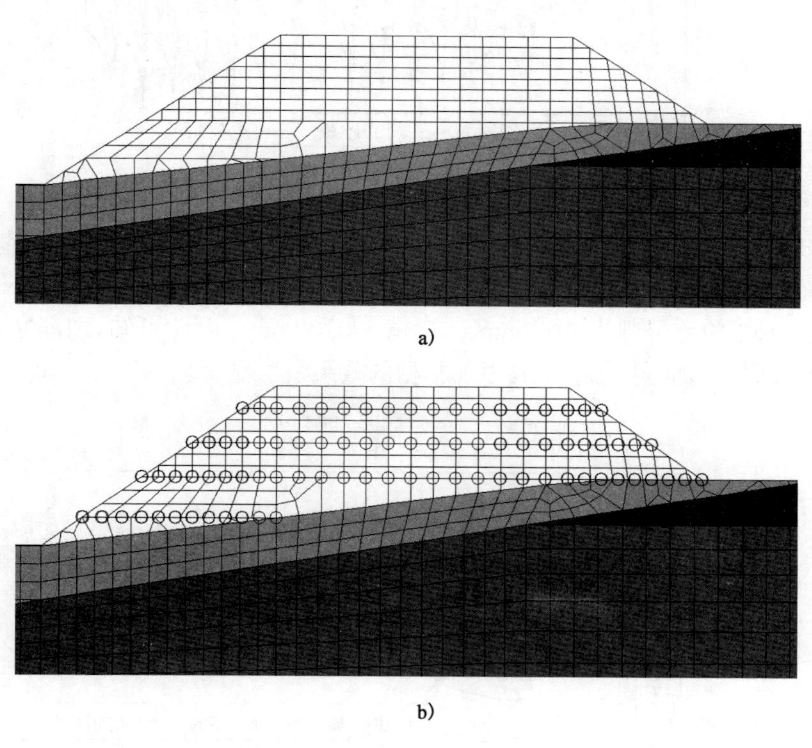

a)

b)

图 10-6

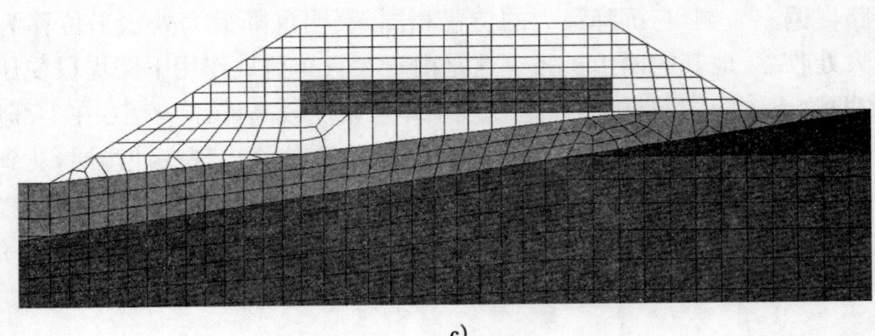

图 10-6　数值计算模型

a)未加筋模型；b)铺设格栅模型；c)铺设 EPS 模型

如图 10-7 所示，未加筋、铺设 EPS 和铺设格栅三种工况下，交通循环荷载作用下沉降趋于稳定的时间分别为 $16T$、$11T$ 和 $8T$，加格栅的路堤沉降能够更快趋于稳定。在控制沉降方面，未加筋、铺设 EPS 和铺设格栅三种工况下，路面中心最大沉降分别为 28.45mm、25.54mm 和 18.62mm，铺设格栅后，路面最大沉降明显减少，与未加筋工况相比，减少了 34.6%。此外，铺设 EPS 后，虽然路面沉降较未加筋工况有所减小，但由于 EPS 为线弹性材料，且弹性模量较小，在交通循环荷载作用下路面起伏较大，沉降回弹量较大。

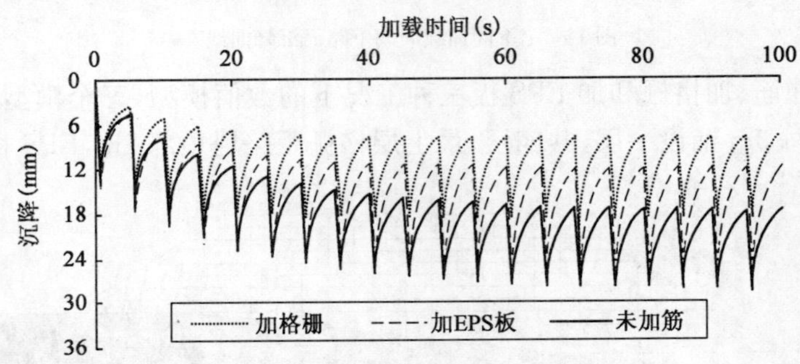

图 10-7　不同加筋路堤路面中心沉降

如图 10-8 和图 10-9 所示，在未加筋、铺设 EPS 板和铺设格栅三种工况下，荷载作用 $20T$(100s)后，路面最大沉降均发生在路面中心左侧 7m 处，最大沉降分别为 36.04mm、31.88mm、23.58mm，最大水平位移分别为 6.49mm、4.50mm、3.20mm。由此可知，加筋减载后，路面最大沉降和最大水平位移均明显减少，其中加格栅的效果最为显著。

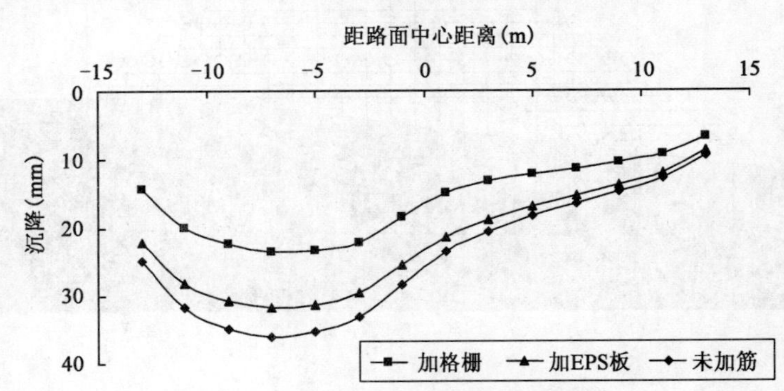

图 10-8　不同加筋工况下路堤路面沉降曲线

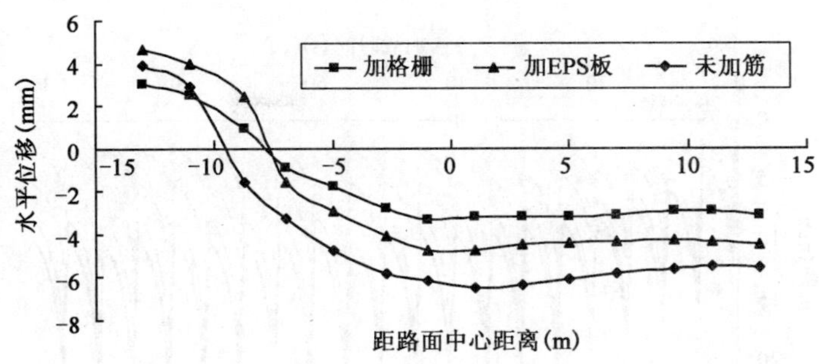

图 10-9 不同加筋工况下路堤路面水平位移曲线

综上所述，在交通循环荷载作用下，路堤铺设 EPS 和铺设格栅均能起到减小路面沉降和水平位移的效果，且铺设格栅的效果更好。

10.4 参数分析

10.4.1 交通荷载振幅的影响

本节通过改变荷载振幅，研究不同大小交通荷载对路堤动力响应规律的影响，5 种交通荷载工况具体参见 8.4.1 节。

图 10-10 为 4 种交通荷载工况下加格栅和加 EPS 板路堤顶面中心沉降随加载时间的变化曲线，随着荷载振幅的增加，两种加筋路堤路面中心沉降均不断增大，沉降达到稳定所需的时间也越长；当交通荷载较小时，加格栅和加 EPS 板效果差别不大，随着交通荷载的增加，加格栅的优势愈加明显。在交通荷载作用初期，路堤土颗粒在附加应力作用下发生错位并重新排布，土颗粒间缝隙减小，路堤土被压密，这段变形为不可恢复的塑性变形。此后土颗粒之间相互挤压，土颗粒发生压缩和剪切变形，路堤沉降继续增加，此阶段认为是可恢复的弹性变形。荷载作用越大，土颗粒被压实的程度越高，颗粒之间裂隙越小，不可恢复的塑性变形就越大，土颗粒受压破坏之前，其弹性变形也越大，反映为路堤沉降回弹量越大。

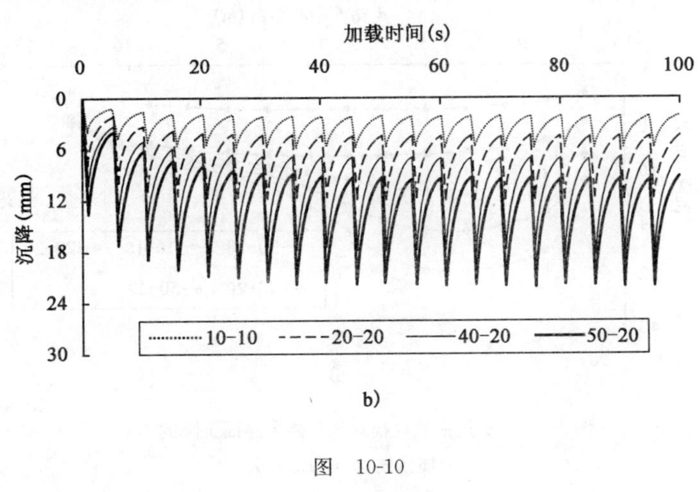

图 10-10

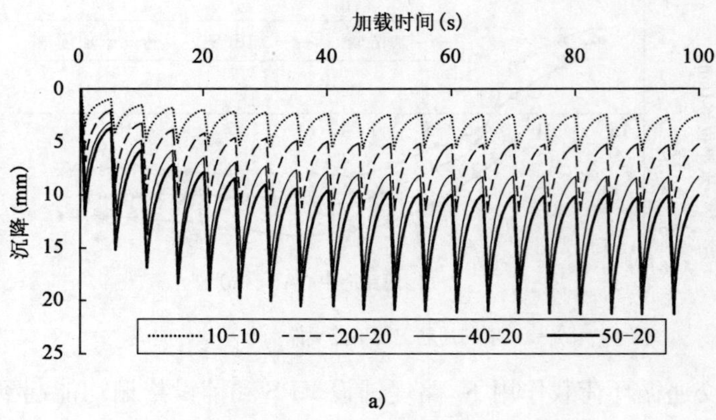

图 10-10 交通循环荷载振幅对路面中心沉降的影响

a)格栅;b)加 EPS 板

图 10-11 为交通荷载振幅对加筋路堤路面沉降的影响。均布对称荷载作用下两种加筋工况下的路面沉降都比较均匀;在非对称荷载作用下,最大沉降均发生在路面中心左侧 7m 处;每种荷载工况下,加格栅时的路面沉降均小于加 EPS 板时的路面沉降。

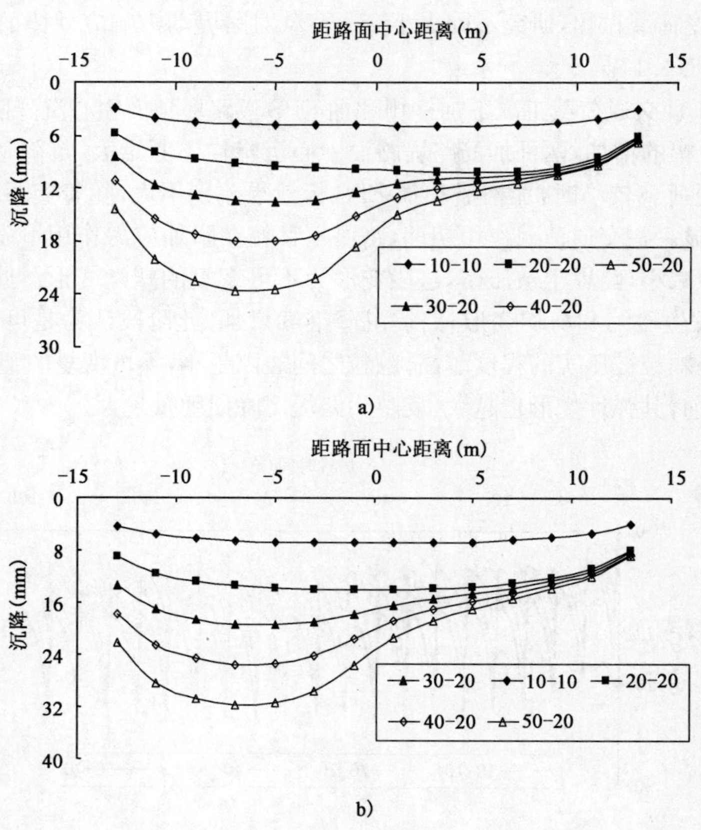

图 10-11 交通荷载振幅对加筋路堤路面沉降的影响

a)加格栅;b)加 EPS 板

图 10-12 为交通荷载振幅与路面最大沉降的关系，路面最大沉降随着非对称荷载振幅的增加而增长，加 EPS 板工况的沉降增加速率大于加格栅工况，二者的沉降差也随着荷载振幅的增加而增大；不同交通荷载振幅工况下，加 EPS 板工况的沉降始终大于加格栅工况。

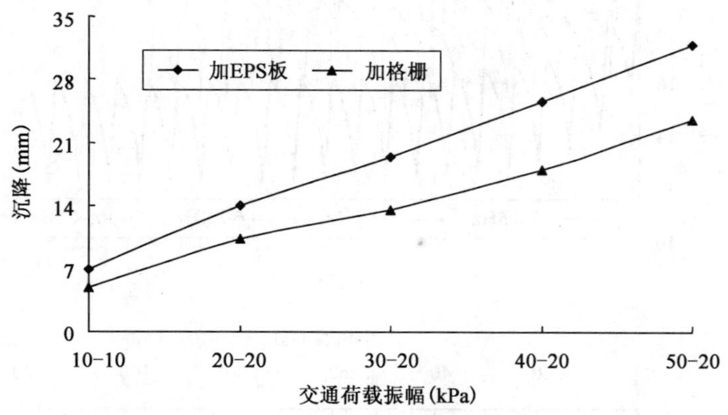

图 10-12 交通荷载振幅与路面最大沉降的关系

图 10-13 为交通荷载幅值对两种加筋工况下路面中心最大水平位移的影响。路面中心最大水平位移随着荷载振幅的增加而增大；均布交通荷载下，水平位移增幅不大，自“20-20”型荷载工况开始，随着左幅荷载的增加，路面中心水平位移快速增加，加 EPS 板工况的水平位移值和增幅都大于加格栅工况。

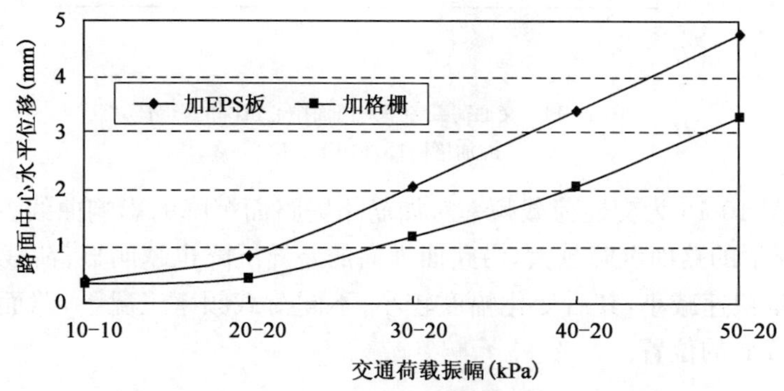

图 10-13 交通荷载幅值对路面中心最大水平位移的影响

综上所述，随着荷载振幅 q_0 的增加，路面最大沉降及最大水平位移均增大。非对称重载交通荷载作用下，从控制路面沉降和水平位移角度出发，路堤铺设格栅的效果明显优于铺设 EPS 板。

10.4.2 交通荷载频率的影响

分别取 f 为 0.5Hz、1.0Hz、2.0Hz 和 4.0Hz，交通荷载为非对称交通荷载基本工况，左幅路面荷载振幅为 50kPa，右幅路面荷载振幅为 20kPa。

图 10-14 为不同交通荷载频率下加筋路堤路面中心沉降变化曲线，从图中可以看出：交通荷载频率越大，路面沉降达到稳定的时间越短，稳定时的最大沉降量越小，沉降的回弹幅度也越小。

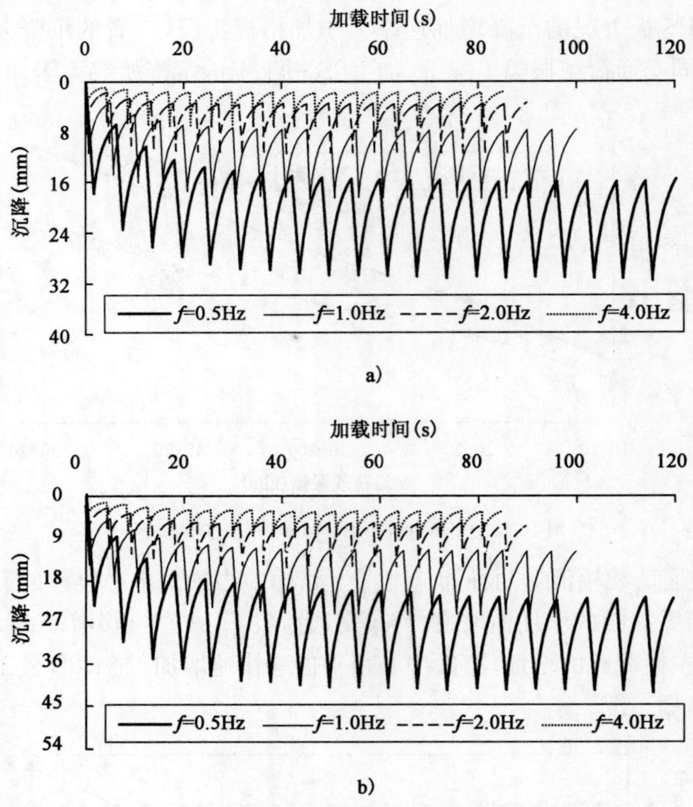

图 10-14 交通荷载频率对路面中心沉降的影响

a)加格栅;b)加 EPS 板

图 10-15 和图 10-16 为交通荷载频率对加筋路堤路面沉降的影响曲线。交通荷载频率越小,两种加筋工况下的路面沉降越大,沿路面横向的差异沉降也越明显;荷载频率从 0.5Hz 变为 2Hz 时,沉降量快速减小,其后变化幅度较小;不同荷载频率工况下,路面最大沉降均发生在路面中心左侧 7m 的位置。

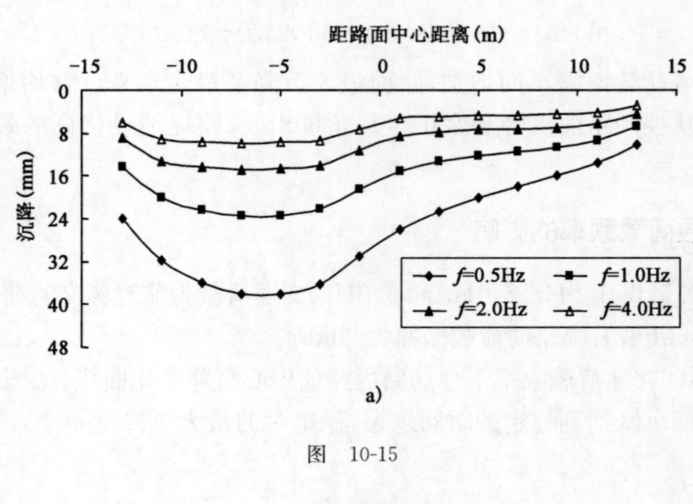

图 10-15

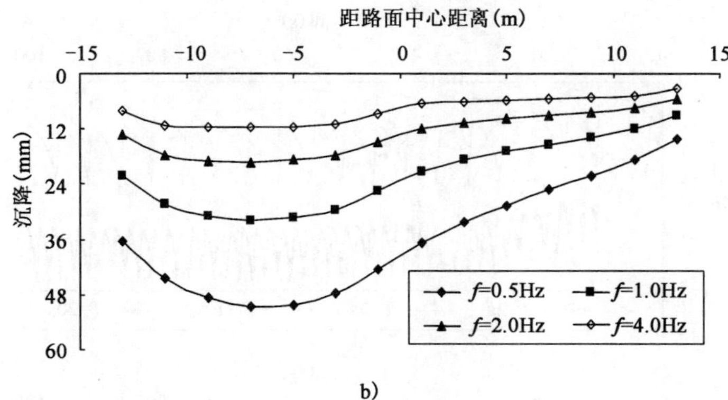

b)

图 10-15　交通荷载频率对路面沉降的影响

a)加格栅；b)加 EPS 板

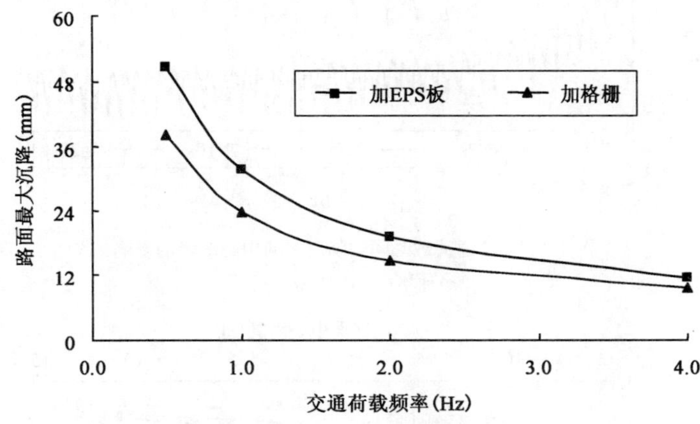

图 10-16　交通荷载频率与路面最大沉降的关系

10.4.3　交通荷载行车间隔的影响

假设车辆通过计算路堤断面的时间为 1s，连续两辆车通过路堤断面的时间间隔为 Δt，考虑 Δt 分别为 1s、4s、9s 和 19s，其他参数取值不变，此时，相应的一个荷载循环周期分别为 2s、5s、10s 和 20s。

图 10-17 为交通荷载时间间隔对路面中心沉降的影响曲线。行车荷载作用间隔时间越长，曲线中平缓段越长；随着时间间隔的增加，路堤沉降回弹经历时间越长，回弹越充分，回弹量也越大，并最终趋于稳定；当荷载作用时间间隔超过路堤完全弹性回弹所需时间时，其回弹量为路堤的最大弹性变形量，随后沉降回弹量不再发生变化；荷载作用时间间隔越小，加格栅路堤的优势就越明显。

图 10-18 和图 10-19 为交通荷载作用时间间隔对加筋路堤路面沉降的影响曲线。行车荷载作用时间间隔越长，路面沉降量越小，最大沉降均发生在路面左侧 7m 处；行车间隔从 1s 增加到 9s 时，路面最大沉降迅速减小，之后随行车间隔的增加，沉降改变不大；相同行车时间间隔时，加格栅路堤路面沉降始终比加 EPS 板路堤路面沉降小，且行车间隔时间越小，加格栅的效果越显著。

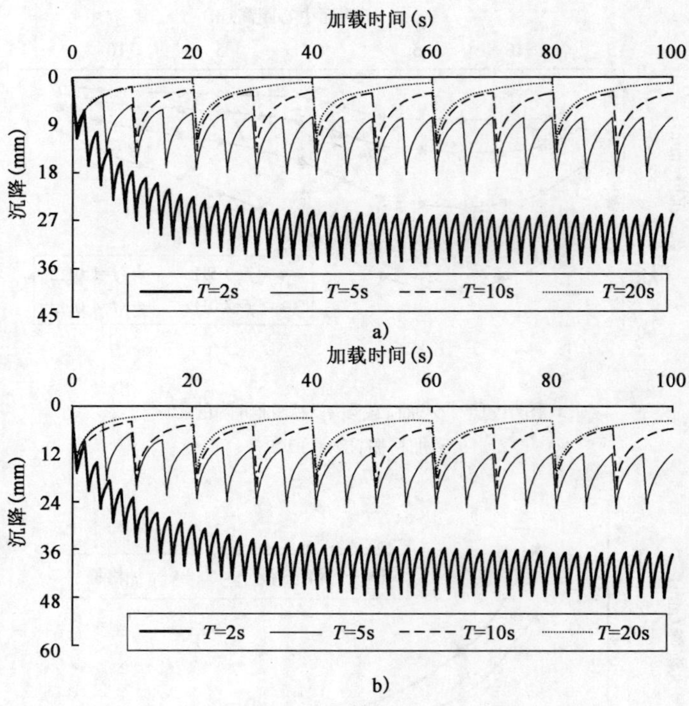

图 10-17 交通荷载时间间隔对路面中心沉降的影响

a)加格栅;b)加 EPS 板

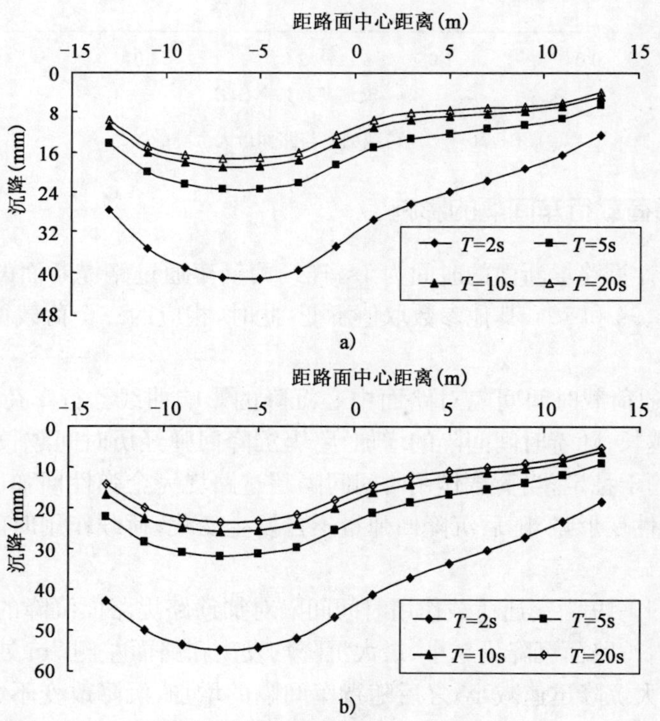

图 10-18 交通荷载作用时间间隔对路面沉降的影响

a)加格栅;b)加 EPS 板

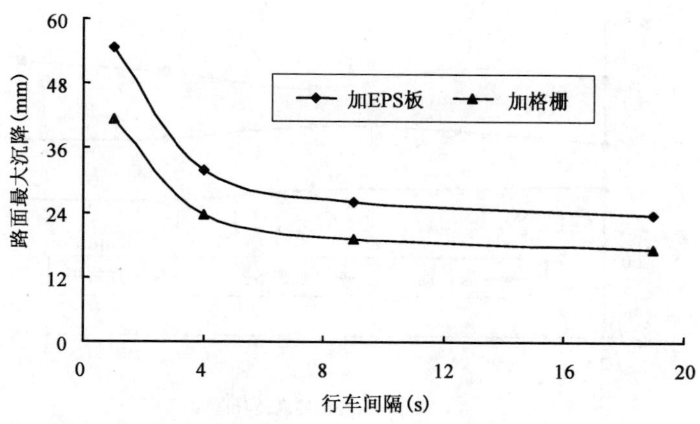

图 10-19 行车间隔与路面最大沉降的关系

10.4.4 路堤两侧高差的影响

为研究路堤两侧高差对路堤在交通荷载作用下动力响应的影响，分别取路堤高差为 2m、4m、6m、8m 和 10m 进行分析。交通荷载为非对称交通荷载基本工况，左幅路面荷载振幅 50kPa，右幅路面荷载振幅 20kPa，荷载作用频率 1Hz，时间间隔 4s。

图 10-20 为路堤两侧高差与路面中心最大沉降关系曲线，三种加筋工况下，路面中心最大沉降均随着路堤两侧高差的增加而增加，但增加幅度较小(每级增量不超过 1mm)；当路堤两侧高差相同时，路面中心最大沉降始终为未加筋＞加 EPS 板＞加格栅；当路堤两侧高差为 2m 时，相比于未加筋工况，加 EPS 板和加格栅工况的路面中心最大沉降减小幅度分别为 4.9%和 36.9%；当路堤两侧高差为 10m 时，相比于未加筋工况，加 EPS 板和加格栅工况的路面中心最大沉降减小幅度分别为 6.3%和 34.3%。由此可见路堤两侧高差对两种加筋工况效果的影响不大。

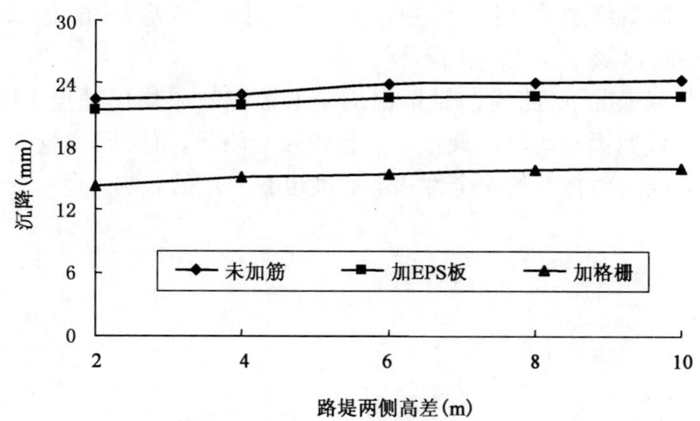

图 10-20 路堤两侧高差与路面中心最大沉降关系曲线

图 10-21 为左侧坡顶水平位移与路堤两侧高差的关系曲线，左侧坡顶水平位移随两侧高差的改变变化不大，随着高差的增加，左侧坡顶水平位移有减小的趋势；不同路堤两侧高差工况下，左侧坡顶水平位移始终为加 EPS 板＞未加筋＞加格栅。

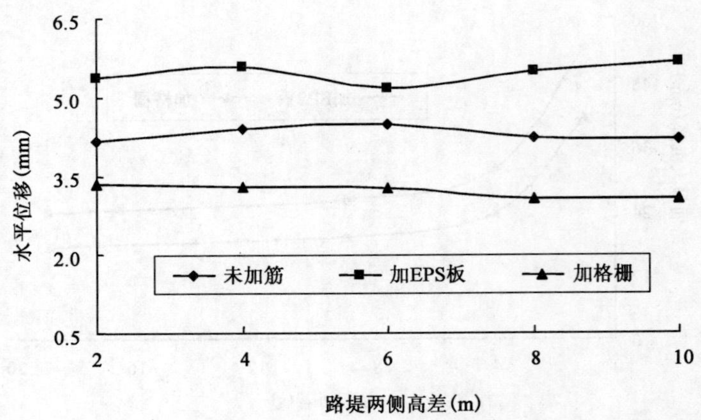

图 10-21 路堤两侧高差与左侧坡顶水平位移的关系曲线

10.5 本章小结

本章通过建立数值分析模型，在路堤顶部施加半正弦波交通荷载，分析了荷载振幅、荷载频率、行车间隔和路堤两侧高差对路堤工作性状的影响，比较了路堤铺设格栅和铺设 EPS 板后的变形控制效果，主要得到以下结论：

(1)交通荷载作用下，路面沉降随着荷载循环次数的增加而非线性增大，当荷载循环次数超过某一定值之后，沉降变化趋于稳定，路面沉降明显大于路面水平位移；对称荷载作用时，路面中心沉降最大；非对称荷载作用时路面最大沉降位于路面中心左侧 7m 处。

(2)随着左幅道路荷载幅值的增加，路面最大沉降及最大水平位移增大；随着荷载频率的增加，路面中心最大沉降减小，沉降趋于稳定所需的时间非线性减少。

(3)路堤高差对路堤在车辆荷载作用下动力响应的影响并不显著，虽然随着路堤高差的增加，路面中心最大沉降有增加的趋势，但在同一工况下，路堤高差为 2m 和 10m 时，路面中心最大沉降相差不足 2mm，基本上可以忽略不计。

(4)不同交通荷载工况下，路堤铺设格栅的变形控制效果均比铺设 EPS 板更好，且由于 EPS 为弹性材料，致使路面在车辆荷载作用下起伏较为明显，沉降回弹量较大，容易造成路堤土体发生疲劳破坏，同时对行车的安全性和舒适度也有一定的影响。

11 黄土沟壑区斜坡加筋路堤变形特性研究

随着西部大开发的深入，黄土地区对交通资源的需求日益增加，高等级公路作为最便捷的运输方式得到了大力发展。在高等级公路的建设中，由于受公路线型设计的制约以及黄土地区地形地貌的限制，不可避免地要通过一些沟壑纵横的复杂地形，势必会产生众多高填方斜坡路堤，其填筑高度甚至达30m以上。

11.1 工程背景

岢岚至临县高速公路是《山西省高速公路网规划》"3纵11横11环"中西纵高速公路的重要组成部分，也是将山西省西部第四横"保德—五台长城岭"及第五横"平定杨树庄—佳县"高速公路串联起来的重要路段，图11-1描述了沿线某路堤断面实际情况。

图11-1　岢临高速某断面路堤施工现场图

岢临高速公路路线推荐全长125.227km：项目起点位于岢岚县(－K2＋300)，与第四横忻保高速公路立体交叉；项目终点位于临县(K117＋926)，与第五横太佳高速公路立体交叉。项目区路线总体地势为东北高西南低，走廊带地形起伏较大，河谷发育，沟壑纵横，按地貌成因及特征可划分为黄土丘陵区、侵蚀堆积河川宽谷区、山岭区及黄土覆盖中低山区四个单元。

项目路基设计本着因地制宜和经济合理的原则，采用整体式和分离式两种路基断面形式：整体式路基宽24.5m，行车道为双向4车道，每车道宽3.75m；分离式路基宽12.25m，行车道为双向2车道，每车道宽3.75m。路基行车道、路缘带及路肩横坡均为2.0%。当填方路堤边坡高度H不超过8m时，路基边坡坡率为1∶1.5；当H大于8m时，一般在8m处变坡为1∶1.75，路基填方8m内的边坡坡率仍为1∶1.5；而H高度大于20m时，一般在8m和20m处变坡并于20m处设一条宽为2m的护坡道，且填土高度大于20m的边坡坡率通过稳定性计算确定。推荐方案路基填方高度大于20m的路段共108段，总长10.1km，最大填方高度达50.4m。

选取ZK115＋693分离式断面左侧路基斜坡填方路堤作为研究对象，路堤填土高度H约为39m。根据《公路路基设计规范》(JTG D30—2004)，该路堤边坡须采用阶梯形，路堤详细设计如图11-2所示：当$H<19$m时，边坡比为1∶2；当$H=19\sim31$m时，边坡比为1∶1.75；当$H=31\sim39$m，边坡比为1∶1.5。在路堤填筑过程中，将原有地基超挖成台阶状，超挖的宽度约为2.0m。在路堤上半部20m填土范围内采用"满铺"的方式铺设10层土工格栅，格栅长度为

12～16m,每层格栅的竖向间距为 2.0m。

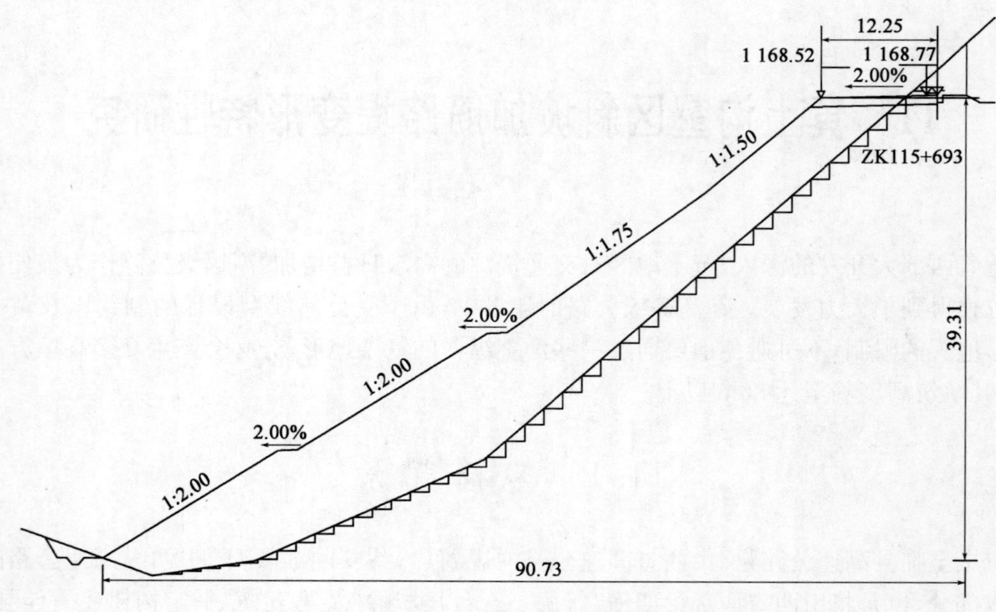

图 11-2 岢临高速 ZK115＋693 断面路堤设计方案(尺寸单位:m)

对原有路堤进行适当简化,不考虑路面结构及横坡,令其填筑高度为 39m。采用 FLAC3D 建立数值分析模型,模型左侧边界取 40m,右侧边界取 20m 以减弱边界效应的影响,路堤纵向宽度 $y=1\text{m}$,整个模型的尺寸为 150m×1m×51.5m。模型的边界位移条件如下:底部为基岩,即 $z=0\text{m}$ 的位置采用固定约束;$x=-40\text{m}$ 及 110m 位置采用水平约束,约束其水平向的移动;约束整个模型 y 方向上的位移,以模拟平面应变情况。数值模型的几何尺寸及边界条件如图 11-3 所示,相关材料的物理力学参数见表 11-1,表中 J 为土工格栅的抗拉强度,t 为土工格栅的厚度。

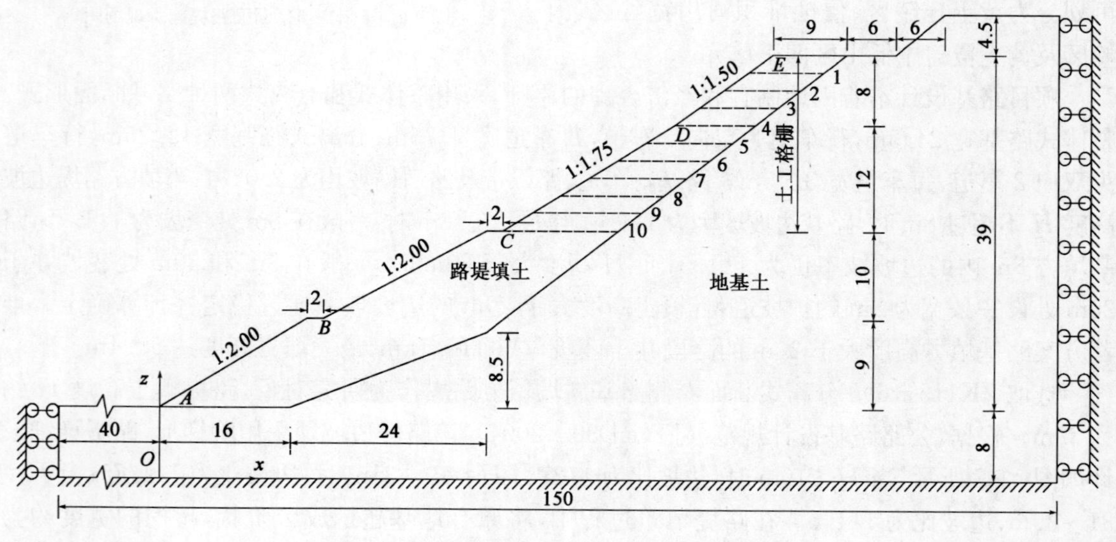

图 11-3 斜坡填方路堤数值模型及边界条件(尺寸单位:m)

斜坡填方路堤模型材料物理力学参数 表 11-1

	E(MPa)	c(kPa)	φ(°)	ρ(kg/m^3)	v
填土	25.0	20.0	18.0	1 800	0.33
地基土	8.5	16.5	30.5	1 600	0.33
土工格栅	J=1 700kN/m　t=0.002m			500	0.33

11.2 数值模拟结果分析

为了减小路基沉降，保证路基、路面强度以及结构稳定，路堤施工时严格选用路基填料，控制分层填筑，均匀压实。斜坡填方路堤主要位于黄土丘陵区的沟地，下伏基岩，为保证路基的稳定性，减小不均匀沉降以及工后沉降，对于填土高度大于 10m 的路段高填路堤，除按规定分层压实外，还采取补强措施。

11.2.1 路堤施工填筑数值模拟

ZK115＋693 断面路堤边坡填土高 39m，结合项目相关资料以及 FLAC3D 数值模型的网格划分情况，在数值分析过程中采用分级加载的方式模拟路堤施工填筑，将路堤填土分成 35 层逐级加载，每级增加的填土厚度为 1.0～1.33m。在路堤施工填筑过程中，分别对坡脚 A(0，0，8)、坡顶 E(75，0，47)以及边坡变坡点 B(20，0，17)、C(42，0，27)、D(63，0，39)的沉降和水平位移进行监测。

图 11-4 和图 11-5 分别为填筑完毕后斜坡填方路堤的沉降和水平位移云图。从图 11-4 可以看出，最大沉降发生在路堤中部填土与地基土的交界处，其值为 0.29m，且坡脚 A 左侧原有路基地表发生隆起现象。由图 11-5 可知，施工填筑完毕后路堤的水平位移相对较小，最大负向水平位移(指向 x 轴负向)发生在坡脚附近路堤填土与地基土交界处，其值为－8.78cm，最大正向水平位移(指向 x 轴正向)发生在为原有地基边坡中部，其值为 4.99cm。

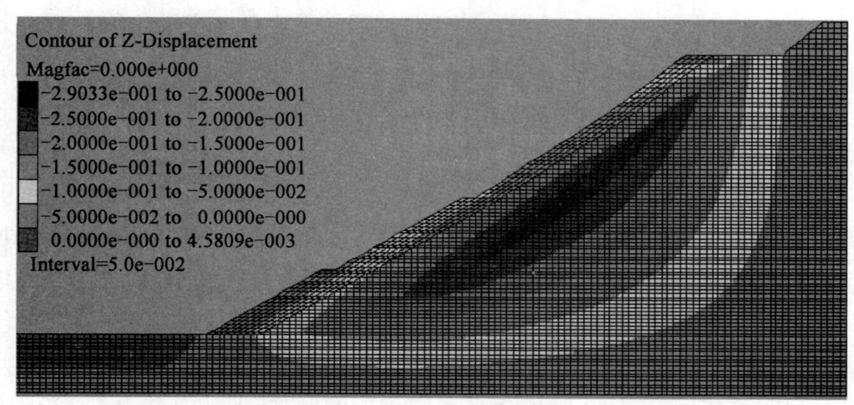

图 11-4 路堤填筑完毕后沉降云图

11.2.1.1 路堤监测点位移的变化规律

路堤施工填筑完毕后主要监测点的沉降及水平位移见表 11-2，监测点位移随填筑高度 H

的变化规律如图 11-6～图 11-9 所示。由表 11-2 可知，C、D 点沉降均超过 9cm，而坡脚 A 沉降仅为 0.5cm；A、B 点水平位移较大，坡顶 E 水平位移最小。因此，路堤施工填筑引起的沉降主要集中在路堤中部，水平位移主要集中在坡脚。

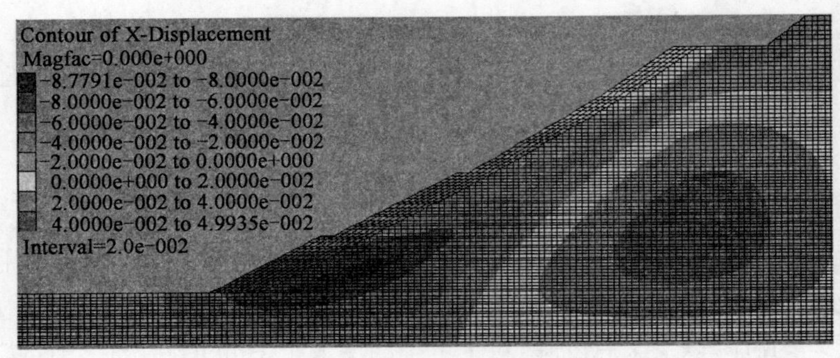

图 11-5　路堤填筑完毕后水平位移云图

路堤填筑主要监测点沉降和水平位移　　表 11-2

监测点坐标	A(0, 0, 8)	B(20, 0, 17)	C(42, 0, 27)	D(63, 0, 39)	E(78, 0, 47)
沉降(cm)	0.509	3.840	9.294	9.419	4.191
水平位移(cm)	−4.675	−5.041	−1.433	0.702	0.671

由图 11-6 可知，当前两层填筑完毕后，坡脚 A 的沉降增大至 0.48cm，而随着填筑层数的增加，A 点沉降逐渐减小，发生回弹，且当填筑至第 10 层（H=10m）时达到最小沉降 0.24cm；当填筑高度超过 10m 之后，A 点沉降随着 H 的增加再次增大，且逐渐趋于稳定。A 点水平位移随着路堤填筑层数的增加逐渐减小，且水平位移方向由正转负，填筑完毕后 A 点达到最大负向水平位移−4.68cm。

由图 11-7 可知，监测点 B 的沉降随着填筑层数的增加逐渐减小至趋于稳定。当填筑层数小于 15 时，B 点沉降明显增大，由 1.38cm 增大至 3.73cm；当填筑层数为 20～30 时，B 点沉降发生小幅度回弹。随着填筑层数的增加，B 点水平位移先增大至 0.64cm 后逐渐减小，当加载至第 17 层填土（H=25m）时，水平位移由正转负，填筑完成后有最大负向水平位移−5.04cm。

图 11-8 描述了监测点 C 的沉降及水平位移随填筑层数的变化规律：C 点沉降随着填筑层数的增加而增大，但增大的幅度逐渐减小，沉降趋于稳定，填筑完成后有最大沉降 3.84cm；与 B 点水平位移变化规律类似的是，C 点水平位移随着填筑层数的变化规律呈先增大后减小的抛物线型，其中最大正向水平位移为 1.81cm，最大负向水平位移为−1.43cm。

由图 11-9 可知，对于监测点 D 而言，填筑层数由 30 增加至 35 时，填土高度增加了约 8m，D 点沉降随着填土高度的增加线性增大至 9.42cm；D 点水平位移随着填土高度的增加呈先增大后减小的抛物线型，这与 B、C 点水平位移变化规律类似，但相比之下，D 点水平位移变化幅度较小，且水平位移均为正向。

综上所述，尽管 A、B 两点的沉降发生了一定程度的回弹，但从总体上看，监测点的沉降随着填土高度 H 的增大而逐渐增加，且路堤中部 B、C 两点沉降相对较大。监测点的水平位移随填土高度 H 的增大而逐渐减小，且其方向逐渐由正向变为负向，路堤坡脚附近 A、B 两点水平位移相对较大。

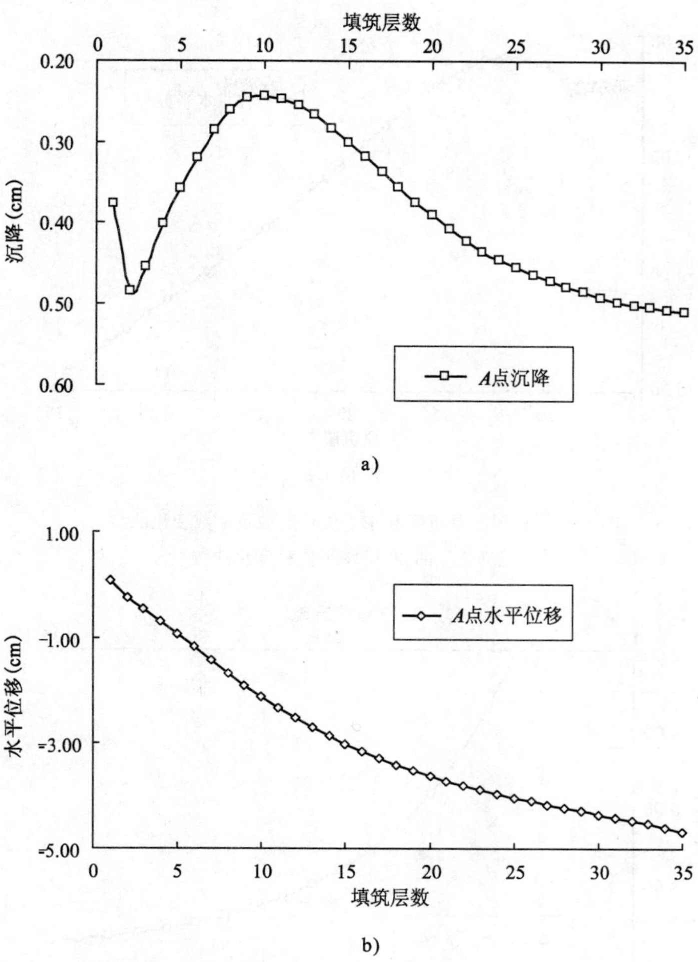

a)

b)

图 11-6 监测点 A 沉降和水平位移随填筑层数变化曲线

a)沉降变化曲线；b)水平位移变化曲线

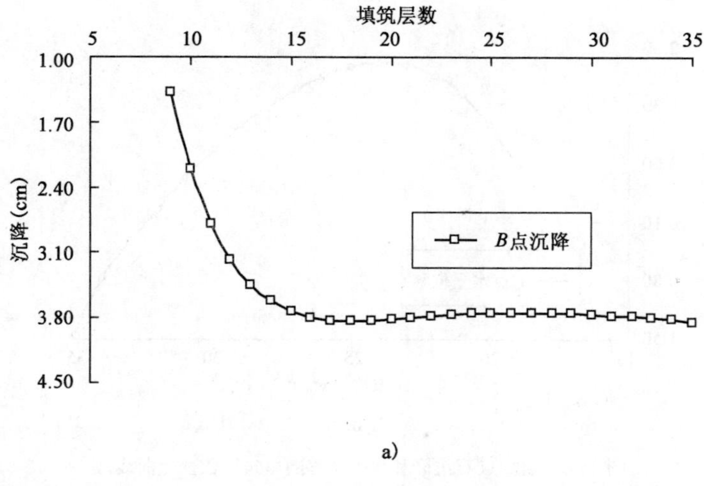

a)

图 11-7

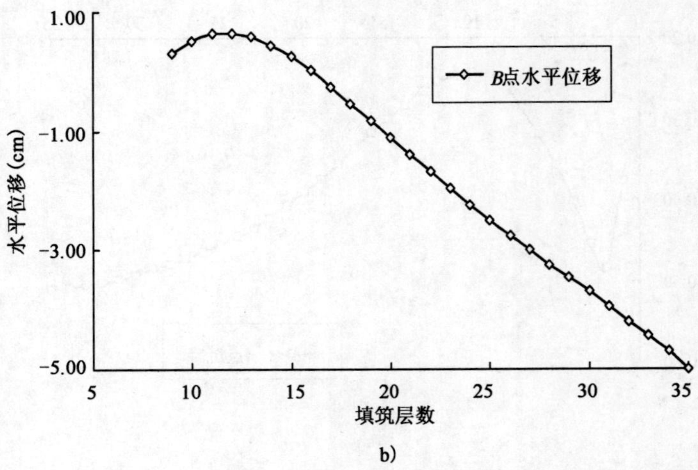

b)

图 11-7 监测点 B 沉降和水平位移随填筑层数变化曲线

a)沉降变化曲线;b)水平位移变化曲线

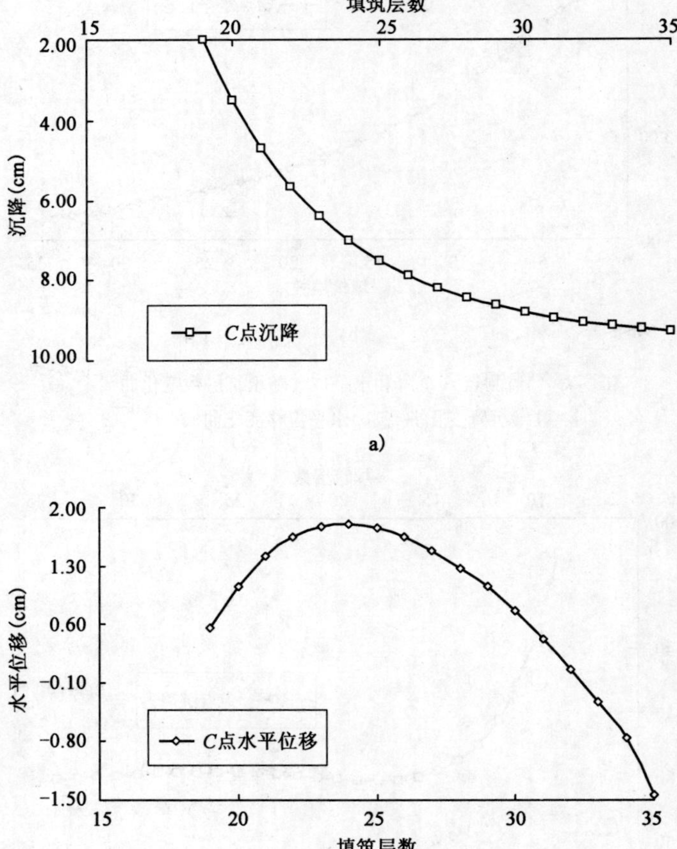

图 11-8 监测点 C 沉降和水平位移随填筑层数变化曲线

a)沉降变化曲线;b)水平位移变化曲线

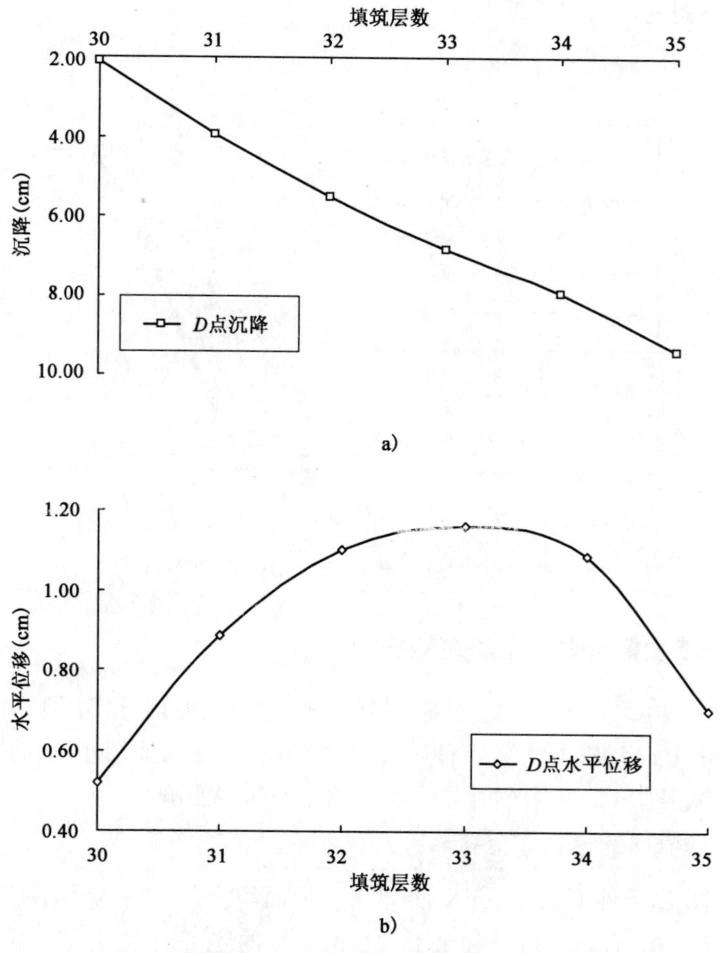

图 11-9 监测点 D 沉降和水平位移随填筑层数变化曲线
a)沉降变化曲线；b)水平位移变化曲线

11.2.1.2 格栅轴力的变化规律

在路堤上半部 $z=27\sim45$m(即填土高度 $H=19\sim37$m)填土范围采用“满铺”的方式铺设10层土工格栅，以每米格栅中心处 x 方向上的轴力 N_x 为研究对象，图 11-10 描述了不同铺设位置格栅轴力 N_x 沿其长度方向的分布情况。由图 11-10 可知，格栅轴力 N_x 的大致变化规律为：在一定长度范围内，格栅轴力为零，即格栅与土体不发生相互作用；而超出这一范围后，格栅轴力沿其长度方向先逐渐增加，达到峰值之后逐渐减小，且格栅轴力的最大值发生在路堤原有地基与路堤填土交界处。

比较各层格栅轴力的变化曲线可知：当 $H=19$m 时，格栅上覆填土高度为 20m，格栅轴力相对较大，其最大值约为 5.19kN；当 $H=31$m 时，格栅上覆填土高度为 8m，格栅轴力最大值约为 2.92kN；而 $H=37$m 时，格栅上覆填土高度仅有 2m，格栅轴力相对较小，格栅轴力的最大值仅为 0.14kN，且格栅只在路堤填土与地基土交界处发挥作用。这说明土工格栅的加筋效果与其上覆填土高度有关，当土工格栅上覆填土高度较小时，格栅与土体的相互作用不明显，格栅加筋效果较弱；随着格栅上覆填土高度的增大，土工格栅与土体的相互作用增强，格栅轴力也逐渐增大，格栅的加筋效果越来越明显。

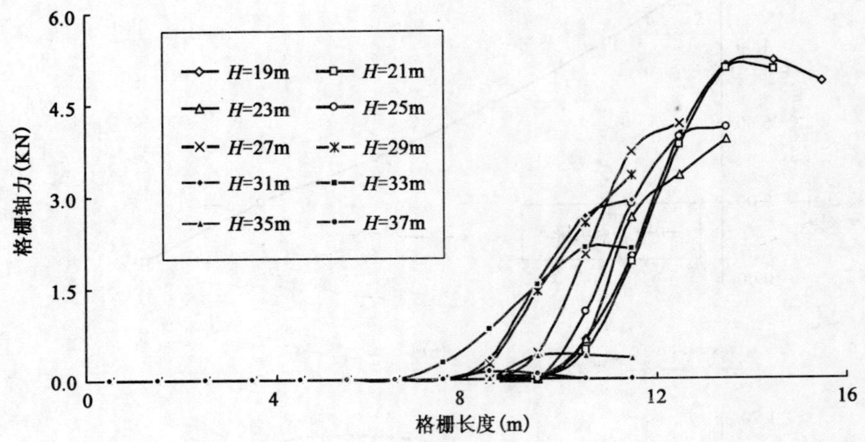

图 11-10　10 层土工格栅 x 向轴力沿格栅长度分布

11.2.2　路堤填土模量对施工填筑的影响

在模拟路堤施工填筑过程中，改变路堤填土模量 E_f，考虑 E_f 分别为 5MPa、10MPa、15MPa、20MPa、25MPa 以及 30MPa 六种工况下监测点、路堤顶面填土的沉降和水平位移以及格栅轴力的变化规律，分析 E_f 对斜坡填方路堤施工填筑的影响。

11.2.2.1　路堤填土模量对路堤顶面位移的影响

图 11-11 为不同 E_f 条件下，$y=0$m 平面上路堤顶面填土的沉降及水平位移变化曲线，其中坡顶 E 坐标为(75, 0, 47)，由沉降和水平位移的变化曲线可知，随着填土模量的逐渐增大，E_f 对路堤坡顶填土位移的影响逐渐减小。

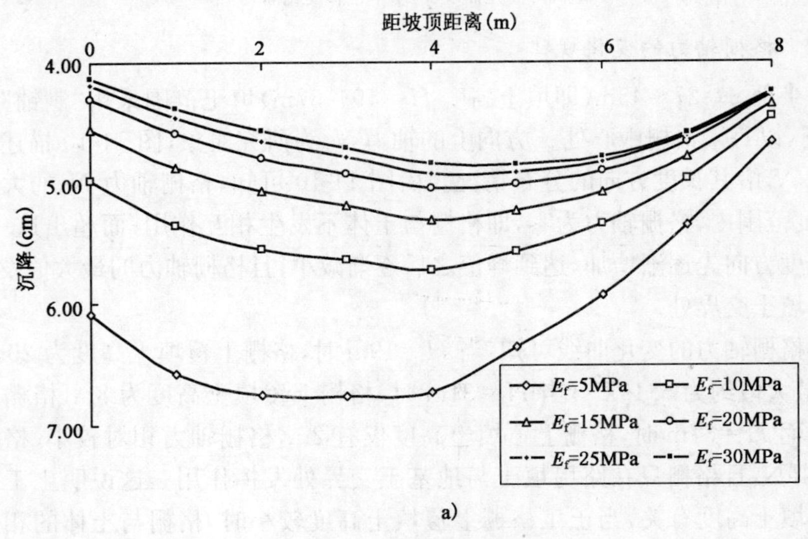

a)

图　11-11

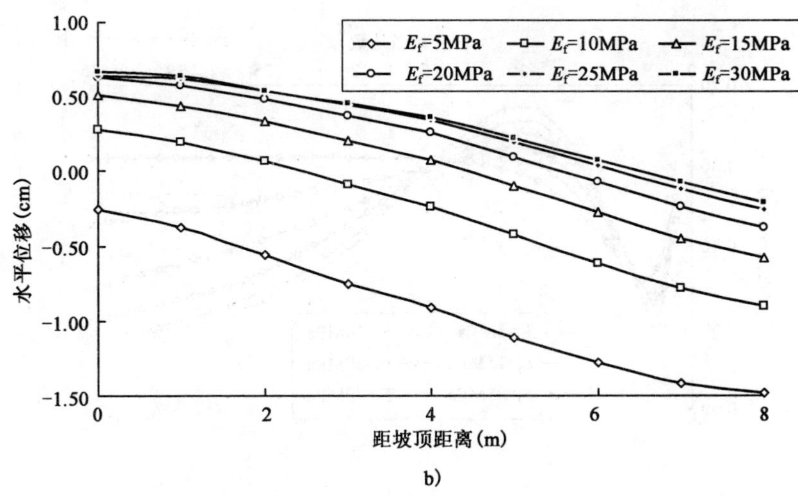

图 11-11 不同填土模量条件下路堤顶面填土沉降和水平位移变化曲线

a)沉降变化曲线;b)水平位移变化曲线

从图 11-11a)可以看出,路堤顶面填土的沉降变化呈先增大后减小的抛物线型。当 E_f=5MPa 时,路堤坡顶沉降为 6.09cm,且在距坡顶 3m 处出现最大沉降 6.76cm;当 E_f=10MPa 时,路堤坡顶沉降为 4.98cm,距坡顶约 4m 处出现最大沉降 5.72cm,路堤顶部填土沉降明显减小,减小幅度约为 1cm;当 E_f增加到 30MPa 时,坡顶沉降为 4.14cm,在距坡顶 5m 处出现最大沉降 4.85cm,较 E_f=5MPa 时最大沉降减小了 1.91cm。这说明随着 E_f的逐渐增大,由施工填筑引起的路堤顶面填土的沉降得到了有效控制,且发生最大沉降的位置逐渐远离坡顶。

从图 11-11b)可以看出,路堤顶面填土的水平位移随着距坡顶距离的增加线性减小。当 E_f=5MPa 时,路堤顶部填土的水平位移均为负向,坡顶水平位移为−0.25cm,最大负向水平位移为−1.41cm,变化幅度为 1.23cm;当 E_f增大至 10MPa 时,水平位移的变化幅度为 1.18cm;当 E_f=30MPa 时,路堤顶部填土主要发生正向水平位移,水平位移变化幅度为0.88cm。因此,路堤顶部填土的水平位移随着 E_f的增加逐渐由负向转为正向,且其数值变小,变化幅度降低。

11.2.2.2 填土模量对监测点位移的影响

图 11-12 描述了不同 E_f条件下,路堤坡脚点 A 的沉降和水平位移随填筑高度的变化规律。随着 E_f的增加,其对位移变化的影响逐渐减小。

由图 11-12a)可知,当 E_f=5MPa 时,坡脚的回弹现象较弱,且发生回弹后坡脚沉降基本稳定在 0.29cm;随着 E_f的增大,坡脚的回弹现象越来越明显,且坡脚沉降达到最小值之后先逐渐增大再趋于稳定;当 E_f=30MPa 时,坡脚的最终沉降值有最大值 0.51cm。

由图 11-12b)可知,当填筑高度较小时,E_f对坡脚水平位移的影响较小,随着填土高度的逐渐增加,E_f对坡脚水平位移的影响越来越明显。当 E_f=5MPa 时最大负向水平位移为−3.36cm;当 E_f=30MPa 时有最大负向水平位移为−4.81cm。

从总体上看,当 E_f从 5MPa 增加到 30MPa 时,路堤填筑完毕后坡脚 A 的沉降和水平位移变化幅度相对较小，分别为 0.23cm 和 1.45cm，因此填土模量 E_f对坡脚位移的影响较小。

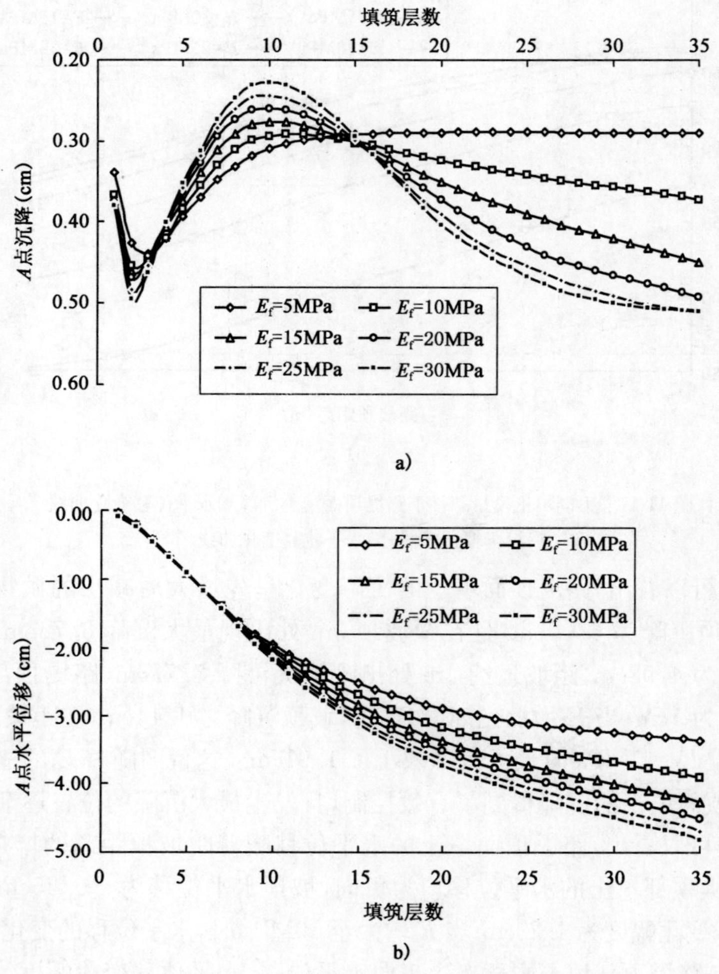

图 11-12　填土模量对监测点 A 沉降及水平位移的影响

a)沉降变化曲线；b)水平位移变化曲线

如图 11-13 所示，不同 E_f条件下，监测点 B 的位移随填筑高度 H 的变化规律大致相同：B 点沉降随 H 的增加先大幅度增加而后保持稳定；B 点水平位移随 H 的增加先略微增大而后线性减小。当 E_f＝5MPa 时，B 点沉降及水平位移有最大值 5.43cm 和－8.11cm；当 E_f增加到 10MPa 时，B 点位移明显减小，其沉降及水平位移分别减小至 4.21cm 和－5.92cm；当 E_f＝25MPa 和 30MPa 时，B 点的沉降及水平位移变化曲线几乎重合。因此，随着 E_f的增大，其对 B 点位移的影响逐渐减弱。

比较图 11-13～图 11-15 可知，E_f对监测点 C、D 的影响与其对 B 点的影响类似：不同 E_f条件下，同一监测点的沉降或水平位移变化规律基本保持一致；当 E_f＝5MPa 时，C、D 点的最终沉降及水平位移最大；当 E_f增大到 10MPa 时，监测点的位移明显减小。随着 E_f的逐渐增大，其对监测点位移的影响越来越小。当填土模量 E_f由 5MPa 增加到 30MPa 时，A、B、C、D 四点沉降的变化幅度分别为 0.21cm、1.57cm、3.98cm 及 2.14cm，水平位移的变化幅度分别为

1.45cm、1.57cm、4.21cm 及 2.56cm，因此相对于坡脚而言，E_f对路堤中部位移的影响更为明显。

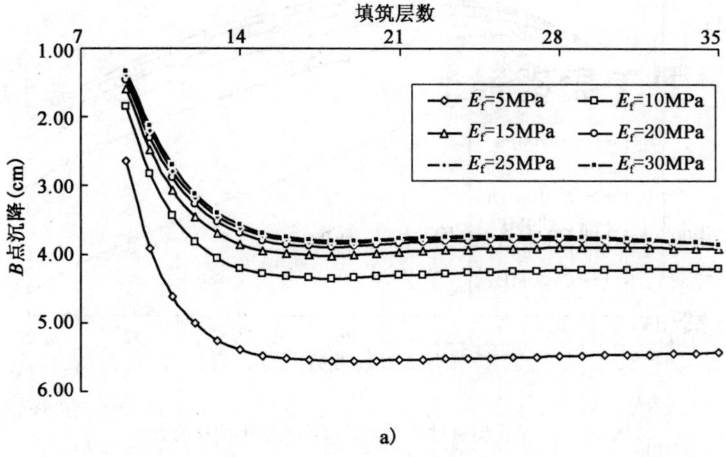

a)

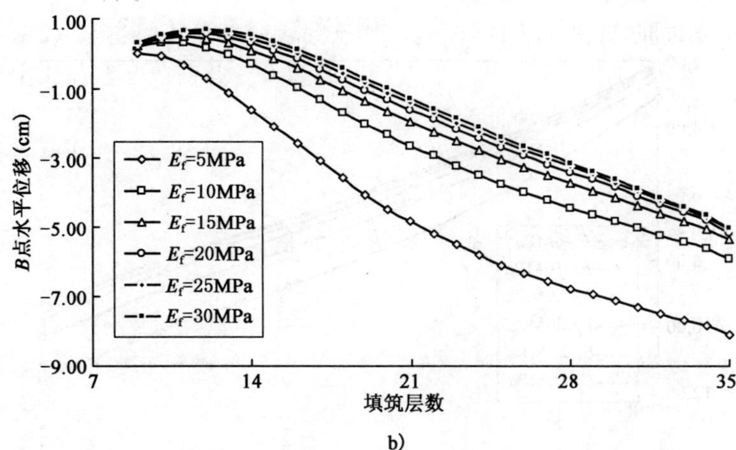

b)

图 11-13　填土模量对监测点 B 沉降及水平位移的影响

a)沉降变化曲线；b)水平位移变化曲线

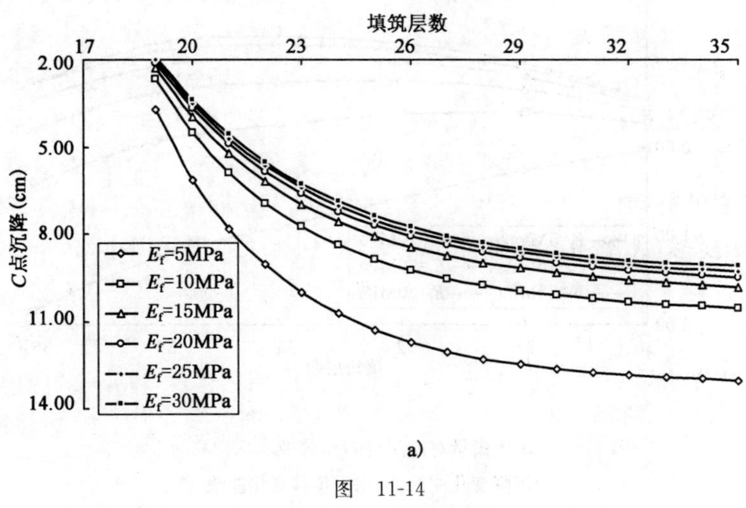

a)

图　11-14

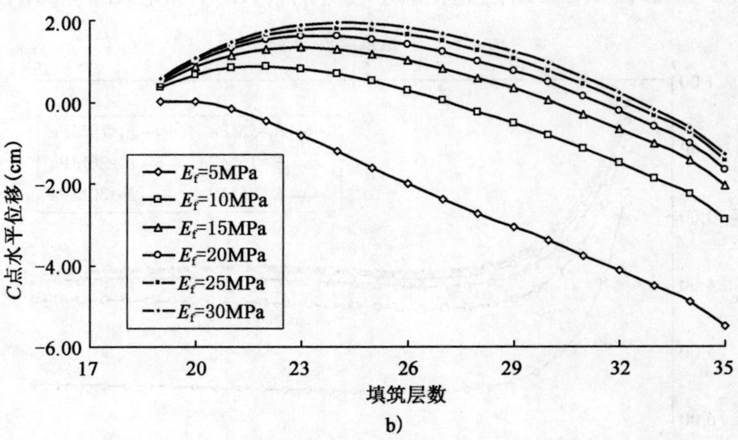

b)

图 11-14 填土模量对监测点 C 沉降及水平位移的影响
a)沉降变化曲线;b)水平位移变化曲线

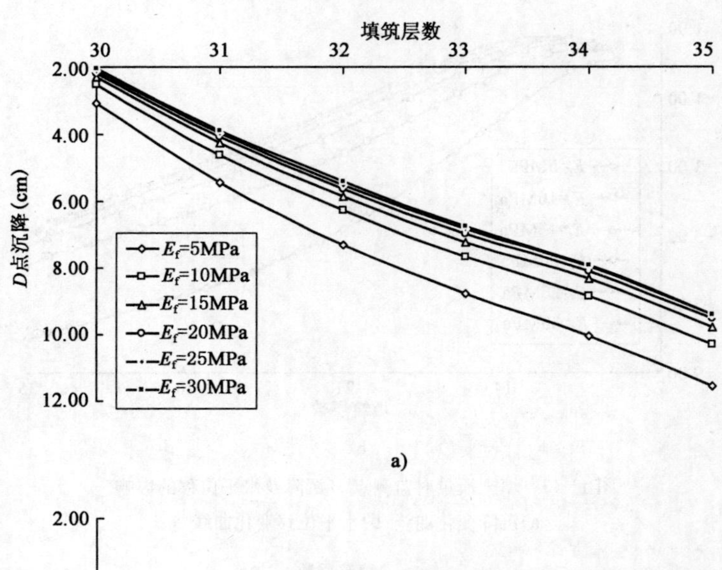

a)

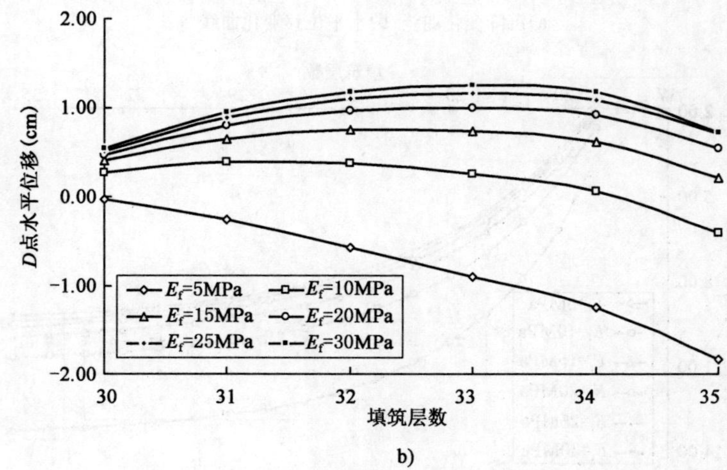

b)

图 11-15 填土模量对监测点 D 沉降及水平位移的影响
a)沉降变化曲线;b)水平位移变化曲线

综上所述，在路堤施工填筑过程中，路堤沉降及水平位移随着填土模量 E_f增加逐渐减小。当 E_f较小（如 5MPa）时，路堤的沉降及水平位移较大，这不利于路堤施工填筑进程；而 E_f取值过大（如 30MPa）时，尽管施工变形能够得到较好的控制，但选取高质量的路堤填料会增加施工成本，造成不必要的浪费。因此，对于本例而言，宜选用 E_f为 20～25MPa 的路堤填土以满足经济性要求。

11.2.2.3 填土模量对格栅轴力的影响

图 11-16～图 11-19 分别描述了 $H=19$m、25m、31m 以及 37m 处格栅轴力 N_x的变化规律，四层格栅的长度分别为 16m、14m、12m 和 12m。由图可知，各层格栅轴力的变化规律基本一致：在一定长度范围内格栅轴力为零，而超过这一范围后，格栅轴力沿长度方向呈先增大后减小的抛物线变化。

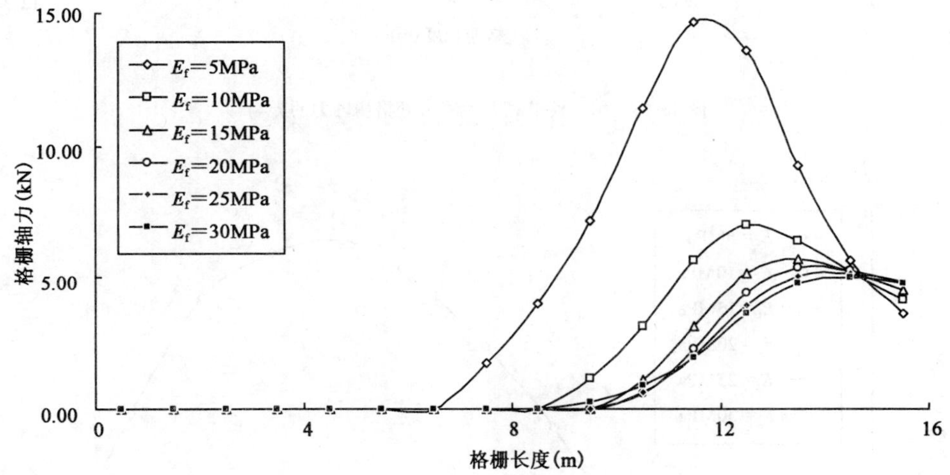

图 11-16 填土模量对 $H=19$m 处格栅轴力的影响

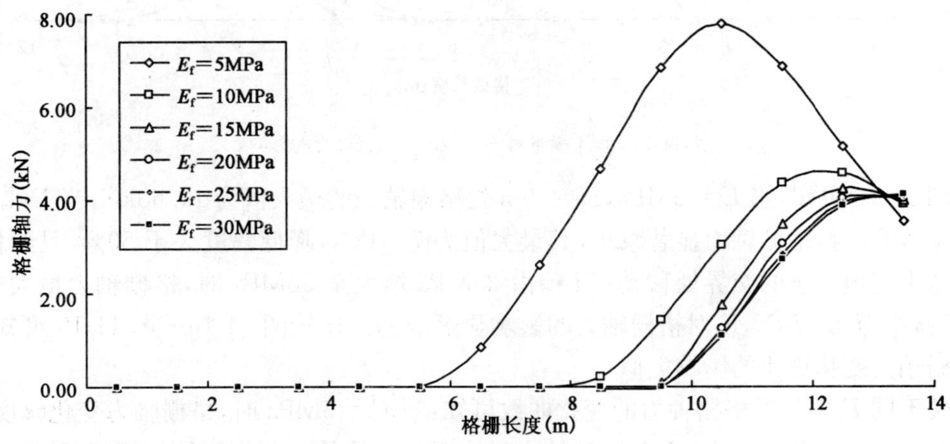

图 11-17 填土模量对 $H=25$m 处格栅轴力的影响

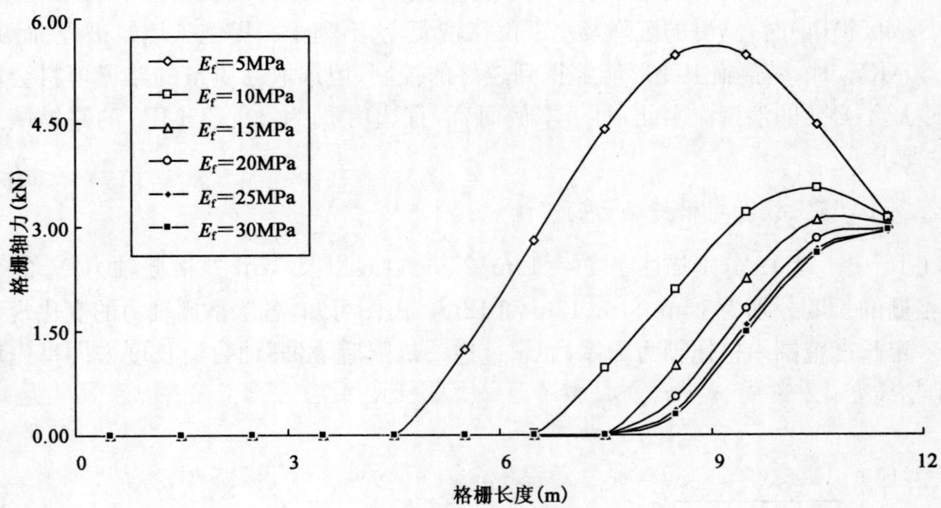

图 11-18　填土模量对 H=31m 处格栅轴力的影响

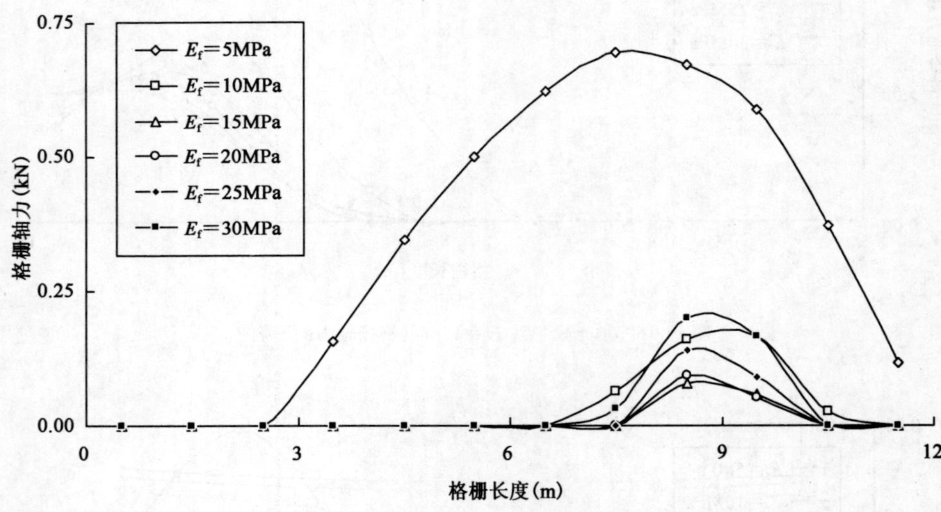

图 11-19　填土模量对 H=37m 处格栅轴力的影响

由图 11-16 可知，当 E_f=5MPa，H=19m 处格栅轴力的最大值为 14.68kN；当 E_f 由 5MPa 增加到 10MPa 时，格栅轴力显著减小，其最大值为 7.04kN，降低幅度大于 50%，且峰值位置向路堤填土与地基土的交界处移动；当 E_f 由 25MPa 增大至 30MPa 时，格栅轴力最大值仅由 5.09kN 减小至 4.87kN，E_f 对格栅轴力的影响显著减弱。比较图 11-16～图 11-19 可知，E_f 对各层格栅轴力变化规律的影响类似。

比较不同 E_f 下各层格栅轴力的变化曲线可知：当 E_f=5MPa 时，格栅轴力变化幅度最大，且格栅轴力为零的范围最小，这说明 E_f 较小时格栅与土体的相互作用较为明显；随着 E_f 逐渐增大，格栅轴力明显减小，且格栅轴力为零的范围也逐渐变大，这说明格栅与土体的相互作用

随着 E_f 的增大逐渐减弱；当 E_f 由 25MPa 增大到 30MPa 时，格栅轴力几乎保持不变。因此，E_f 较小时，土工格栅与土体的相互作用明显，格栅加筋效果较好，随着 E_f 的增大，其对格栅轴力的影响逐渐降低，这与 E_f 对路堤施工变形的影响类似。

11.2.3　地基土模量对施工填筑的影响

在模拟路堤施工填筑过程中，改变原有地基土的模量 E_s，考虑 E_s 分别为 3.5MPa、8.5MPa、13.5MPa、18.5MPa、23.5MPa 以及 28.5MPa 六种工况下监测点、路堤顶面填土的沉降和水平位移以及格栅轴力的变化规律，分析 E_s 对斜坡填方路堤施工填筑的影响。

11.2.3.1　地基土模量对路堤顶面位移的影响

如图 11-20a)所示，不同 E_s 条件下，路堤顶面填土沉降变化曲线大致呈先增大后减小的抛物线型，且最大沉降出现在距坡顶 4～5m 处。当 E_s＝3.5MPa 时，坡顶沉降为 9.61cm，路堤顶面最大沉降为 11.26cm；当 E_s 增大到 8.5MPa 时，路堤顶面沉降明显减小，坡顶沉降减小至 4.19cm，最大沉降减小至 4.92cm，分别减小了 5.42cm 和 6.34cm；当 E_s 由 23.5MPa 增大到 28.5MPa 时，最大沉降仅减小了 0.29cm，E_s 对路堤顶面沉降的影响明显降低。因此，随着 E_s 的增大，路堤顶面填土沉降曲线逐渐减小，变化越来越均匀，且 E_s 越大，其对路堤顶面沉降的影响越小。

如图 11-20b)所示，E_s 对路堤顶面填土的沉降和水平位移变化规律的影响类似：随着 E_s 的增大，路堤顶部水平位移变化幅度明显降低，当 E_s 增加至 13.5MPa 后，水平位移最小值基本不变。当 E_s＝3.5MPa 时，路堤顶面水平位移变化幅度最明显，最大水平位移和最小水平位移之差为 1.41cm；当 E_s＝8.5MPa 时，路堤顶面最大和最小水平位移之差为 0.92cm，较前者减小了 0.49cm；当 E_s 由 23.5MPa 增加到 28.5MPa 时，水平位移的变化幅度由 0.43cm 减小至 0.37cm，仅减小了 0.06cm。

比较不同 E_s 条件下，路堤施工填筑引起路堤顶面填土的沉降和水平位移可知，E_s 对路堤顶面沉降的影响要大于其对水平位移的影响。

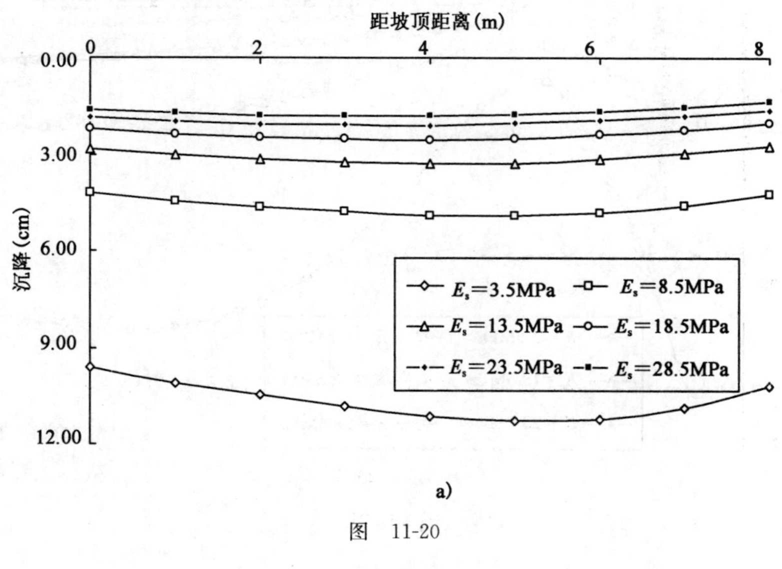

a)

图　11-20

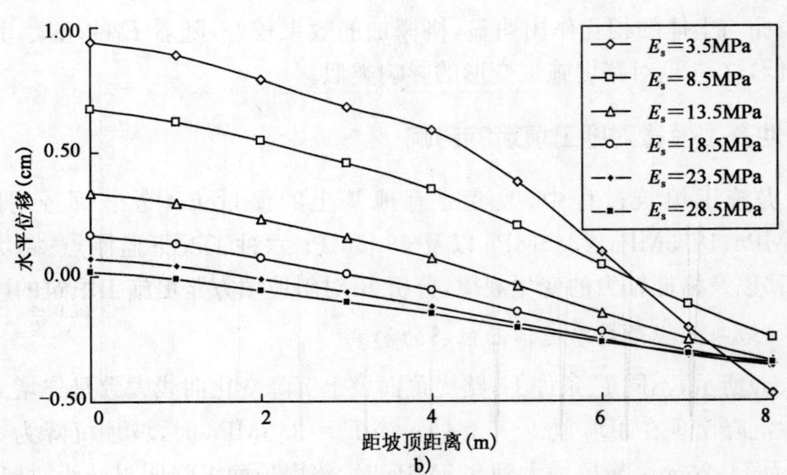

图 11-20　不同地基土模量下路堤顶面填土沉降和水平位移变化曲线

a)沉降变化曲线；b)水平位移变化曲线

11.2.3.2　地基土模量对监测点位移的影响

如图 11-21a)所示，当 E_s较小时，坡脚 A 的沉降和水平位移的变化幅度较大，随着 E_s的增大，地基土模量对点 A 位移的影响逐渐降低。

比较不同 E_s条件下点 A 的沉降变化曲线可知，当 E_s＝3.5MPa 时，坡脚 A 分别在第 2 层及第 28 层填筑完成后发生回弹现象，回弹高度分别为 0.99cm 和 0.07cm，在填土高度约为 10m 时有最小沉降 0.34cm，坡脚最终沉降为 1.07cm；当 E_s＝8.5MPa 时，坡脚最终沉降为 0.51cm，沉降明显减小，且仅在第 2 层填筑完成后发生回弹，回弹幅度约为 0.24cm；随着 E_s的增大，坡脚沉降回弹现象越来越弱，沉降变化曲线越来越平缓。

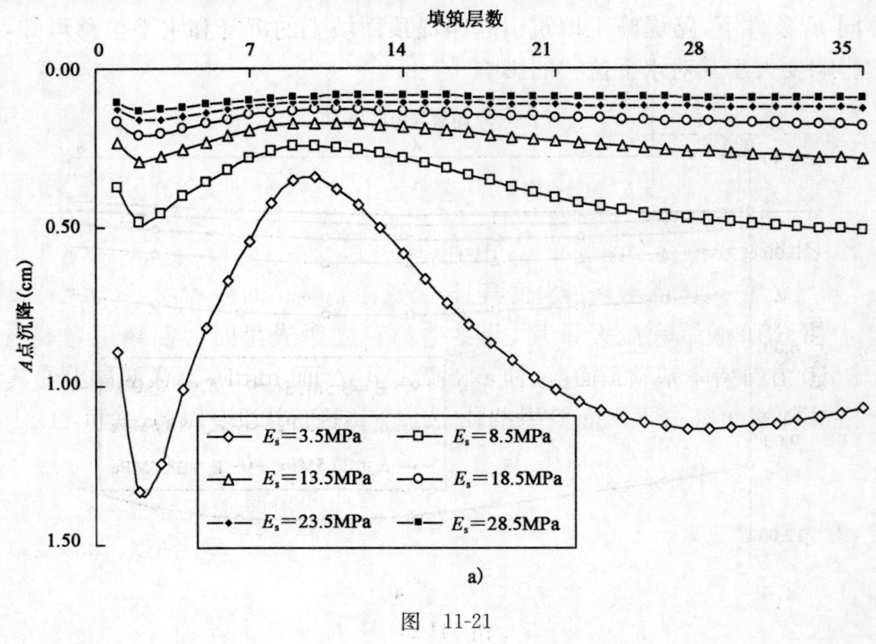

图　11-21

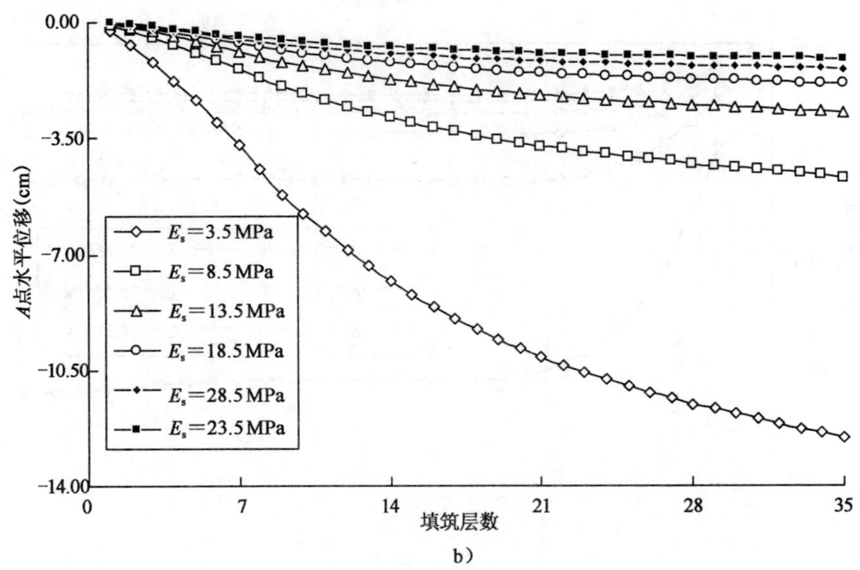

b)

图 11-21 地基土模量对监测点 A 沉降和水平位移的影响

a)沉降变化曲线；b)水平位移变化曲线

如图 11-21b)所示，当 E_s＝3.5MPa 时，坡脚 A 水平位移最大，水平位移随填筑高度减小的幅度最明显，坡脚最终水平位移为－12.55cm；当 E_s增大到 8.5MPa 时，坡脚最终水平位移减小至－4.68cm，约为前者的 1/3，水平位移明显减小；随着 E_s的继续增大，坡脚水平位移继续减小，但其变化幅度越来越小。

如图 11-22a)所示，不同 E_s条件下，监测点 B 的沉降随填土高度的增加先逐渐增大再趋于稳定。当 E_s＝3.5MPa 时，B 点沉降的增幅最明显，沉降增大至 9.55cm 后保持稳定；当 E_s＝28.5MPa，B 点沉降的增幅最小，沉降增大至 1.40cm 后保持稳定。由图 11-22b)可知，E_s对 B 点的沉降和水平位移的影响类似：当 E_s＝3.5MPa 时，B 点水平位移变化幅度最大，填筑完成后其负向水平位移有最大值－12.34cm；随着 E_s的增大，由填筑施工引起的 B 点的水平位移明显降低，且 B 点水平位移受 E_s变化的影响越来越小，当 E_s分别为 23.5MPa 和 28.5MPa 时，B 点水平位移变化曲线几乎重合。

图 11-23 和图 11-24 分别描述了 E_s对监测点 C、D 沉降和水平位移变化规律的影响。当 E_s＝3.5MPa 时，C、D 两点的沉降及水平位移最大，变化幅度最明显；当 E_s增大到 8.5MPa 时，C、D 两点的最大沉降分别减小了 11.33cm 和 13.74cm，最大水平位移分别减小了 3.82cm 和 2.01cm，监测点的沉降及水平位移得到有效控制；随着 E_s的继续增大，其对监测点沉降和水平位移的影响越来越小，当 E_s超过 23.5MPa 后，监测点的位移变化曲线基本不变。

综上所述，当 E_s较小时，由施工填筑引起的路堤沉降和水平位移较大，随着 E_s的逐渐增大，路堤变形明显减小，且其变化受 E_s的影响越来越小。这与填土模量 E_f对路堤变形的影响规律类似。因此，在模量较小的软土地基上修筑高填路堤时，建议采用一定的复合地基处理方法提高地基土的强度。

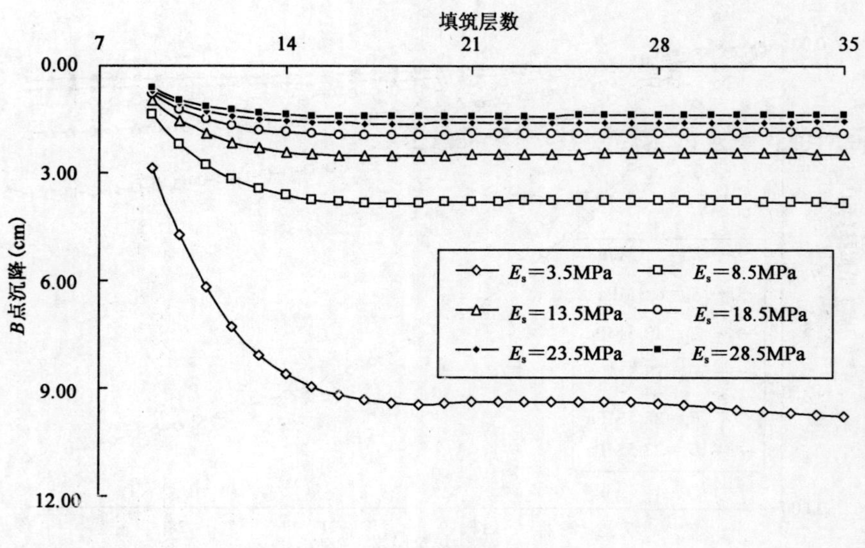

a)

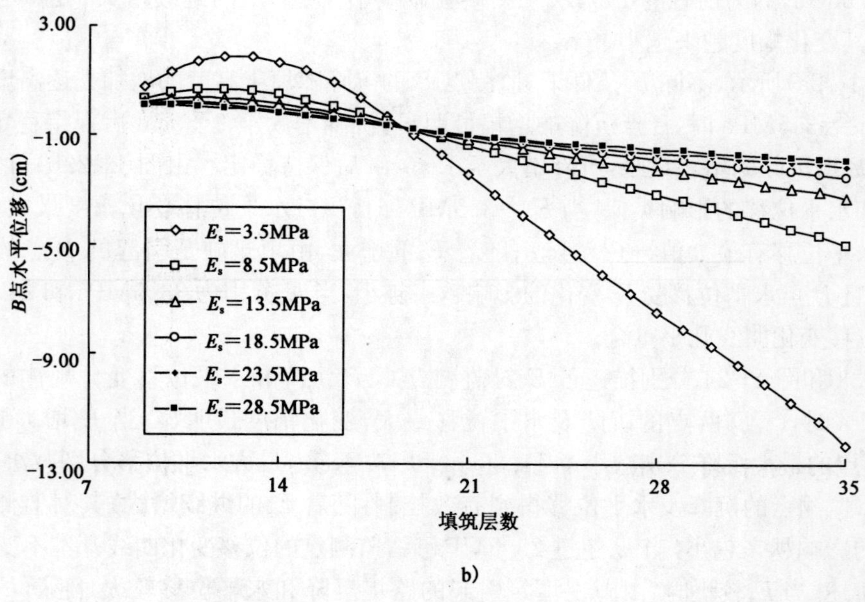

b)

图 11-22　地基土模量对监测点 B 沉降和水平位移的影响

a)沉降变化曲线；b)水平位移变化曲线

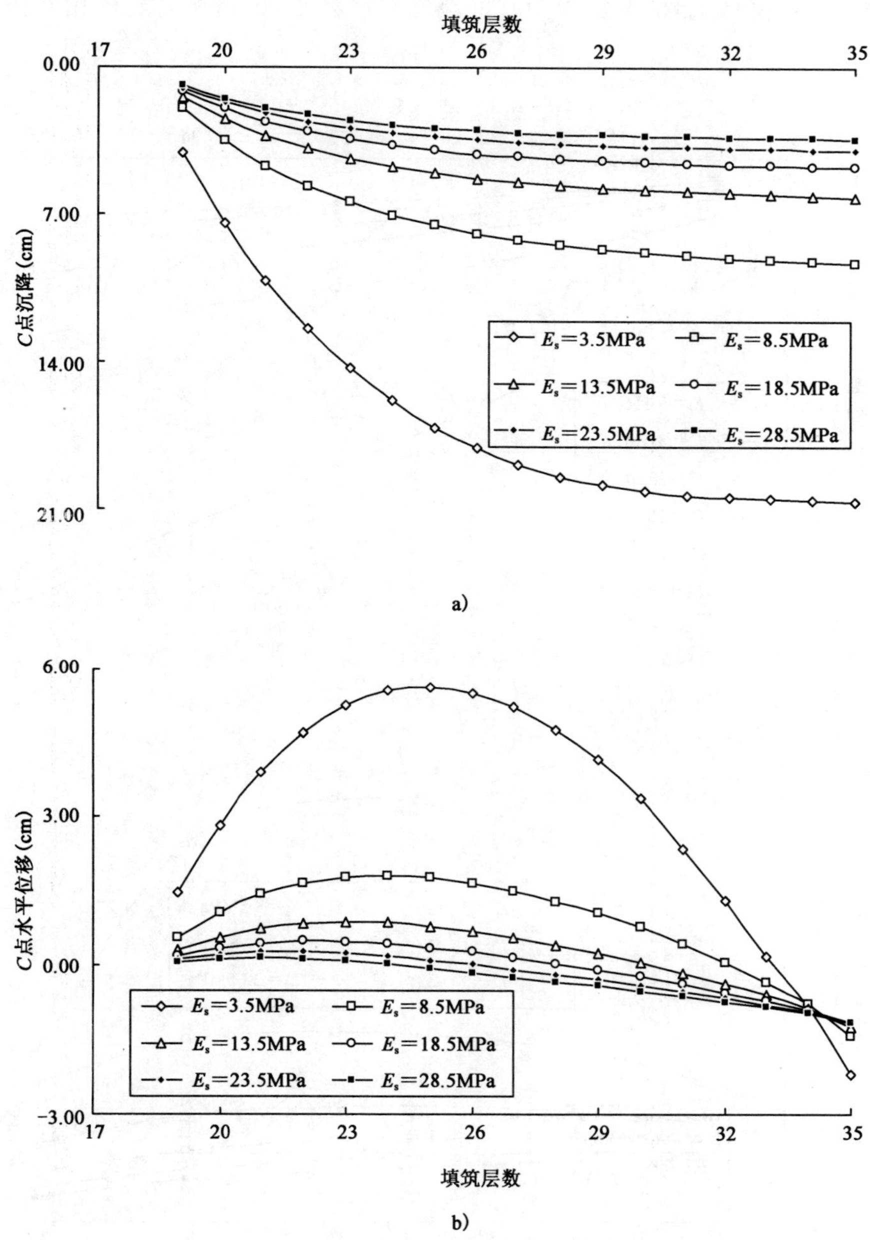

图 11-23 地基土模量对监测点 C 沉降和水平位移的影响

a)沉降变化曲线；b)水平位移变化曲线

11.2.3.3 地基土模量对格栅轴力的影响

图 11-25～图 11-28 分别描述了不同 E_s条件下 H=19m、25m、31m 以及 37m 处格栅轴力 N_x沿其长度方向上的分布情况。由图 11-25 可知，当 E_s=3.5MPa 时，H=19m 处土工格栅轴力为 0 的范围最小，变化幅度最大，格栅与土体的相互作用最明显，其轴力最大值为 9.60kN；当 E_s变化于 8.5～13.5MPa 时，格栅轴力为 0 的范围基本相同，但格栅轴力随着 E_s的增大逐渐减小，其最大值分别为 5.19kN 和 3.40kN；当 E_s增大到 18.5MPa 后，格栅

轴力随着增加逐渐降低，但格栅轴力为 0 的范围有所减小，即格栅与土体相互作用的范围逐渐增大。

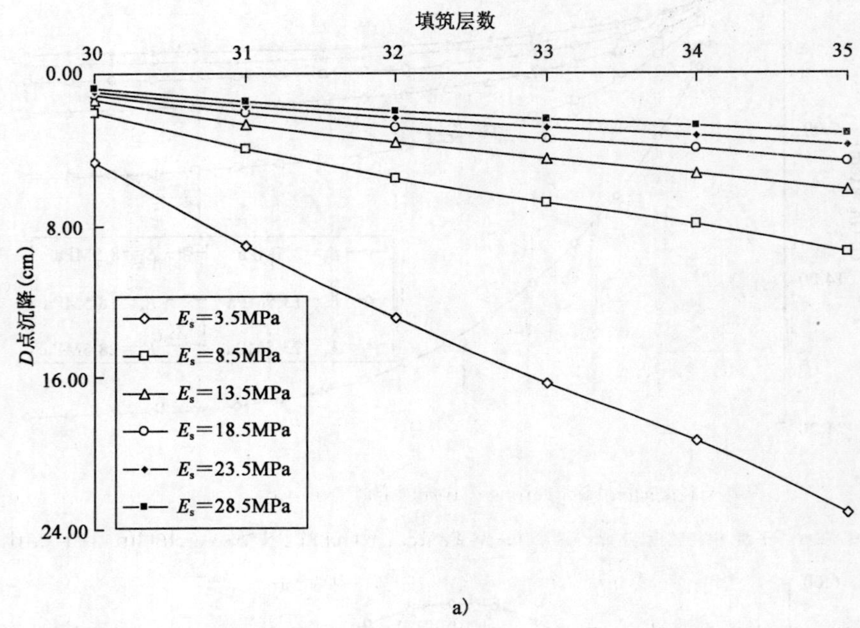

a)

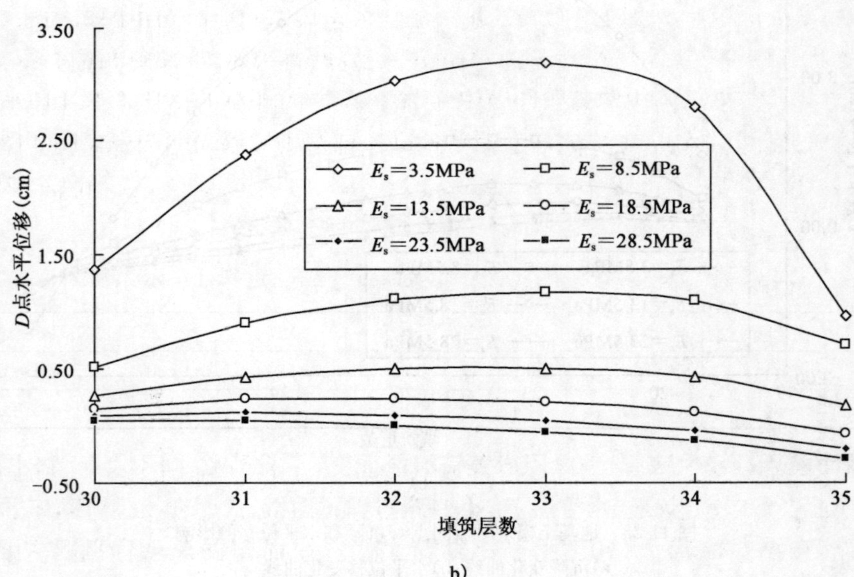

b)

图 11-24　地基土模量对监测点 D 沉降和水平位移的影响

a)沉降变化曲线；b)水平位移变化曲线

比较图 11-25～图 11-28 可知，不同 E_s 条件下，H=27m、33m 以及 37m 处格栅轴力的变化规律与 H=19m 处格栅轴力的变化规律大致相同。E_s 相同时，H=19m 处格栅轴力相对较大，而 H=37m 处格栅轴力相对较小，因此，土工格栅与土体的相互作用程度受其上覆填土厚度的影响。

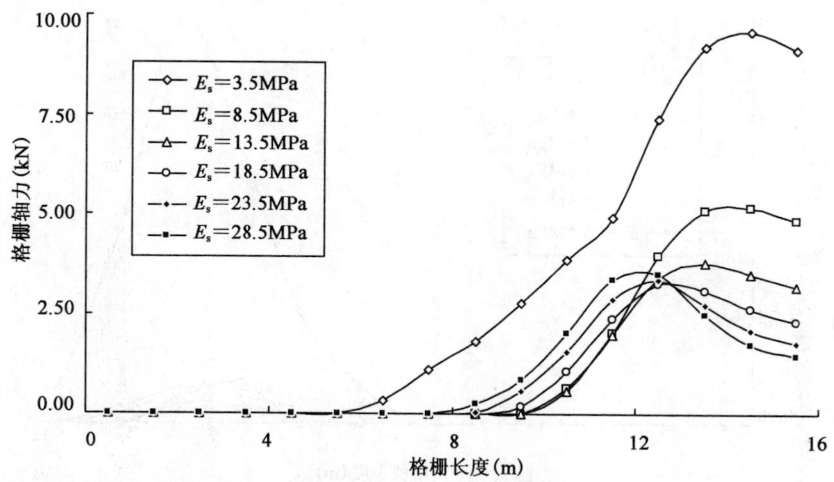

图 11-25 地基土模量对 H=19m 处格栅轴力的影响

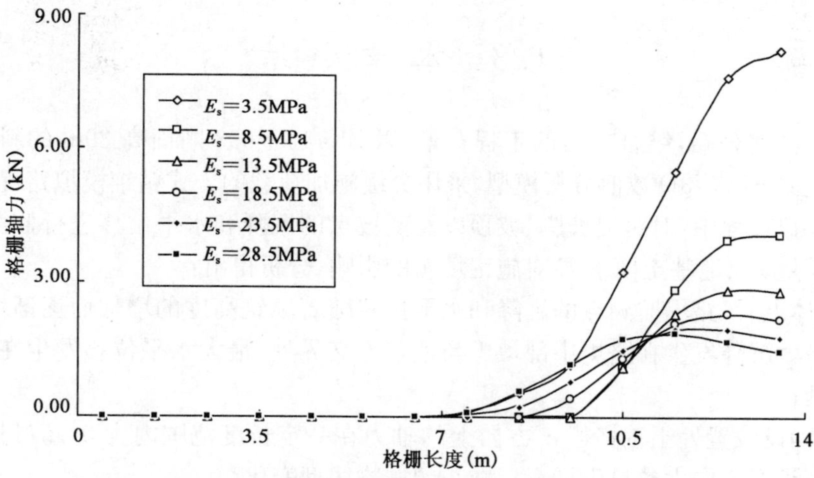

图 11-26 地基土模量对 H=25m 处格栅轴力的影响

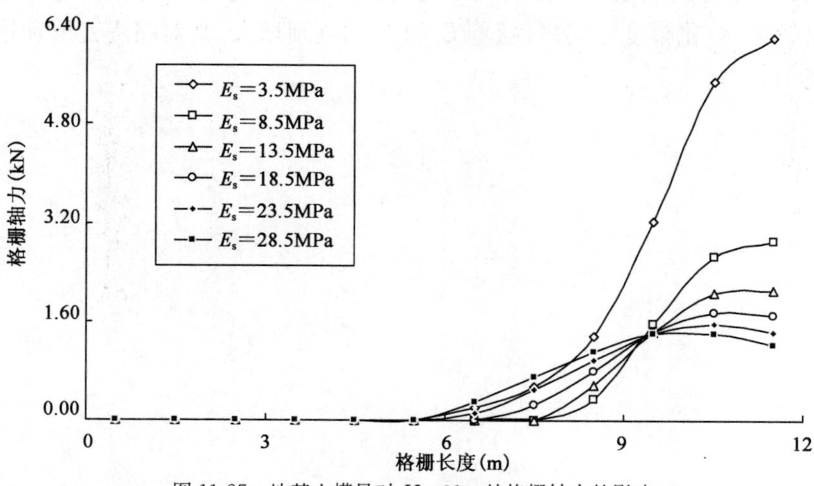

图 11-27 地基土模量对 H=31m 处格栅轴力的影响

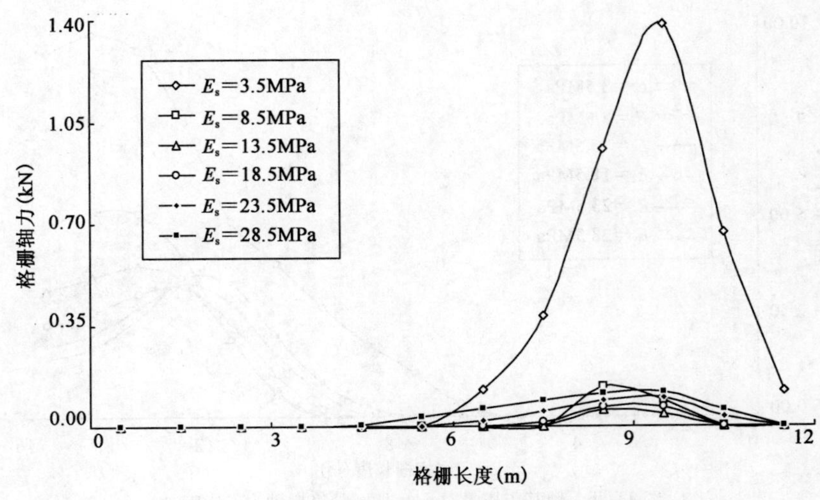

图 11-28　地基土模量对 H=37m 处格栅轴力的影响

11.3　本章小结

依托岢岚高速公路，结合项目的工程背景，以 ZK115＋693 断面高 39m 的斜坡填方路堤为研究对象建立 FLAC3D 数值分析模型，采用分级施加荷载的方式精细模拟路堤施工填筑过程。在数值模拟过程中，对路堤坡脚、坡顶以及变坡点的沉降和水平位移进行监测，并分析了对路堤填土模量 E_s、地基土模量 E_f 对施工填筑的影响，分析得出：

(1)从总体上看，路堤监测点的沉降和水平位移随着填筑高度的增加而逐渐增大，由施工填筑引起的最大沉降发生在路堤中部填土与地基土交界处，最大水平位移发生在坡脚填土与地基土交界处。

(2)不同铺设位置处土工格栅 x 方向上的轴力在一定长度范围内为 0，超过这一范围后，格栅轴力沿其长度方向大致呈先增大后减小的抛物线型变化。

(3)E_s 和 E_f 对路堤施工填筑的影响规律类似：当 E_s 和 E_f 较小时，路堤沉降、水平位移以及格栅轴力相对较大，变化幅度较明显，随着 E_s 和 E_f 的逐渐增大，其对路堤变形和格栅加筋作用的影响越来越小。

12　黄土沟壑区斜坡加筋路堤工作性状研究

公路运输是我国经济建设的主动脉，在国民经济中的地位十分重要。高等级公路行车速度高，通行能力大，对我国建设起到了极大的推动作用。交通荷载作用下路堤动静力响应以及路基路面沉降变形，一直是研究领域的重点课题。交通荷载导致的路基沉降一旦超过容许值，就会影响交通运行，甚至引发交通事故，给国民经济以及人身财产安全造成巨大的损失。

车辆荷载是一种随机荷载，即其大小、运动方式及空间位置都具有随机性，这种随机性与路面不平整度、路面材料特性及车型车速等诸多因素相关。从简化的角度而言，对动力荷载的描述主要分为两种：一是将动力荷载视为移动的恒载，即大小为车辆自重的恒载沿着车辆行驶的方向移动；一是将动力荷载视为稳态简谐振动，如半正弦波，通过对荷载的振幅、频率及其周期性的变化来描述动力荷载变化规律。

本章从荷载作用的长期性和瞬时性分别将交通荷载视为静态恒载及半正弦波循环荷载，分析不同荷载形式下斜坡填方路堤的工作形状。

12.1　静力荷载下斜坡加筋路堤工作性状

车辆荷载循环往复地作用在路面上，从荷载的长期效应来看，相当于路面上作用着静态的均布荷载，因此可以通过静态方法来模拟交通荷载。忽略路面结构及蠕变效应的影响，将填筑完毕后斜坡填方加筋路堤的速度场及位移场清零，在路堤顶面 12m 的范围内施加均布荷载 q_u，研究不同 q_u条件下路堤的工作性状。

图 12-1 描述了静力均布荷载 q_u对路堤顶面沉降的影响，其中距坡顶 9m 的位置为路堤填土与地基土的交界处。由图 12-1 可知，路堤顶面沉降呈先增大后减小的趋势，最大沉降发生在距坡顶约 8m 处，且随着 q_u的增加最大沉降逐渐增大。结合表 12-1 可知，不同 q_u作用下，路堤顶面最大沉降约为最小沉降的 2 倍。当 q_u＝10～50kPa 时，q_u每增大 10kPa，路堤顶面最大沉降和最小沉降分别增加约 1.80cm 和 0.92cm，最大沉降与最小沉降之差也随着 q_u的增加由 0.88cm线性增大至 4.40cm，沉降的变化幅度越来越明显。

图 12-2 为 q_u对路堤顶面水平位移的影响。由图 12-2 可知，路堤顶面水平位移最大值发生在坡顶 E 点，最小值发生在距坡顶约 13m 处，且随着 q_u的增大，路堤顶面最大水平位移逐渐增大，最小水平位移逐渐减小，水平位移的变化幅度越来越大。

如前文所述，距坡顶 9m 的位置为路堤填土与地基土的交界处，从图 12-2 可以看出，距坡顶 9～10m 处路堤顶面水平位移明显减小，且正向转为负向。为了更好地说明水平位移的突变，令 ΔL 为 9m 及 10m 处水平位移的差值，ΔL 与 q_u的变化规律见表 12-2。由表 12-2 可知，ΔL 随着 q_u的增大线性增加：当 q_u＝10kPa 时，ΔL 有最小值 0.085cm；q_u每增大 10kPa，ΔL 约增加 0.08cm。相比于沉降而言，静力荷载引起的路堤顶面水平位移较小，q_u 相同时，路堤顶面最大沉降约为最大水平位移的 7 倍。

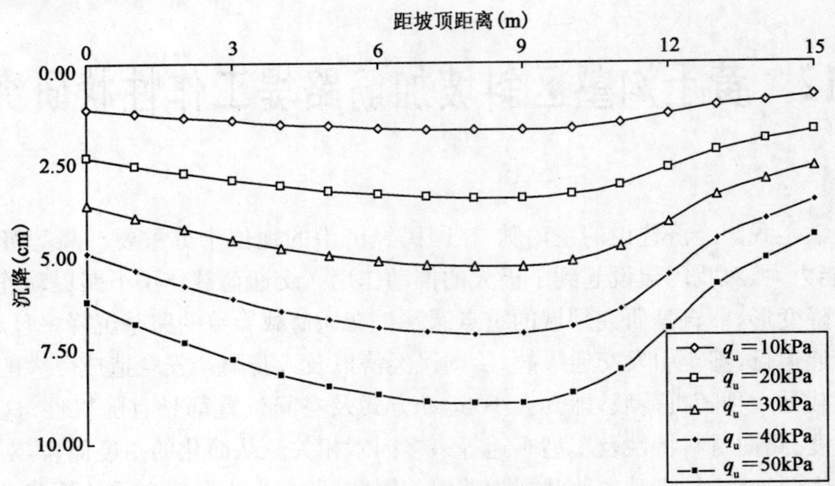

图 12-1　静力均布荷载作用下路堤顶面沉降变化曲线

均布荷载作用下路堤顶面沉降　表 12-1

q_u(kPa)	10	20	30	40	50
最大沉降(cm)	1.754	3.556	5.350	7.145	8.965
最小沉降(cm)	0.879	1.806	2.726	3.637	4.563
沉降差(cm)	0.875	1.750	2.624	3.508	4.402

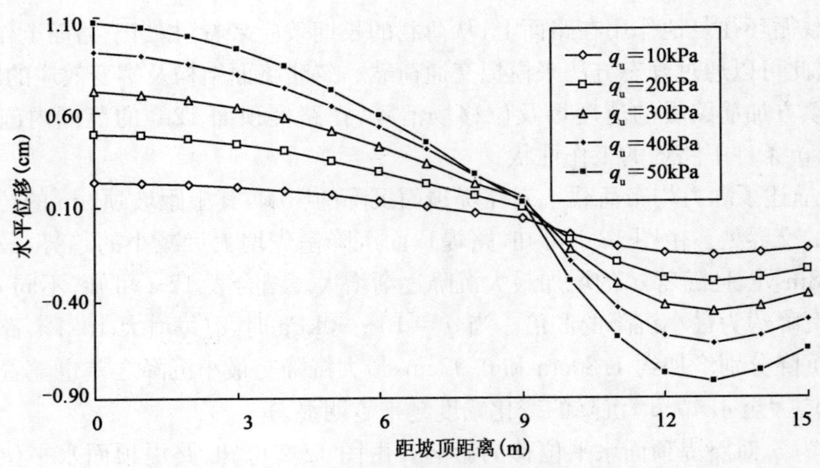

图 12-2　静力均布荷载作用下路堤顶部水平位移变化曲线

静力均布荷载作用下路堤顶面水平位移　表 12-2

q_u(kPa)	10	20	30	40	50
最大水平位移(cm)	0.229	0.482	0.709	0.914	1.074
最小水平位移(cm)	−0.158	−0.298	−0.451	−0.619	−0.817
ΔL(cm)	0.085	0.170	0.254	0.337	0.415

综上所述，随着静力均布荷载 q_u 的增加，路堤顶面沉降及水平位移越来越大，变化幅度越来越显著，且 q_u 相同时，路堤顶面沉降明显大于其水平位移。

12.2　动力荷载下斜坡加筋路堤工作性状

采用半正弦波模拟路堤顶面交通荷载 q_u，q_u 均布作用在路堤顶面宽 12m 的路面范围内，其频率 f 为 0.1Hz，周期 T 为 10s，振幅 q_0 为 20kPa，t 为荷载作用的时间，q_u 的表达式见式(12-1)。采用填筑完毕后的斜坡填方加筋路堤模型，将分级加载产生的速度场和位移场清零，忽略路面结构及蠕变效应的影响，在路堤顶面施加动力均布荷载 q_u，如图 12-3 所示。

$$q_u = q_0 \mid \sin(\omega t) \mid = 20 \cdot \mid \sin(0.1\pi \cdot t) \mid \tag{12-1}$$

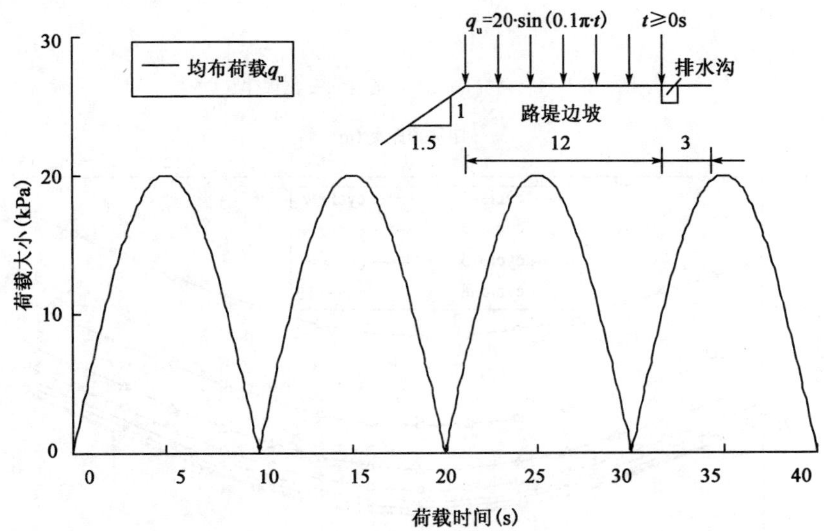

图 12-3　路堤顶部半正弦波交通荷载示意图

图 12-4 为前 10 个循环周期路堤左侧路肩(75,0,47)以及路面中心(81,0,47)的沉降随加载时间的变化规律。从总体上看，在循环荷载 q_u 作用下，沉降随加载时间大致呈半正弦波增加且逐渐趋于稳定。在荷载作用初期($t<T/2$)，沉降急剧增大，且 $t=T/2$ 时 q_u 最大，左侧路肩及路面中心的沉降分别增大至 1.16cm 和 2.10cm；当 $T/2<t<T$ 时，q_u 逐渐减小，沉降发生回弹，第一个荷载周期完成时，左侧路肩及路面中心沉降分别减小至 1.00cm 和 1.25cm。随着循环次数的增加，左侧路肩及路面中心沉降逐渐增大，但沉降增长的幅度逐渐减小。

图 12-5 为不同循环次数时路堤顶面沉降曲线。由图 12-5 可知，路堤顶面沉降呈先增大后减小的抛物线型变化，最大沉降出现在距坡顶 6～7m 处，且随着循环次数的增加，路堤顶面沉降逐渐增加，沉降曲线沿竖向坐标轴向下平移，但其增加的幅度逐渐减小。第 1 次循环结束时，路堤顶面最大沉降约为 1.38cm；第 2 次循环结束后，最大沉降增大至 1.73cm，增幅为

0.35cm；第 8 次循环结束后路面最大沉降较第 6 次循环仅增加了 0.01cm；当循环次数超过 8 之后，路堤顶面沉降曲线几乎保持不变。

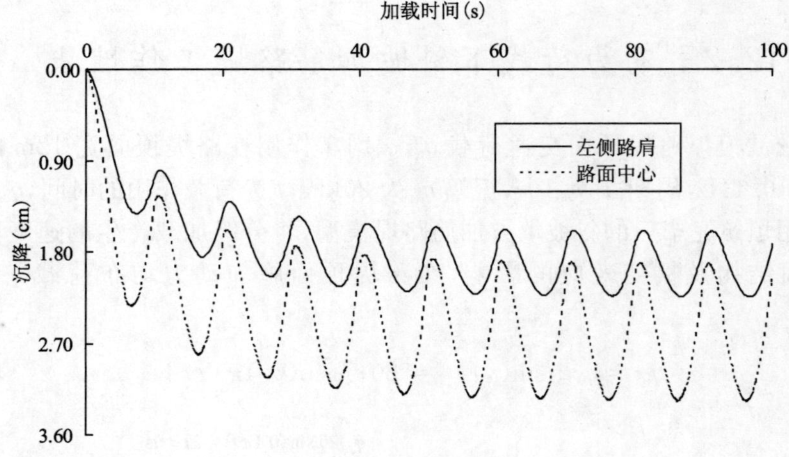

图 12-4　路堤顶面沉降随时间变化规律

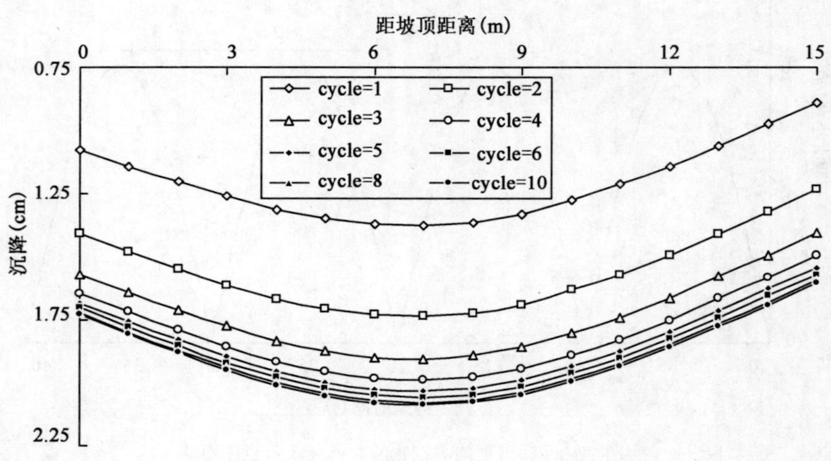

图 12-5　交通循环荷载对路堤顶面沉降的影响

综上所述，交通循环荷载作用下，路堤顶面沉降随着荷载循环次数增加非线性增大，且沉降增加的幅度越来越小，当荷载循环次数超过某一定值之后，路堤顶面沉降变化曲线几乎重合，沉降趋于稳定。对于本例而言，当半正弦波交通荷载的频率 $f=0.1$Hz、振幅 $q_0=20$kPa 时，可认为循环次数达到 8 次时路堤顶面沉降已达到稳定。

图 12-6 描述了路堤顶面水平位移随交通荷载循环次数的变化规律。随着循环次数的增加，路堤顶面水平位移逐渐增大，水平位移变化曲线沿竖坐标轴向上移动，由负向转变为正向，但增大的幅度逐渐减小。第 2 次循环结束时路堤顶面最大水平位移为 0.43cm，较第 1 次循环结束时增加了 0.09cm；第 10 次循环结束时路堤顶面最大水平位移较上一次循环仅增加了 0.01cm。比较图 12-5 与图 12-6 可知，q_u作用相同循环次数时路堤顶面发生的沉降明显大于其水平位移。

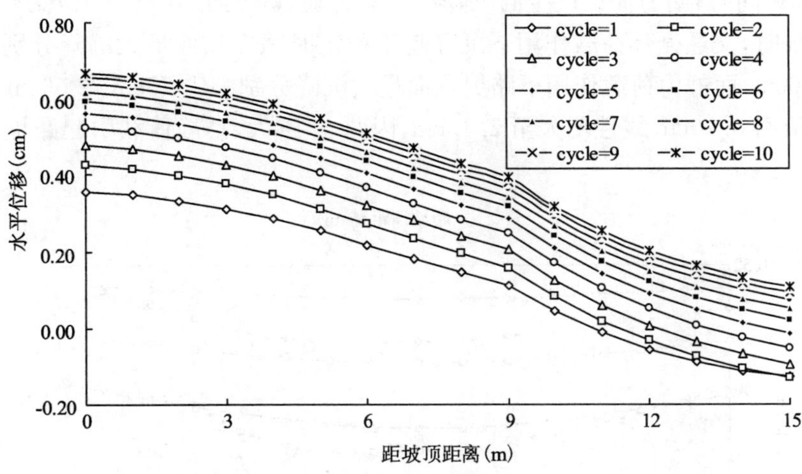

图 12-6 交通循环荷载对路堤顶面水平位移的影响

12.2.1 交通循环荷载振幅的影响

改变荷载振幅大小，考虑 q_0 分别为 10kPa、20kPa 及 30kPa 三种工况下，交通循环荷载对斜坡填方路堤工作性状的影响，荷载频率 f 为 0.1Hz。

图 12-7 描述了 q_0 对路面中心沉降变化的影响。由图 12-7 可知，不同 q_0 条件下，荷载作用时间 $t=8T$ 时，路面中心的沉降基本趋于稳定；路面中心的沉降随着的 q_0 增加逐渐增大，且 q_0 越大，其变化幅度也越大。当 q_0 分别为 10kPa、20kPa 及 30kPa 时，$t=T/2$ 时路面中心的沉降分别为 1.04cm、2.07cm 及 3.11cm，$t=T$ 时路面中心的沉降分别为 0.69cm、1.37cm 及 2.06cm，路面中心沉降发生回弹的幅度分别为 0.35cm、0.70cm 及 1.05cm，比较第 1 次循环荷载作用下路面中心的沉降变化规律可知，路面沉降及回弹随 q_0 增加大致呈线性增长。

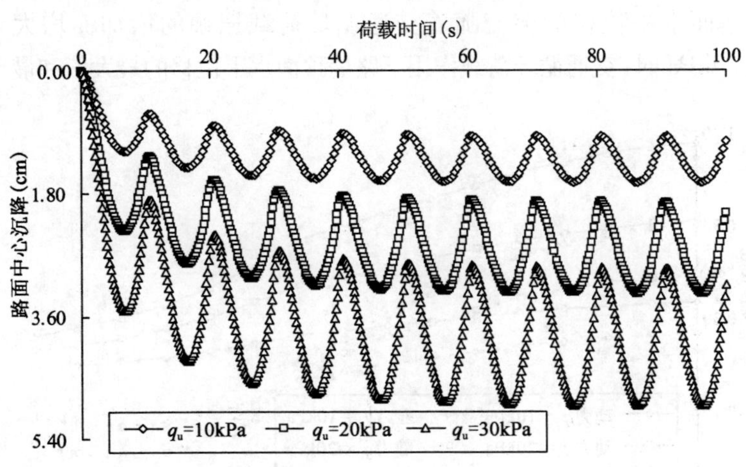

图 12-7 交通循环荷载振幅对路面中心沉降的影响

图 12-8 为不同 q_0 条件下，交通荷载循环作用 30 次 $t=300$s 时以及静力荷载作用下路堤顶面沉降的变化曲线。由图 12-8 可知，相比于静力荷载而言，动力荷载作用下路面的沉降变

化更均匀，且 q_0 相同时，动力荷载产生的沉降小于静力荷载产生的沉降。当 q_0 分别为 10kPa、20kPa 及 30kPa 时，交通循环荷载作用下沉降趋于稳定时路堤顶面最大沉降分别为 1.05cm、2.10cm 和 3.16cm，而静力荷载作用下路堤顶面最大沉降分别为 1.75cm、3.56cm 及 5.35cm，两者之间的差值由 0.70cm 线性增大至 2.19cm，因此 q_0 越大，动静荷载引起路堤顶面沉降的差值越大。

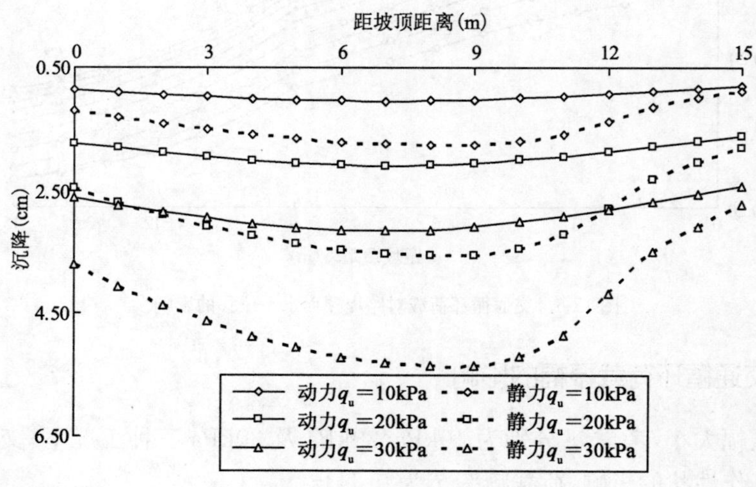

图 12-8　交通循环荷载对路面沉降的影响

图 12-9 为交通循环荷载作用下路堤变形趋于稳定时荷载振幅 q_0 对路堤顶面水平位移的影响。由图 12-9 可知，静力荷载作用下路堤顶面水平位移随着距坡顶距离的增加先逐渐减小，且在路堤填土及地基土交界处由正向转变为负向，而后随着距坡顶距离的继续增加，路堤顶面负向水平位移呈先增大后减小的趋势变化；而交通循环荷载作用下，路堤顶面水平位移随着距坡顶的距离的增加呈单调递减的趋势，且均为正向；与静力荷载作用类似的是，在填土及地基土的交界处路面水平位移的突变随着交通循环荷载振幅的增加而增大。当 q_0 分别为 10kPa、20kPa 及 30kPa 时，交通循环荷载作用下路堤顶面水平位移的最大值和最小值之差分别为

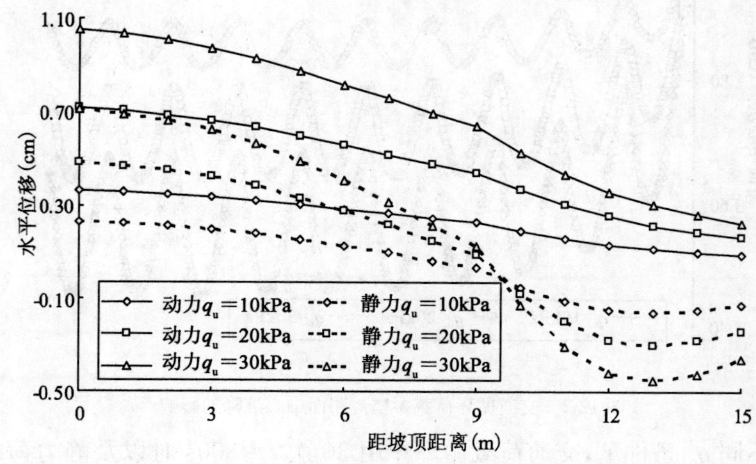

图 12-9　交通循环荷载对路面水平位移的影响

0.28cm、0.55cm 及 0.82cm，静力荷载作用下水平位移差分别为 0.36cm、0.72cm 及 1.07cm，因此静力荷载对路面水平位移的影响更大。

12.2.2 交通循环荷载频率的影响

改变荷载频率，考虑 f 分别为 0.1Hz、0.2Hz 以及 0.4Hz 情况下，交通循环荷载对斜坡填方加筋路堤工作性状的影响，荷载振幅 q_0 为 20kPa。

图 12-10 描述了加载时间 t=100s 时，不同 f 条件下，路面中心沉降随加载时间的变化规律。由图 12-10 可知，随着 f 的增大，荷载周期 T 逐渐减小，交通荷载作用下路面中心最大沉降减小，且发生回弹的幅度降低。当 f=0.1Hz、T=10s 时，循环次数达到 8 次后，路面中心沉降变化基本趋于稳定，达到稳定状态后荷载循环过程中路面沉降的最小值为 2.10cm，最大值

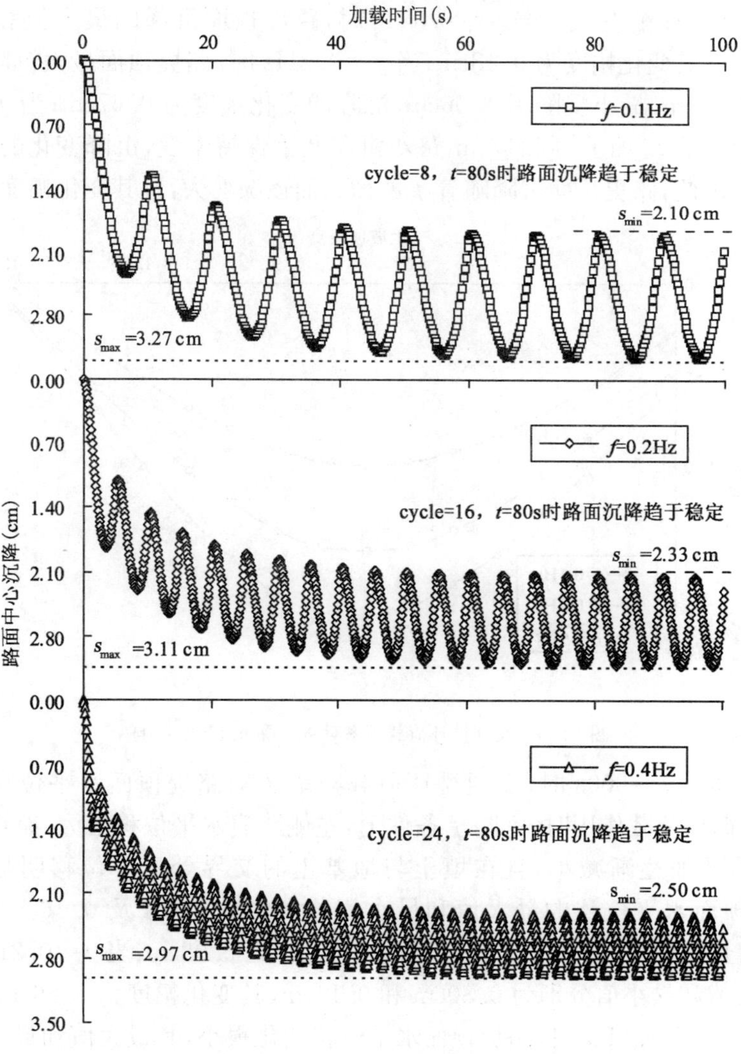

图 12-10 交通循环荷载频率对路面中心沉降的影响

为 3.27cm，弹性变形为 1.17cm；当 $f=0.2$Hz、$T=5$s 时，交通荷载循环次数达到 16 次，路面中心沉降变化基本稳定，沉降趋于稳定所需的加载时间仍为 80s，沉降趋于稳定后路面中心沉降的最小值和最大值分别为 2.33cm 和 3.11cm，弹性变形为 0.78cm；当 $f=0.4$Hz、$T=2.5$s 时，交通荷载循环加载 24 次，路面中心的沉降变化趋于稳定，达到稳定状态所需的加载时间 t 为 80s，达到稳定状态后路面中心沉降的最小值为 2.50cm，最大值为 2.97cm，弹性变形为 0.49cm。因此，不同 f 条件下振幅相同交通循环荷载作用时，路面中心沉降趋于稳定时所需的循环次数随着 f 的呈倍数增加，但所需的加载时间 t 基本保持不变，对于本例而言，t 约为 80s；当 f 由 0.1Hz 增大到 0.4Hz 时，路面中心沉降变化达到稳定后，其最大值逐渐减小，最小值逐渐增大，弹性变形由 1.17cm 减小至 0.49cm。

图 12-11 描述了 $t=300$s 时，交通循环荷载频率 f 对路面沉降的影响。由图 12-11 可知，不同 f 条件下，路堤顶面沉降呈先增大后减小的抛物线型变化，在距坡顶 7m 处沉降最大，且随着 f 的增加，沉降逐渐变大。当 $f=0.1$Hz 时，路堤顶面沉降的最大值和最小值分别为 2.10cm及 1.62cm，其变化幅度为 0.48cm；当 $f=0.2$Hz 时，路堤顶面最大沉降为 2.33cm，较前者增加了约 0.23cm，最小沉降为 1.66cm，沉降的变化幅度为 0.67cm；当 f 增大至 0.4Hz 时，路堤顶面最大沉降增加了约 0.17cm，最小沉降几乎保持不变，沉降变化的范围由 0.67cm 增大至0.84cm。因此，路堤顶面沉降随着 f 的增大而逐渐变大，且其变化幅度也越来越明显。

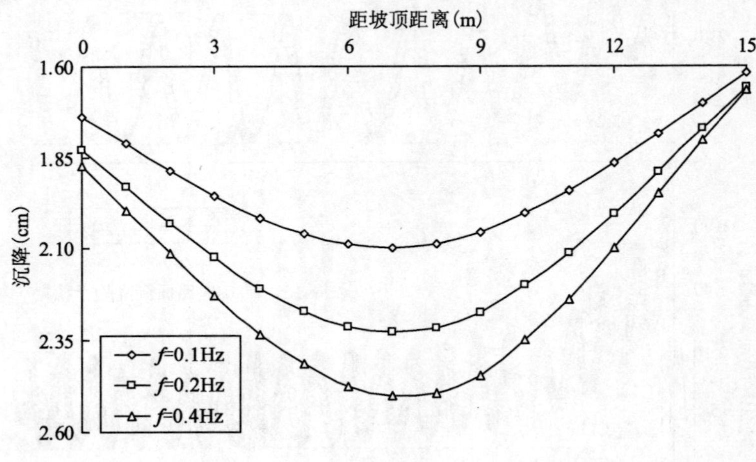

图 12-11　交通循环荷载频率对路堤顶面沉降的影响

图 12-12 描述了 $t=300$s 时，交通循环荷载频率 f 对路堤顶面水平位移的影响。由图 12-12可知，交通循环荷载作用时，不同 f 条件下，左侧路肩水平位移最大，路堤顶面水平位移随距坡顶距离的增加逐渐减小，且在填土与地基土的交界处水平位移明显减小。当 $f=0.1$Hz时，路堤顶面水平位移的最大值和最小值分别为 0.72cm 及 0.16cm，其变化幅度为 0.56cm，路堤填土与地基土交界处水平位移的差值 ΔL 为 0.08cm；当 $f=0.2$Hz 时，路堤顶面水平位移的最大值和最小值分别为 0.80cm 和 0.14cm，其变化幅度为 0.66cm，$\Delta L=0.10$cm；当 f 由 0.2Hz 增大至 0.4Hz 时，路堤顶面水平位移变化很小，其最大值和最小值较前者仅变化了 0.04cm 和 0.01cm，ΔL 仅增加了 0.01cm。相较于路堤顶面沉降变化而言，交通循环荷载频率 f 对路堤顶面水平位移的影响很小。

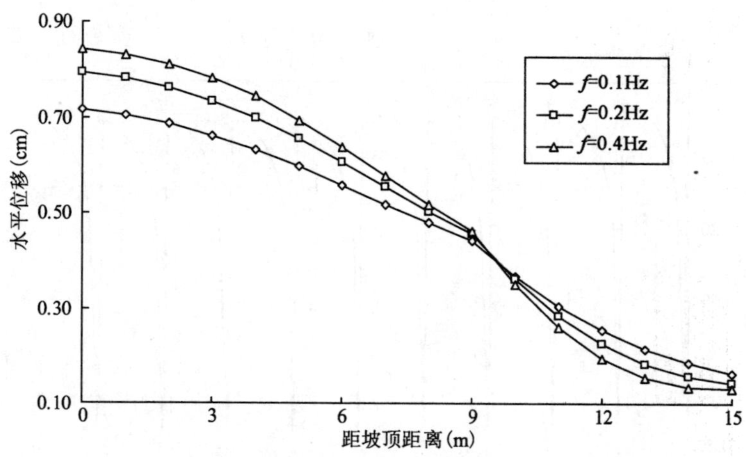

图 12-12　交通循环荷载频率对路堤顶面水平位移的影响

12.2.3　交通循环荷载行车间隔的影响

令车辆通过路堤横断面的时间为 1s,车辆荷载以半正弦波的形式均布作用在宽度为 12m 的路堤顶面范围内,其振幅为 20kPa,假设连续两辆车通过同一断面的行车间隔为 Δt,则循环荷载的周期 T 为$(1+\Delta t)$s,考虑 T 分别 10s、20s 和 30s,即 Δt 分别为 9s、19s 和 29s 三种工况下斜坡填方路堤的工作性状,交通荷载 q_u 随加载时间 t 的变化规律如式(12-2)及图 12-13 所示。

$$q_u = \begin{cases} 20\sin(\pi t) & nT \leqslant t \leqslant nT+1 \\ 0 & nT+1 < t < (n+1)T \end{cases} \quad (n=0,1,2,\cdots) \tag{12-2}$$

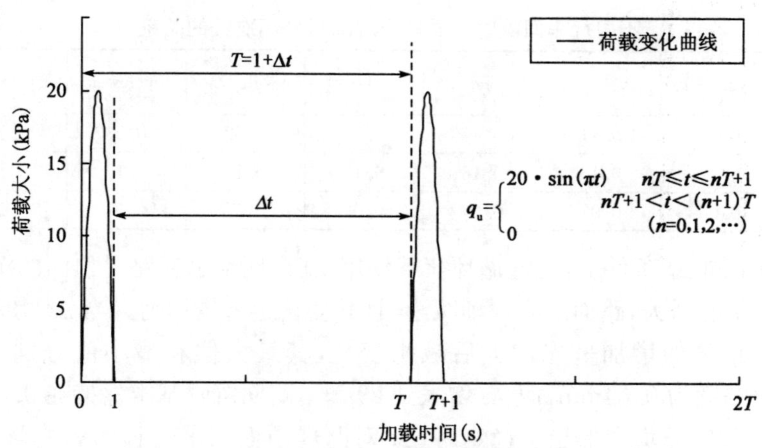

图 12-13　含行车间隔的交通循环荷载示意图

图 12-14 为 $T=10$s、$\Delta t=9$s 时,路面中心的沉降随加载时间的变化规律。由图 12-14 可知,当 $nT \leqslant t \leqslant nT+1(n=0,1,2\cdots)$时,交通荷载呈半正弦波变化,路面中心的沉降随 t 先增大后减小,且当 $q_u=20$kPa 时,沉降最大;当 $nT+1 \leqslant t \leqslant (n+1)T(n=0,1,2\cdots)$时,$q_u=0$kPa,路面中心沉降继续减小,但减小的幅度逐渐降低,沉降趋于稳定;随着交通荷载循环次数的增加,

路面中心沉降逐渐增大，但增加的幅度越来越小，沉降逐渐趋于稳定。

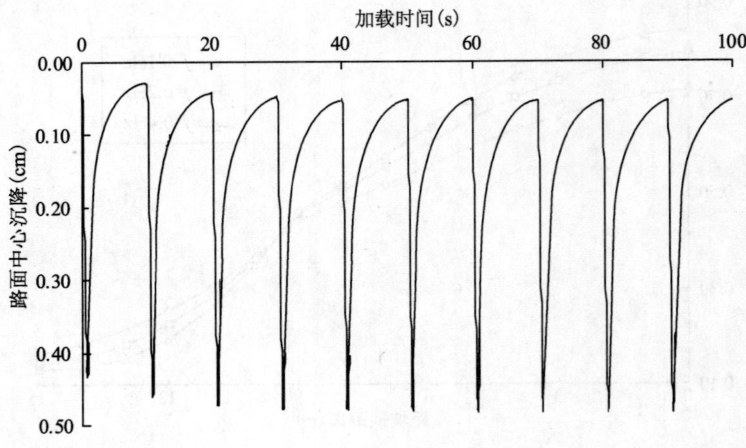

图 12-14　行车间隔为 9s 时路面中心沉降的变化规律

由表 12-3 可知，Δt 越大，路面中心沉降达到稳定状态所需的循环次数越少，且达到稳定状态时的沉降越小。当 Δt 分别为 9s、19s 及 29s 时，路面中心沉降变化趋于稳定所需的循环次数分别为 9 次、4 次及 2 次。由图 12-15 可知，当 $\Delta t=9s$ 时，路面中心沉降变化达到稳定时其最大值和最小值分别为 0.48cm 及 0.05cm，其弹性变形为 0.43cm；当 $\Delta t=19s$ 时，路面中心沉降的最大值和最小值分别减小了 0.04cm，弹性变形仍为 0.43cm；随着 Δt 的继续增大，循环荷载作用下路面中心沉降继续减小，但路面中心的弹性变形保持不变。因此，Δt 不同、振幅和频率相等的交通循环荷载引起路面中心的弹性变形约为 0.43cm，其塑性变形即最终沉降随着 Δt 的增大而减小。

不同行车间隔时路面中心沉降与循环次数的关系　　表 12-3

	cycle=1	cycle=2	cycle=3	cycle=4	cycle=5	cycle=7	cycle=9	cycle=20
$\Delta t=9s$	0.29	0.41	0.47	0.50	0.52	0.53	0.54	0.54
$\Delta t=19s$	0.12	0.16	0.16	0.17	0.17	0.17	0.17	0.17
$\Delta t=29s$	0.06	0.07	0.07	0.07	0.07	0.07	0.07	0.07

图 12-16 为不同 Δt 条件下，交通循环荷载作用 20 个周期之后路堤顶面的沉降变化曲线。由图可知，随着 Δt 的增大，路面沉降逐渐减小，且其变化越来越均匀。当 $\Delta t=9s$ 时，路面沉降随着距左侧路肩距离的增加呈先增大后减小变化，其最大值和最小值分别为 0.54mm 和 0.50mm，其变化幅度为 0.04mm，而 Δt 增大到 29s 时，路面沉降基本保持在 0.07mm。

由图 12-17 可知，路堤变形趋于稳定时，Δt 对路堤顶面水平位移的影响与其对路堤顶面沉降的影响规律类似：Δt 较小时，路堤顶面水平位移变化幅度较大，随着 Δt 的增大，水平位移曲线变得均匀，其变化幅度越来越小。当 $\Delta t=9s$ 时，路堤顶面水平位移随着距坡顶距离的增加逐渐由 0.16mm 减小至 0.08cm，减小了约 1/2；当 Δt 增大到 29s 时，路堤顶面水平位移均为负向，且基本保持在 −0.03mm。总的说来，考虑车辆荷载行车间隔时，交通循环荷载引起斜坡填方加筋路堤的变形很小，路堤顶面沉降和水平位移均小于 1cm。

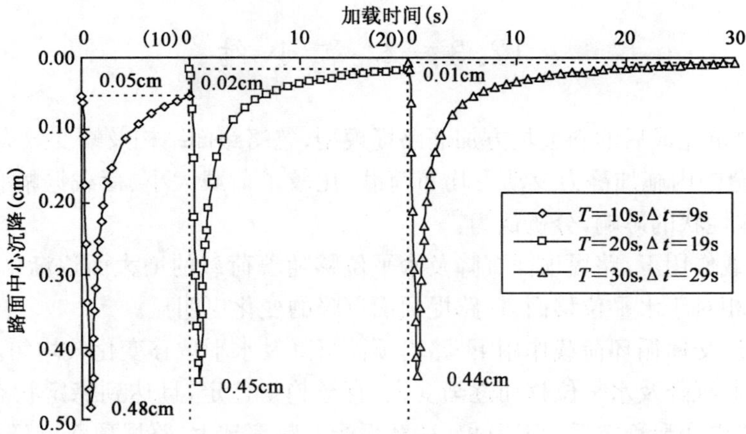

图 12-15　第 20 次循环时不同行车间隔条件下路面中心沉降变化规律

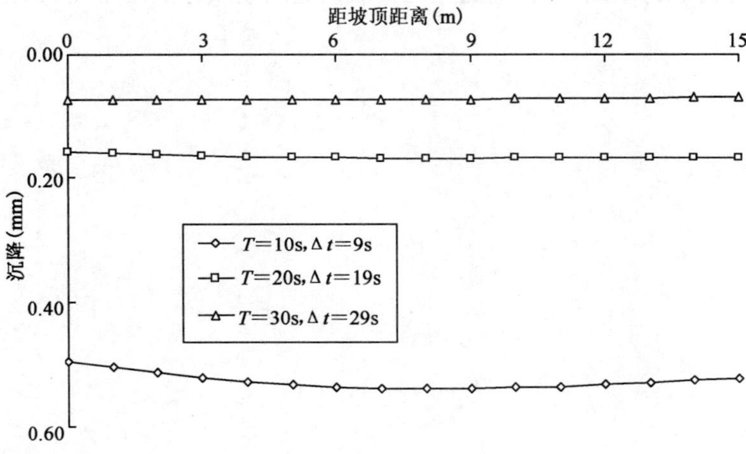

图 12-16　交通循环荷载行车间隔对路堤顶面沉降的影响

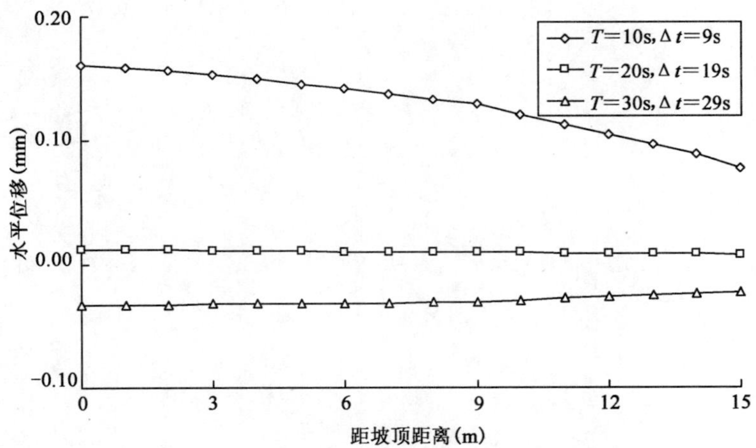

图 12-17　交通循环荷载行车间隔对路堤顶面水平位移的影响

12.3 本章小结

采用施工填筑完成后的斜坡填方加筋路堤模型，忽略路面结构及蠕变效应的影响，在路堤顶面 12m 宽的范围内施加静力及动力均布荷载，比较了荷载大小、荷载振幅和频率以及行车间隔对路面工作性状的影响，分析认为：

(1)静力荷载作用下，路堤顶面沉降及水平位移随着荷载的增大而逐渐增加，其变化幅度也随之增大，且相对于水平位移而言，路堤顶面沉降的变化更明显。

(2)半正弦波交通循环荷载作用下，路堤顶面沉降及水平位移变化较均匀。随着循环次数的增加，路堤顶面沉降及水平位移而逐渐变大，直至趋于稳定，且达到稳定状态所需的加载时间基本不变。路堤变形稳定后，交通循环荷载振幅及频率越大，路堤顶面沉降及水平位移变化越明显。

(3)考虑动力荷载行车间隔时，交通循环荷载引起斜坡填方加筋路堤的沉降及水平位移很小，均小于 1cm。

13 黄土沟壑区斜坡加筋路堤稳定性分析

边坡稳定性分析是土力学的三个经典问题之一，也一直是岩土工程领域的一个热点研究课题。有关边坡稳定性分析的理论研究，从早期的瑞典法、简化的Bishop法，到适用于任意形状、全面满足静力平衡的Morgenstern-Price法，再到基于塑性力学上、下限定理的极限分析法以及严格满足塑性理论的滑移线场法，其理论体系日趋完善。近几年来，计算机技术的发展提高了数值模拟方法的适用性，基于数值模拟技术的强度折减法在边坡稳定性分析中应用日臻成熟。

13.1 强度折减法简介

Zienkiewicz等首次提出了强度折减系数的概念，并指出采用强度折减法所确定的强度储备系数与Bishop在极限平衡法中给出的稳定安全系数在概念上是一致的。所谓强度折减法，是指在进行边坡稳定性计算过程中将土体的抗剪强度参数 c 和 φ 同时除以折减系数 F_{trial}，然后对边坡稳定性进行分析，通过不断地增加 F_{trial}，反复验算，直至边坡达到临界失稳状态。临界失稳状态下的 F_{trial} 即为边坡的稳定性安全系数 F_s。其基本原理如式(13-1)和(13-2)所示：

$$c' = \frac{c}{F_{trial}} \tag{13-1}$$

$$\tan\varphi' = \frac{\tan\varphi}{F_{trial}} \tag{13-2}$$

式中：c、c'——折减前后的黏聚力值(kPa)；

φ、φ'——折减前后的摩擦角值(°)；

F_{trial}——强度折减系数。

强度折减法仍然以极限平衡法作为理论基础，但是相对于传统的安全系数求解方法而言，它最大的优势在于求解安全系数的过程中，其滑动面无须事先假定，而是在计算过程中根据应力应变条件自行得出。

13.2 斜坡填方路堤稳定性分析

现行《公路路基设计规范》(JTG D30—2004)规定，对于边坡高度超过20m的路堤应进行个别勘察设计，但一些规定和建议并不明确，如与路堤稳定性相关的填土强度指标等。岢岚至临县高速公路修筑过程中，推荐方案路堤填方高度大于20m的路段共108段，总长10.1km，其中最大的填方高度为50.4m。因此，十分有必要对沿线斜坡填方路堤边坡的稳定性进行分析研究。

选取 ZK115＋693 路堤断面作为分析对象，该边坡高 39.0m，在 FLAC3D 中建立数值分析模型，模型尺寸如图 11-2 所示，相关物理材料参数见表 11-1。采用自编“二分法”对斜坡填方未加筋路堤进行稳定性分析，定义初始上、下限值分别为 0.0 和 5.0，根据试算得出计算收敛与否的判断依据分别为最大不平衡力比率达到 9.8×10^{-6} 或者计算时步为 30 000 步。经过计算得出，该斜坡填方路堤边坡在未采用土工格栅加筋时的安全系数为 1.240，图 13-1 为边坡达到临界破坏时的剪应变增量。

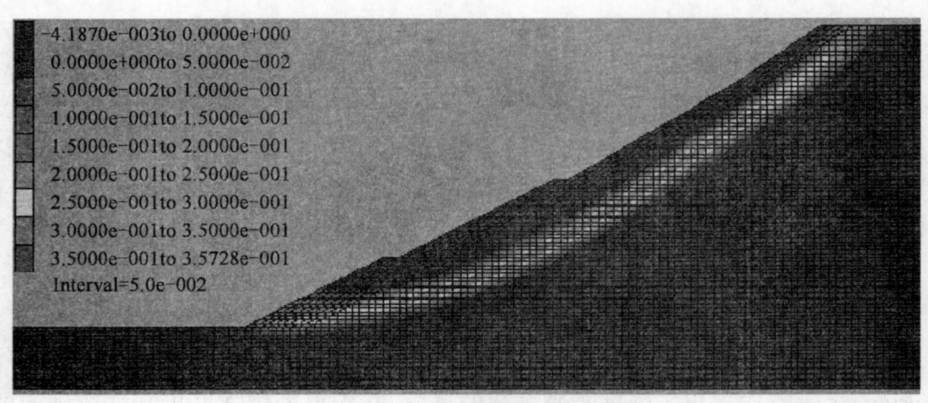

图 13-1　路堤边坡临界状态下剪应变增量云图

从图 13-1 中可以看到一个明显的塑性贯通区，即边坡潜在滑动面，通过查看模型的速度矢量可知滑动面左侧土体的速度明显大于其他区域，但采用剪应变增量的方法仅能够对潜在滑动面有一个大致的判断，不能定量地确定滑动面的位置。孙书伟指出当边坡达到临界失稳状态时，必然是其中一部分土体相对于另一部分土体发生了无限制的滑移。图 13-2 为临界失稳状态下路堤边坡的水平位移云图，由图 13-2 可知，水平位移为－0.20m 的等值线将边坡土体分为了两个部分，右侧土体位移较小，而左侧土体相对其发生明显滑移，因此可以用水平位移等值线来确定边坡潜在滑动面。

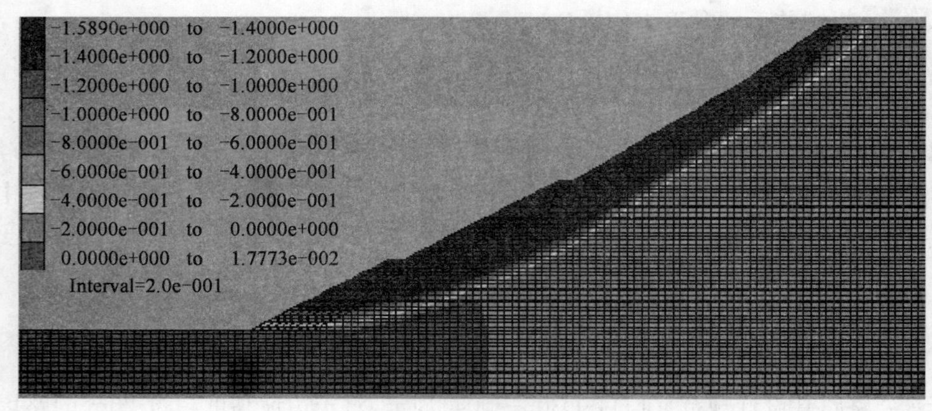

图 13-2　路堤边坡临界状态下的水平位移云图

13.2.1　填土黏聚力的影响

采用 Mohr-Coulomb 准则对路堤进行稳定性分析，影响边坡稳定性的主要抗剪强度参数

为黏聚力 c 和内摩擦角 φ。考虑填土黏聚力 c 分别为 0kPa、5kPa、10kPa、15kPa、20kPa、25kPa 以及 30kPa 七种工况下路堤边坡的稳定性，得到边坡安全系数 F_s 与填土黏聚力 c 的关系见表 13-1。

填土黏聚力与边坡安全系数的关系　　表 13-1

c(kPa)	0	5	10	15	20	25	30
F_s	0.568	0.813	0.974	1.109	1.240	1.367	1.461

比较表 13-1 中数据可知：当 c 增加到 5kPa 时，安全系数 F_s 增加了 0.245；当 c 小于 25kPa 时，黏聚力每增加 5kPa，F_s 的增幅由 0.161 减小到 0.127，均大于 0.12；当 c 由 25kPa 增加到 30kPa 时，F_s 仅增加了 0.094；当 c=100kPa 时，计算得 F_s 为 1.592，即 c 增大了两倍，F_s 仅增加了约 9%。因此，安全系数随着填土黏聚力的增加而增加，但是增幅逐渐减小，当 c 较小时，其对路堤边坡安全系数影响更大。采用边坡临界状态下的水平位移等值线确定边坡潜在滑动面，得到填土黏聚力与潜在滑动面的关系如图 13-3 所示。

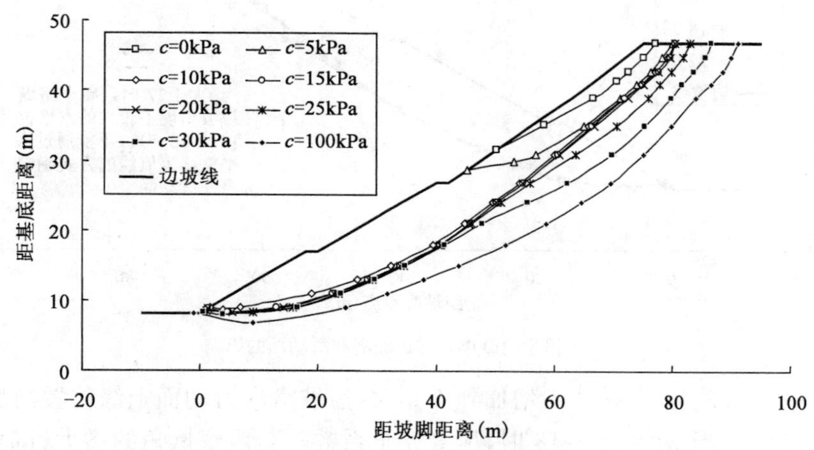

图 13-3　填土黏聚力对边坡潜在滑动面的影响

由图 13-3 可知，当 c 小于 5kPa 时，路堤边坡潜在滑动面仅出现在 H=19～39m 范围内，且当 c 由 0kPa 增长到 5kPa 时，边坡失稳逐渐由浅层滑动转变为深层滑动，滑动面变得平缓；当 c=10～20kPa 时，边坡失稳破坏延伸到整个路堤，滑动面随着黏聚力的增大逐渐向边坡深层发展，但是变化的幅度并不明显；随着黏聚力的继续增大，滑动面的上缘位置逐渐远离坡顶，滑动面趋于平缓，且滑动面的变化主要集中在路堤边坡的上半部分，这是路堤边坡边坡比的减小以及 H=19m 处宽 2m 的台阶共同作用的结果。特别的是，当 c=100kPa 时，边坡失稳贯穿整个路堤填土，并且滑动面从坡脚左侧水平地面穿出。

13.2.2　填土内摩擦角的影响

考虑填土内摩擦角 φ 分别为 0°、4.5°、9°、13.5°、18°、22.5°以及 27°七种工况下路堤边坡的稳定性，得到边坡安全系数 F_s 与填土内摩擦角 φ 的关系见表 13-2。

填土内摩擦角与边坡安全系数的关系　　表 13-2

φ(°)	0	4.5	9	13.5	18	22.5	27
F_s	0.522	0.710	0.889	1.066	1.240	1.419	1.557

比较表 13-2 的数据可知：当 φ 从 0°增加到 4.5°时，F_s增加了 0.188；当 φ 变化于 4.5°～22.5°时，F_s随填土内摩擦角近似线性增长，φ 每增加 4.5°，F_s的增幅约为 0.175；当 φ 从 22.5°增加到 27°时，F_s的增幅较之前有所降低，其值为 0.139。计算 $\varphi=45°$时边坡安全系数为 1.594，较 $\varphi=27°$仅增加了 0.037。因此，F_s随着填土内摩擦角 φ 的增长而逐渐增加，但是增加的幅度越来越小，这与填土黏聚力对安全系数的影响规律是一致的。图 13-4 为不同内摩擦角条件下路堤边坡的潜在滑动面。

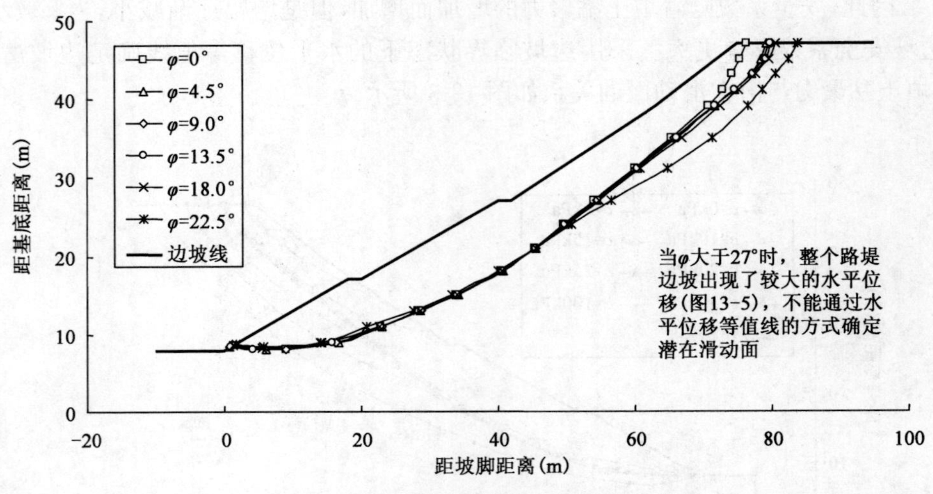

图 13-4　填土内摩擦角对边坡潜在滑动面的影响

从图 13-4 中可以看出，当 φ 从 0°增加到 4.5°时，边坡潜在滑动面上缘位置与坡顶距离增加，滑动面曲线变缓。当 $\varphi=4.5°\sim18°$时，尽管安全系数随着内摩擦角的增大近似线性增加，但是 φ 对边坡潜在滑动面的影响很小。当 φ 增大到 22.5°时，位于上半部分路堤内的滑动面向路堤深层发展。由图 13-5 可知，当 φ 等于 27°时，由于填土的抗剪强度大于地基土，不仅 $H=9$m及 19m 处出现了塑性屈服区域，在原有路基部分也出现了塑性贯通区，整个路堤均有较大的水平位移，因此不同通过水平位移等值线的方法确定边坡潜在滑动面。

13.2.3　填土剪胀角的影响

传统边坡极限平衡分析法求解安全系数时采用的是非关联流动法则，即土体的剪胀角 $\psi=0°$，因此无法对土体的剪胀性进行考虑。而以极限分析法或滑移线场法为基础的数值分析程序，都是将土体作为相关联的材料，认为土体的剪胀角与其内摩擦角相等，即 $\psi=\varphi$。但是，大量实验结果表明，土体实际表现出来的剪胀角要比内摩擦角低很多，在剪切变形的过程中，用相关流动法则预测出来的材料的膨胀性能要比室内试验和原位试验的实测值大很多。

考虑非关联流动法则、关联流动法则及其中间状态，讨论土体剪胀性对边坡稳定性的影响。假设剪胀角为内摩擦角的 n 倍($0\leqslant n\leqslant1$)，即 $\psi=n\varphi$，分析剪胀角对路堤边坡稳定性的影响。不同内摩擦角条件下剪胀角与边坡安全系数的关系见表 13-3，记录不同摩擦角相应 ψ 值与 $\psi=0°$情况下安全系数的量值 ΔF_s，图 13-6 描述了不同填土内摩擦角条件下 ΔF_s 的变化规律。

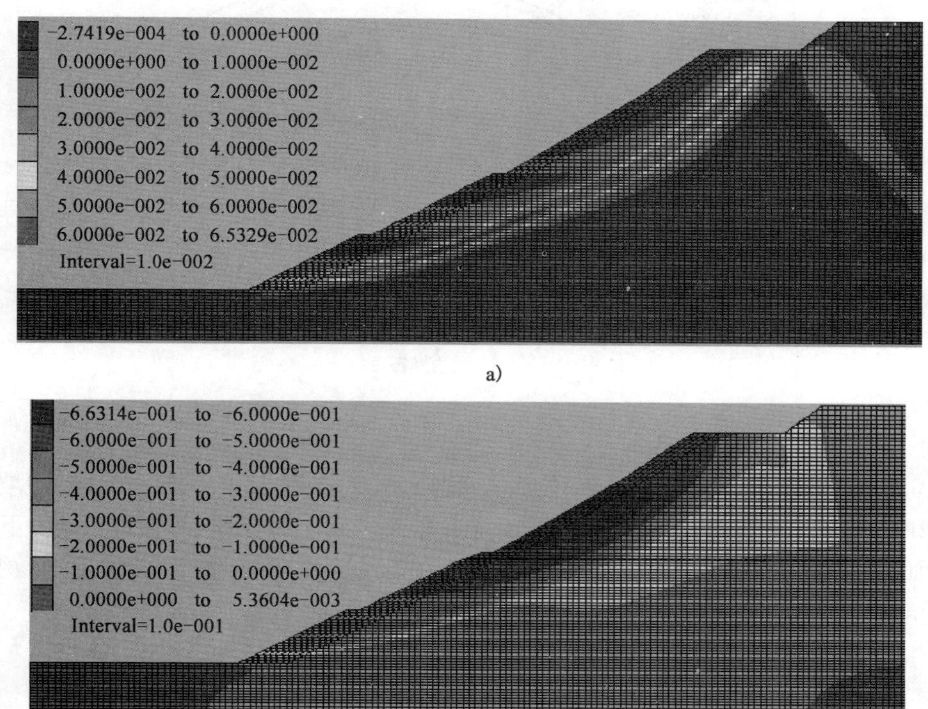

图 13-5　填土内摩擦角 27°时路堤临界状态云图

a)剪应变增量云图；b)水平位移云图

结合表 13-3 和图 13-6 可知，当 $\varphi=4.5°$时，F_s随着剪胀角 ψ 的增加近似呈线性增大；当 $\varphi=9°$时，F_s的增幅较前者更大，但是随着剪胀角 ψ 的增加，ΔF_s 逐渐趋于稳定；当 $\varphi=13.5°\sim27°$时，剪胀角对 F_s的影响并不呈递增趋势，而是表现出先增大后减小的二次抛物线型，并且随着内摩擦角的增大，抛物线的曲率越大，而且其顶点所在位置的相对横坐标值逐渐减小。此外，当 $\varphi=18°\sim22.5°$时，剪胀角对 F_s的影响最大，而 φ 增大到 27°时，尽管其抛物线曲率增大，但是 ΔF_s 减小。从总体上来说，在不同内摩擦角条件下，剪胀角对 F_s的影响均较小，由表 13-3 可知，边坡安全系数增量 ΔF_s 的最大值仅为 0.026。

不同内摩擦角下剪胀角与边坡安全系数的关系　　表 13-3

φ(°) \ ψ	0	0.2	0.4	0.6	0.8	1.0
4.5°	0.710	0.711	0.712	0.713	0.714	0.715
9.0°	0.889	0.895	0.899	0.901	0.902	0.902
13.5°	1.066	1.076	1.083	1.085	1.084	1.081
18.0°	1.240	1.257	1.264	1.266	1.264	1.257
22.5°	1.419	1.437	1.444	1.445	1.441	1.430
27.0°	1.557	1.570	1.578	1.578	1.574	1.565

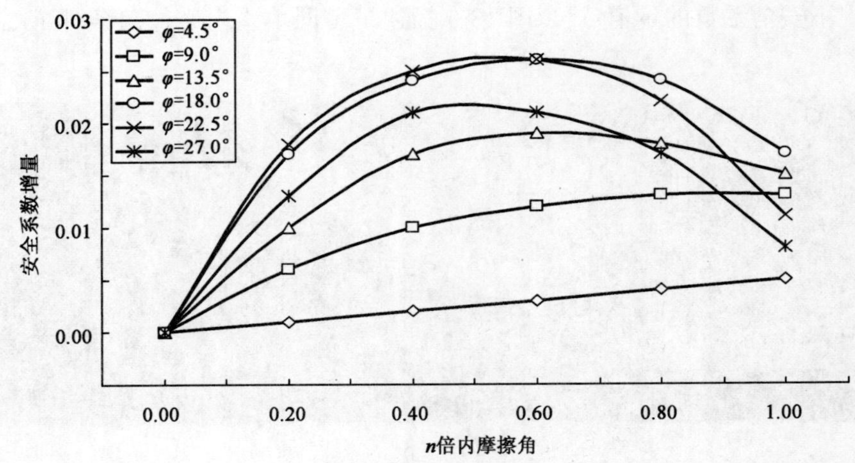

图 13-6　不同内摩擦角条件下剪胀角与安全系数的关系

图 13-7～图 13-9 描述了填土内摩擦角 φ 分别为 4.5°、9°和 18°时，剪胀角 ψ 对边坡潜在滑动面的影响。从图 13-7～图 13-9 可以看出，当 φ 为 4.5°或 9°时，不同剪胀角 ψ 条件下边坡潜在滑动面位置几乎保持不变；而 φ=18°时，边坡潜在滑动面仅在其上缘位置发生细微变化，但从总体上看，剪胀角对边坡潜在滑动面的影响很小。

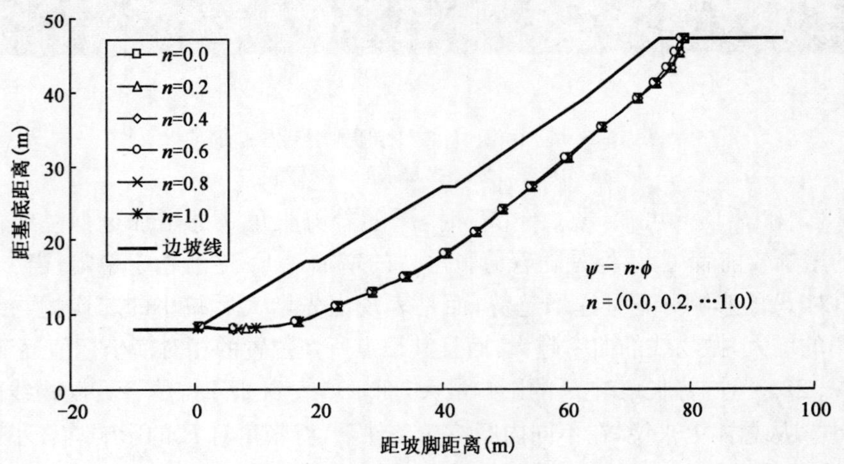

图 13-7　内摩擦角 4.5°时剪胀角对边坡潜在滑动面的影响

综上所述，尽管剪胀角对边坡稳定性影响很小，但是考虑剪胀角时边坡的安全系数均有所提高，因此采用非关联法则得出的安全系数偏保守。

13.2.4　路堤顶面均布荷载的影响

考虑路堤顶面宽 12m 的范围内受到均布荷载 q_u，采用拟静力方法分析路堤边坡在不同荷载条件下的稳定性。边坡安全系数 F_s与均布荷载的关系见表 13-4。

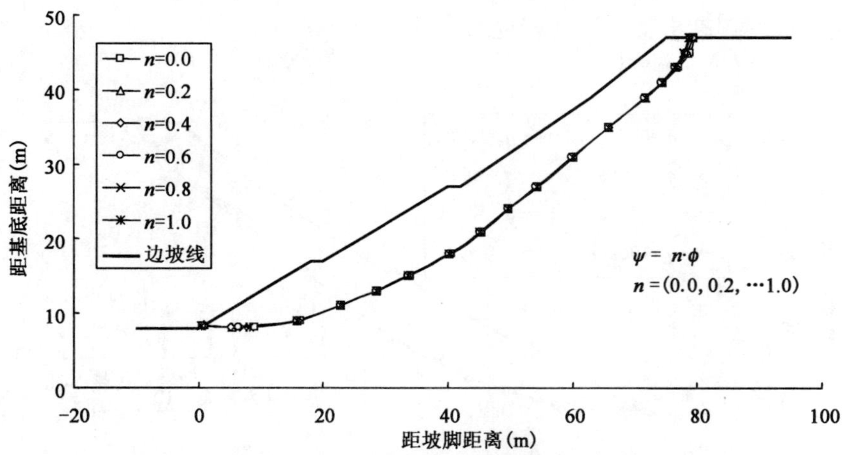

图 13-8 内摩擦角 9°时剪胀角对边坡潜在滑动面的影响

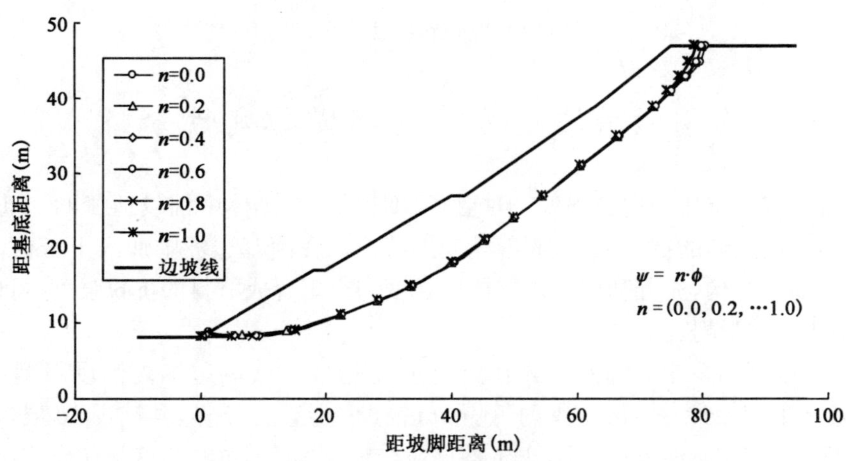

图 13-9 内摩擦角 18°时剪胀角对边坡潜在滑动面的影响

路堤顶部均布荷载与边坡安全系数的关系 表 13-4

q_u(kPa)	10	20	30	40	50	100
F_s	1.236	1.231	1.225	1.218	1.211	1.166

比较表 13-4 中数据可知，当路堤顶面均布荷载 q_u 由 0kPa 增加到 50kPa 时，q_u 每增加 10kPa，F_s分别减小了 0.004、0.005，0.006 和 0.007，其减小的幅度逐渐变大，但从总体上看，路堤顶面均布荷载对安全系数的影响很小。当 q_u从 0kPa 增加到 50kPa 时，F_s减小 0.029；而 q_u 从 50kPa 增加到 100kPa 时，F_s减小了 0.045，减小幅度约为前者的 1.5 倍。因此，路堤顶面均布荷载越大，边坡安全系数越低，边坡发生滑动破坏的可能性越高。

图 13-10 描述了路堤顶面均布荷载 q_u对边坡潜在滑动面的影响。由图 13-10 可知，当 q_u 小于 50kPa 时，尽管路堤安全系数随着 q_u的增加略有降低，但边坡潜在滑动面几乎保持不变，即 q_u对边坡潜在滑动面的影响很小；当 q_u由 50kPa 增加到 100kPa 时，边坡潜在滑动面底部位置远离坡脚向边坡上缘移动，其影响范围由整个路堤边坡减小至 H=19～39m，发生滑动破坏

的土体体积减小，滑动面变陡。因此，随着路堤顶部均布荷载 q_u 的增加，边坡安全系数逐渐降低，且路堤失稳破坏逐渐由整体滑动转变为局部滑动。

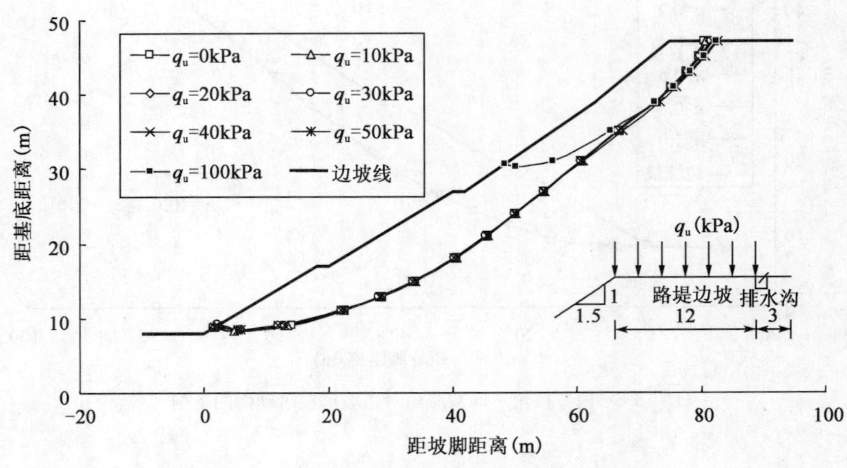

图 13-10　路堤顶面均布荷载对边坡潜在滑动面的影响

13.3　斜坡填方加筋路堤稳定性分析

土体具有一定的抗压和抗剪强度，但抗拉强度很低，在土体中铺设适量的加筋材料后，可以不同程度地提高土体的抗拉强度，改善其变形特征。在路基边坡中加入土工格栅等土工合成材料形成加筋土结构，充分利用土体的抗压强度和土工合成材料的抗拉强度，可以提高路堤的稳定性，防止边坡滑坍。

ZK115＋693 断面采用满铺的方式在路堤边坡上部 20m 的范围内铺设新型三向土工格栅，即在路堤上部 H＝19～39m 范围内每隔 2m 铺设一层土工格栅，共铺设 10 层，格栅长度从上至下长度为 12～16m 不等。其中，土工格栅应变为 5%时的抗拉强度为 J＝1 700kN/m。

在 FLAC 3D 中采用土工格栅(geogrid)单元对其进行模拟，土工格栅单元与 FLAC 3D 实体单元之间发生直接的剪切摩擦作用，而其法向运动从属于实体单元。假设土工格栅与土体界面参数为 0.8，即 k_{inter}＝0.8，则 FLAC 3D 中土工格栅单元与实体单元的耦合弹性参数分别为：耦合黏聚力 c_s＝16kPa，耦合摩擦角 φ_s＝14.57°，耦合切向刚度 D_s＝20MPa，其计算公式如式(13-3)～式(13-5)所示，其中 c、φ、E_s 分别为路堤填土的黏聚力、内摩擦角以及变形模量。

$$c_s = k_{\text{inter}} \cdot c \tag{13-3}$$

$$\tan\varphi_s = k_{\text{inter}} \cdot \tan\varphi \tag{13-4}$$

$$D_s = k_{\text{inter}} \cdot E_s \tag{13-5}$$

在“二分法”求解边坡安全系数的程序中，定义初始上、下限值分别为 5.0 和 0.0，计算结果精确到小数点后三位，得出在路堤上部 H＝19～39m 范围内铺设土工格栅之后边坡的安全系数为 1.376，较未铺设格栅时提高了 10.97%，且安全系数值大于 1.25，满足规范设计要求。

为了进行设计方案的比选，考虑另外两种土工格栅铺设情况下路堤边坡的安全系数。其中一种为路堤下部 H＝0～19m 边坡填土范围采用满铺的方式铺设 10 层土工格栅，格栅的竖向间距为2m，格栅长度为16～24m不等，采用相同的技术规格参数计算得 F_s=1.371，较未铺设格栅时提高了10.56%。另一种为整个路堤断面每隔2m铺设一层土工格栅，共19层，计算得 F_s=1.548，较不铺设格栅时提高了24.84%。通过比较三种不同的土工格栅铺设方案可知：采用路堤下部格栅满铺的方式不仅格栅用量大于上部格栅满铺的方式，而且其安全系数要低；而采用全断面格栅满铺的方式尽管其安全系数增加幅度可观，但从经济的角度出发会造成一定程度的资源浪费。

图13-11为不同格栅铺设方案时路堤边坡的潜在滑动面。由图13-11可知，较不铺设格栅的情况而言，当在路堤上部20m范围内铺设土工格栅时，边坡的潜在滑动面的变化主要发生在路堤上部，滑动面曲线变缓，其上缘位置距坡顶距离增加；当在路堤下部19m范围内铺设土工格栅时，边坡滑坍仅出现在路堤上部没有铺设格栅的边坡浅层，发生滑动的土体体积减小；当整个路堤断面铺设土工格栅时，滑动面下缘位置上移到第一层护坡道位置，其上缘距坡顶距离最远，滑动面曲线最平缓。这说明土工格栅与填土的相互作用，形成了更为稳定的加筋土结构，改善了土体的变形特征，提高了路堤的整体稳定性。

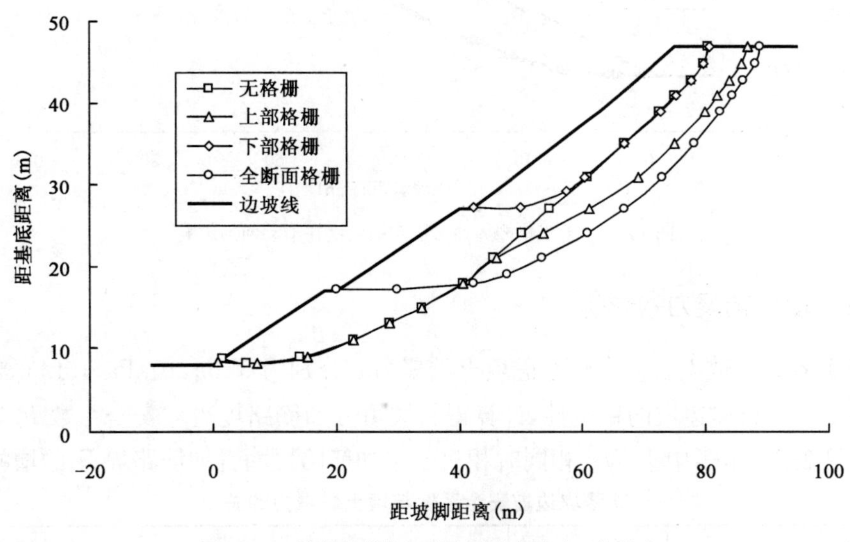

图13-11 格栅铺设位置对边坡潜在滑动面的影响

13.3.1 土工格栅界面参数的影响

在FLAC 3D中，土工格栅单元内嵌于实体单元之内，考虑土工格栅与土体接触的界面参数 k_{inter} 分别为0.0、0.2、0.4、0.6、0.8及1.0六种工况下路堤边坡的稳定性，计算得边坡安全系数与界面参数的关系见表13-5。当 k_{inter}=0.0时实体单元与土工格栅单元不发生相互作用，计算得此时边坡的安全系数 F_s=1.240，与未铺设土工格栅是边坡的安全系数一致，即认为 k_{inter}=0.0时路堤边坡中未铺设土工格栅。

土工格栅界面参数与边坡安全系数的关系 表13-5

k_{inter}	0.0	0.2	0.4	0.6	0.8	1.0
F_s	1.240	1.357	1.369	1.373	1.376	1.379

当 k_{inter} 从 0.0 增大到 0.2 时，安全系数 F_s 突然增加，$\Delta F_s = 0.117$，增幅为 9.44%；随着 k_{inter} 的继续增大，F_s 也逐渐增大，但是增大的幅度明显减弱，当 k_{inter} 由 0.2 增大到 0.4 时，F_s 增加了 0.012，仅为之前的 1/10，而 $k_{inter}=0.6\sim1.0$ 时，k_{inter} 每增加 0.2，F_s 的增加幅度保持在 0.003。如图 13-12 所示，土工格栅界面参数对边坡潜在滑动面的影响与其对安全系数的影响类似：当 k_{inter} 小于 0.4 时，随着其逐渐增大，边坡潜在滑动面上缘位置距坡顶距离逐渐增大，滑动面曲线边平缓；当 $k_{inter}=0.4\sim1.0$ 时，滑动面继续向边坡深层移动，其上缘位置逐渐远离坡顶，但从总体上看，滑动面位置变化的幅度很小。

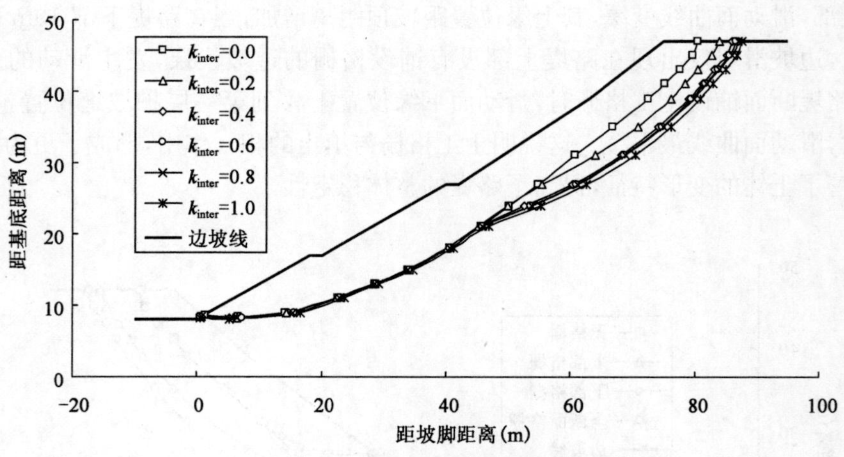

图 13-12　土工格栅界面参数对边坡潜在滑动面的影响

13.3.2　填土黏聚力的影响

假设筋土界面系数 $k_{inter}=0.8$，考虑填土黏聚力 c 分别为 5kPa、10kPa、15kPa、20kPa 以及 30kPa 五种工况下路堤边坡的稳定性，计算得斜坡填方加筋路堤边坡安全系数 F_s 与填土黏聚力 c 的关系见表 13-6，表中 F 为 c 相同时相对于未加筋路堤而言加筋路堤 F_s 的增幅。

加筋路堤边坡安全系数与填土黏聚力的关系　　表 13-6

c(kPa)	5	10	15	20	25	30
F_s	0.980	1.106	1.304	1.376	1.440	1.494
F(%)	20.54	19.10	17.58	10.97	5.34	2.26

比较表 13-1 和表 13-6 可知，填土黏聚力 c 对斜坡填方加筋路堤边坡安全系数 F_s 的影响规律与其对无筋路堤边坡安全系数的影响规律一致，即 F_s 随着 c 增大而增加，但是增加的幅度逐渐减小。从表 13-6 可以看出，不同 c 条件下，土工格栅的加筋作用不同程度地提高了路堤的稳定性：当 $c=5$kPa 时，在路堤边坡中铺设土工格栅其 F_s 增幅超过 20%；当 c 变化于 5～15kPa时，边坡安全系数的增幅 F 逐渐减小，但其值均大于 15%；当 c 变化于 20～30kPa 时，F 明显减小，c 每增加 5kPa，F 约为前者的 1/2。图 13-13 和图 13-14 描述了不同填土黏聚力条件下，土工格栅对边坡潜在滑动面的影响。

由图 13-13 可知，对于加筋路堤而言，当 c 小于 10kPa 时，边坡滑动仅出现在路堤下半部分；随着 c 继续增大，边坡潜在滑动面由局部延伸到整个路堤，其上缘位置逐渐远离坡顶，整个滑动面向路堤深层发展，但是变化的程度较小。比较图 13-13 及图 13-14 可知，当 $c=5\text{kPa}$ 时，未加筋路堤边坡潜在滑动面出现在路堤上半部，而对于加筋路堤而言，其潜在滑动面出现在路堤下半部，这是由于 c 较小时，填土本身的抗剪性能较差，而在路堤上部铺设土工格栅提高了路堤上部土体的抗剪性能及整体稳定性，使得路堤上部土体的抗剪切能力要明显大于路堤下部土体，因此边坡潜在滑动面的位置差别较大。而当 c 较大时，相对于未加筋路堤而言，土工格栅与土体的相互作用使得边坡的滑动破坏逐渐向深层发展，滑动面曲线变缓。

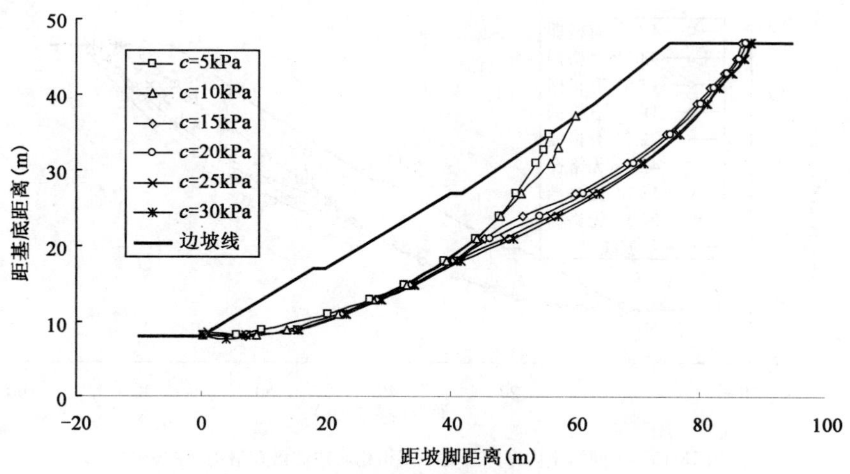

图 13-13　加筋路堤填土黏聚力对边坡潜在滑动面的影响

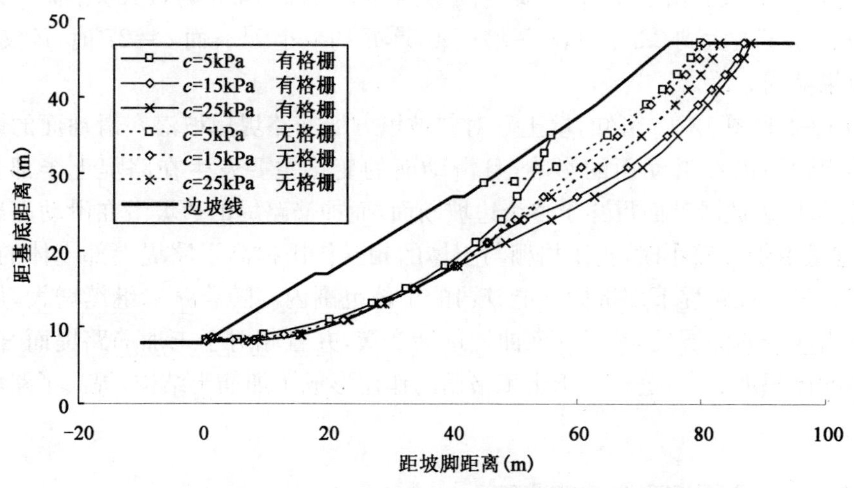

图 13-14　不同填土黏聚力下土工格栅对边坡潜在滑动面的影响

13.3.3　填土内摩擦角的影响

假设筋土界面系数 k_{inter} 为 0.8，考虑填土内摩擦角 φ 分别为 4.5°、9°、13.5°、18°、22.5°以及 27°六种工况下路堤边坡的稳定性，计算得出路堤边坡安全系数 F_s 与内摩擦角 φ 的关系见表

13-7，表中 F 为 φ 相同时相对于未加筋路堤而言加筋路堤边坡安全系数的增幅，边坡潜在滑动面的变化规律如图 13-15 所示。

加筋路堤填土内摩擦角与边坡安全系数的关系　　表 13-7

φ(°)	4.5	9.0	13.5	18.0	22.5	27.0
F_s	0.841	1.051	1.259	1.376	1.470	1.557
F(%)	18.54	18.22	18.11	10.97	3.59	0.71

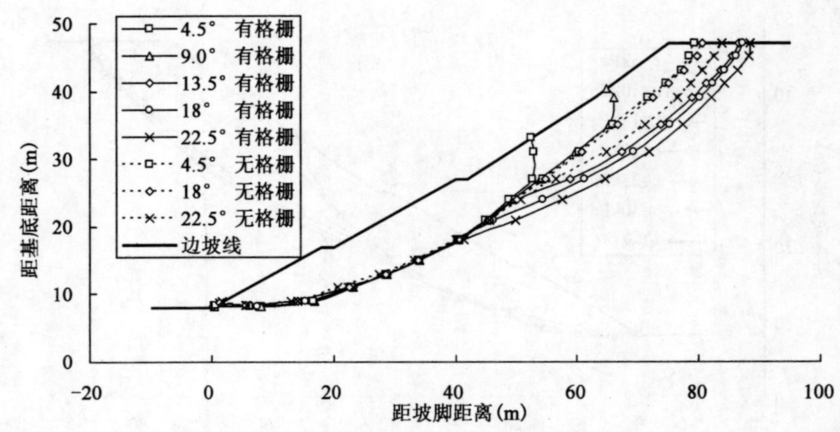

图 13-15　不同填土内摩擦角时土工格栅对边坡潜在滑动面的影响

与黏聚力影响规律类似的是，加筋路堤安全系数随着填土内摩擦角的增加而增加，并且 φ 较小时，F_s的增幅更大。由表 13-7 可知，当 φ 从 4.5°增加到 13.5°时，F_s的增幅 F 保持在 18%以上；当 φ 从 13.5°增大到 22.5°时，φ 每增加 4.5°，F 约减小 7%；而 φ=27°时，F 仅为 0.71%，格栅加筋效果减弱。

对比图 13-4 和图 13-15 可知，填土 φ 对斜坡填方加筋路堤边坡潜在滑动面的影响大于其对未加筋路堤边坡潜在滑动面的影响，且滑动面的变化主要发生在路堤上半部分。当 φ=4.5°时，无筋路堤边坡滑动面贯穿于整个边坡断面，而加筋路堤的边坡潜在滑动面出现在路堤下半部分，这是由于 φ 较小时，土工格栅与土体的相互作用提高了路堤上部土体的抗剪性能，使得边坡滑动发生在路堤下部抗剪性能较弱的土体范围内。随着 φ 的继续增大，加筋路堤边坡滑动破坏由浅层向深层发展，滑动面曲线逐渐变缓，并且相对于未加筋路堤而言，其发生滑动破坏土体的体积围更大，这是由于土工格栅的作用形成了加筋土结构，提高了路堤上部土体的整体性能。

13.3.4　路堤顶面均布荷载的影响

在路堤顶面宽 12m 的范围内施加均布荷载 q_u，考虑 q_u 分别为 10kPa、20kPa、30kPa、40kPa、50kPa 及 100kPa 下路堤边坡的稳定性，计算得加筋路堤边坡安全系数 F_s与坡顶均布荷载 q_u的关系见表 13-8，表中 F 为 q_u相同时相对于未加筋路堤而言加筋路堤边坡安全系数的增幅，边坡潜在滑动面的变化规律如图 13-16 所示。

加筋路堤坡顶均布荷载与安全系数的关系　　表 13-8

q_u(kPa)	10	20	30	40	50	100
F_s	1.369	1.360	1.351	1.343	1.330	1.281
F(%)	10.76	10.48	10.29	10.26	9.83	9.86

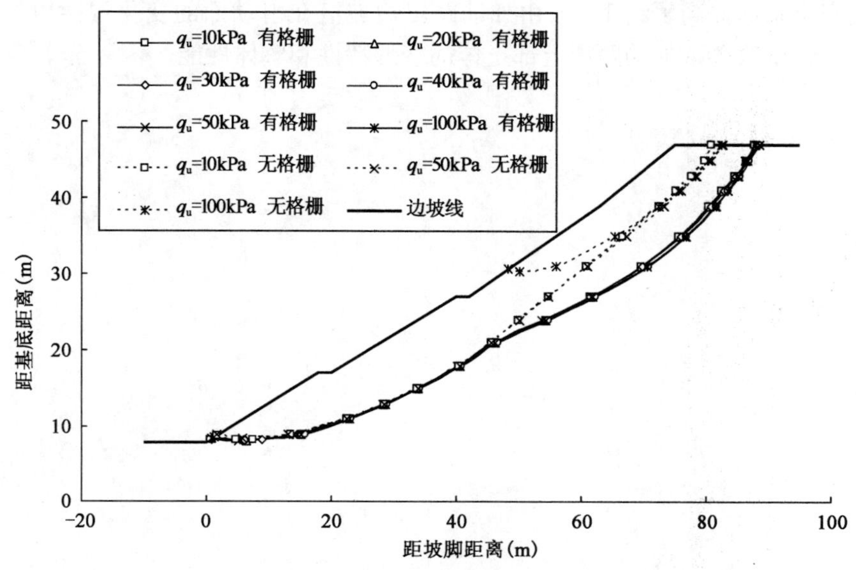

图 13-16　路堤顶面均布荷载作用时土工格栅对边坡潜在滑动面的影响

结合表 13-4 和表 13-8 可以看出，与未加筋路堤类似的是，随着 q_u的逐渐增加，加筋路堤边坡安全系数 F_s逐渐减小，且其减小的幅度越来越明显。当 q_u从 0kPa 增大至 40kPa 时，F_s随着 q_u的增加线性减小，q_u每增加 10kPa，F_s减小约 0.008；当 q_u由 50kPa 增至 100kPa 时，F_s降低了 0.05。由 F 的变化规律可知，随着 q_u的增大，土工格栅的加筋效果减弱，但总体来说 F 变化幅度较小，不同 q_u条件下，土工格栅对 F_s的贡献约为 10%。

从图 13-16 可以看出，对于未加筋路堤而言，当 q_u变化于 10～50kPa 时，其变化对边坡滑动面影响很小，而当 q_u增大至 100kPa 时，边坡滑动面由路堤深层移动至路堤上部浅层。对于加筋路堤而言，q_u的变化对其潜在滑动面的影响较小，当 q_u＝100kPa 时，边坡失稳依旧为路堤深层滑动破坏，且所铺设土工格栅均位于滑动面范围内。因此，土工格栅改善了荷载作用下土体的变形特性和整体性能，有效提高了路堤的稳定性。

13.4　本章小结

建立数值分析模型，采用强度折减法对 ZK115＋693 断面路堤的稳定性及其影响参数进行了分析，比较了不同参数条件下加筋以及未加筋路堤边坡安全系数以及潜在滑动面的变化规律。

(1)对于未加路堤而言，其填土的黏聚力以及内摩擦角对边坡安全系数的影响类似，但是填土黏聚力对边坡滑动面的影响要更为明显。尽管不同填土内摩擦角条件下，安全系数随剪胀角的变化规律并不相同，但填土剪胀角对安全系数及滑动面的影响都很小。

(2)对于土工格栅加筋路堤而言，边坡安全系数随着填土黏聚力及内摩擦角的增加而增加，但增加的幅度逐渐减小，这与无筋路堤的规律是一致的；但由于土工格栅与土体的相互作用，使得两者之间滑动面的变化规律差别较大。

(3)比较路堤顶面均布荷载对加筋以及未加筋路堤安全系数的影响可知，土工格栅的加筋作用使边坡安全系数提高了约 10%；由加筋路堤边坡潜在滑动面的变化规律可知，土工格栅与土体的相互作用改善了加筋路堤上部土体的变形特性和整体性能。

14 降雨作用下斜坡加筋路堤稳定性分析

Lee 认为诱发边坡失稳的原因主要有三个方面:降雨、边坡坡度以及填料性质。根据历年公路破坏的规律来看,南方公路多发生在春夏季节,北方公路则主要发生在秋季,这与南北两地的降雨规律是相符的。雨水入渗对路堤的影响在工程上已形成共识,且得到了重视,但其相关的稳定性设计计算很不完善。

ZK115+693 断面地处中纬度地区,属于温带大陆性季风气候,受季风影响,一年内四季分明,其中夏季炎热,降雨集中,多年平均降雨量为 518.8mm,年最大降雨量为 867.1mm,最小降雨量为 202.4mm。据沿线滑坡调查统计表可知,由于降水、冻融现象易引起黄土边坡失稳。因此,研究降雨作用下斜坡填方加筋路堤边坡的稳定性问题对工程的建设具有重要意义。

14.1 降雨折减因子的提出

降雨入渗引起边坡失稳的原因比较复杂,归纳起来有以下几个方面:①降雨增加了土体含水率,使其黏聚力、内摩擦角降低,降低了土体的抗剪强度;②雨水顺着土体原有裂隙向下渗流,引起潜在滑动面抗滑能力减弱;③降雨过程中,雨水入渗产生了一定的渗流力,降低了边坡的稳定性。一般认为,降雨入渗引起基质吸力的减小和丧失是诱发边坡稳定性降低的主要原因。

工程实践证明 Mohr-Coulomb 准则适用于饱和土体,而考虑基质吸力(u_a-u_w)的非饱和土抗剪强度理论并不完善,且鉴于在数值软件中考虑基质吸力的难度,依旧以 Mohr-Coulomb 准则作为基础,通过考虑雨水对填土抗剪强度参数 c、φ 的折减来分析降雨入渗对边坡稳定性的影响。将 k_c、k_φ分别定义为降雨入渗对填土黏聚力 c 和内摩擦角 φ 的降雨折减因子,采用 FLAC 3D 分析降雨入渗条件下路堤边坡的安全系数,具体计算步骤如下:

(1)假设一定的入渗深度 z_w,雨水浸润线平行于边坡线,浸润线将路堤填土分为非入渗区和入渗区两个部分;

(2)考虑一定的降雨入渗模式;

(3)在非入渗区采用原有抗剪强度参数 c 和 φ,在入渗区采用折减后的抗剪强度参数 c_r、φ_r;

(4)定义安全系数初始上、下限值,采用强度折减法计算一定降雨入渗模式下边坡的安全系数 F_s。

所谓降雨入渗模式,指的是黏聚力降雨折减因子 k_c 和内摩擦角降雨折减因子 k_φ在其定义域范围内特定的函数关系 f,即:

$$f(k_c,k_\varphi)=0 \quad (0\leqslant k_c,k_\varphi\leqslant 1) \tag{14-1}$$

而 c_r、φ_r 与 c、φ 关系分别为：

$$c_r = k_c \cdot c \quad (0 \leqslant k_c \leqslant 1) \tag{14-2}$$

$$\varphi_r = k_\varphi \cdot \varphi \quad (0 \leqslant k_\varphi \leqslant 1) \tag{14-3}$$

式中：c、φ——填土原有黏聚力(kPa)和内摩擦角(°)；

c_r、φ_r——降雨入渗区黏聚力(kPa)和内摩擦角(°)；

k_c、k_φ——黏聚力降雨折减因子和内摩擦角降雨折减因子。

由式(14-2)和式(14-3)可知，降雨折减因子 k_c、k_φ 越小，表示降雨入渗对填土抗剪强度参数折减程度越大，通过假设 k_c、k_φ 三种不同函数关系 f，以考虑不同折减模式(即等效折减模式、黏聚力主折减模式以及内摩擦角主折减模式)下降雨入渗对路堤边坡稳定性的影响，函数曲线及表达式如图 14-1 所示，其中 f_2 和 f_3 互为反函数，关于 f_1 对称。

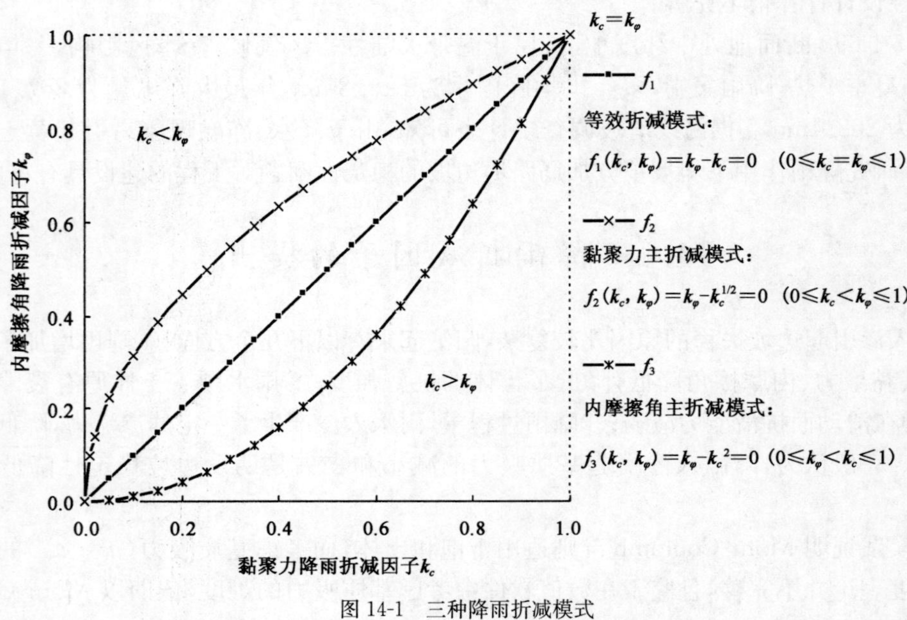

图 14-1 三种降雨折减模式

14.2 斜坡高填方路堤稳定性分析

Ng 等通过大型原位试验发现降雨入渗主要对坡面以下 2m 左右土性参数影响较大，而距坡面 2m 以下土体受降雨入渗的影响较小。考虑到岢岚线 ZK115＋693 断面黄土地区斜坡填方路堤模型尺寸较大，为了更有效得分析降雨对边坡稳定性的影响，从保守的角度出发假设入渗深度 z_w＝3m，路堤降雨入渗简化模型如图 14-2 所示，采用 ZK15＋693 断面数值模型，分析不同降雨入渗折减模式对路堤边坡稳定性的影响。

14.2.1 降雨入渗折减模式的影响

14.2.1.1 等效折减模式

等效折减模式定义为，降雨入渗条件下，雨水对填土黏聚力和内摩擦角的影响相同，即

$k_c = k_\varphi$，其函数表达式 f_1 如式(14-4)所示。计算 k_c 分别为 0.9、0.7、0.5、0.3 和 0.1 五种工况下边坡的安全系数，F_s 与 k_c、k_φ 的关系见表 14-1，表中 F 为未降雨条件下与降雨入渗条件下无筋路堤安全系数的减小幅度。

$$f_1(k_c, k_\varphi) = k_\varphi - k_c = 0 \quad (0 \leqslant k_c = k_\varphi \leqslant 1) \tag{14-4}$$

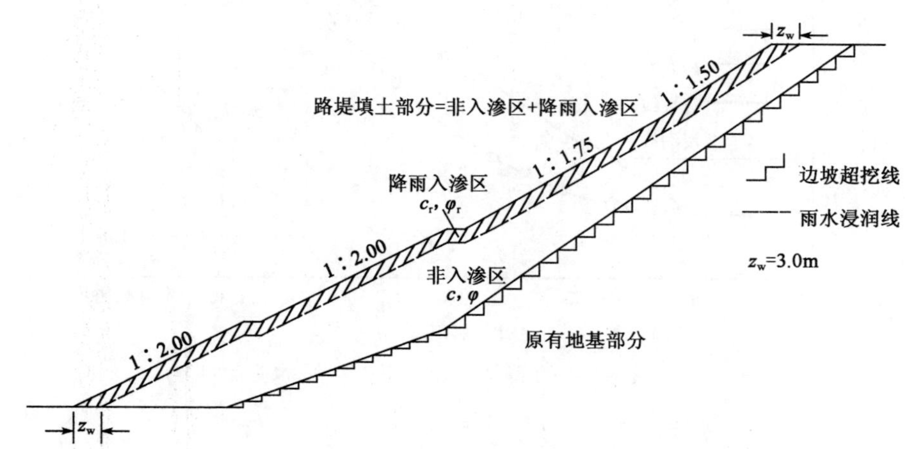

图 14-2　路堤降雨入渗简化模型

等效折减模式下无筋路堤安全系数与降雨折减因子的关系　　表 14-1

k_c	0.9	0.7	0.5	0.3	0.1
k_φ	0.9	0.7	0.5	0.3	0.1
F_s	1.237	1.232	1.225	0.796	0.249
F(%)	0.24	0.65	1.21	35.81	79.92

由表 14-1 可知，随着 k_c、k_φ 的逐渐减小，降雨入渗对填土黏聚力以及内摩擦角折减程度逐渐增大，路堤边坡安全系数降低的程度越来越明显。当 k_c=0.7～0.9 时，雨水对边坡安全系数的影响较小，F_s 的减小幅度均小于 1%；当 k_c、k_φ 取值为 0.5 时，入渗区黏聚力与内摩擦角值降至原有抗剪强度参数的 1/2，F_s 减小了 0.015，其减小幅度 F 约为前者的 2 倍；当 k_c、k_φ 由 0.5减小到 0.3 时，F 明显增大，由 1.21%突变为 35.81%，F_s 减小至 0.796，边坡处于不稳定状态；当 k_c、k_φ 为 0.1 时，边坡安全系数再次大幅减小至 0.249，F 较之前增长了 1.2 倍。

图 14-3 为降雨入渗等效折减模式下边坡潜在滑动面随降雨折减因子的变化规律。从图 14-3 中可以看出，当 k_c=0.7～1.0 时，滑动面几乎保持不变；当 k_c=0.5 时，尽管 F_s 的降低幅度较小，但是边坡滑动失稳从全断面深层破坏变为路堤上部浅层破坏，且滑动面位于雨水浸润范围内；随着 k_c 继续减小，安全系数急剧降低，边坡破坏集中降雨入渗区，这与 Ng 现场原位试验观察的结果相符。

14.2.1.2　*黏聚力主折减模式*

黏聚力主折减模式定义为，降雨入渗条件下，雨水对填土黏聚力的影响要大于其对内摩擦角的影响，即 $k_c < k_\varphi$，其函数表达式 f_2 如式(14-5)所示。计算 k_c 分别为 0.9、0.7、0.5、0.3 和 0.1 五种工况下边坡的安全系数，F_s 与 k_c、k_φ 的关系见表 14-2，表中 F 为未降雨条件下与降雨入渗条件下无筋路堤安全系数的减小幅度。

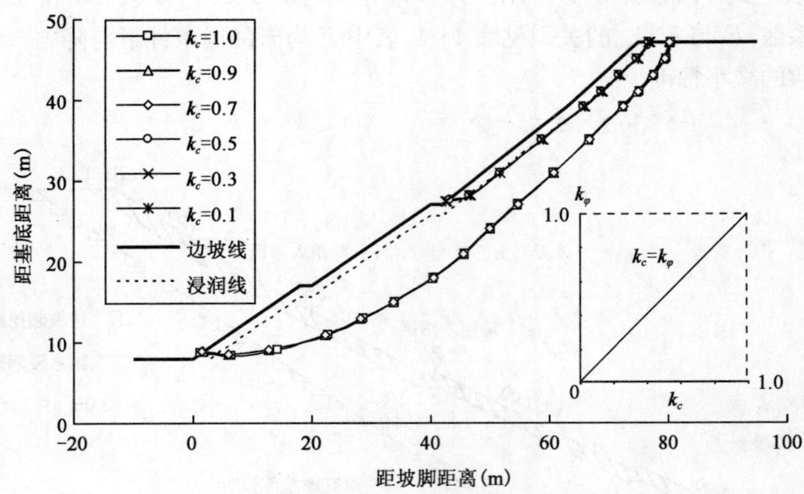

图 14-3 等效折减模式下降雨折减因子对边坡潜在滑动面的影响

$$f_2(k_c,k_\varphi)=k_\varphi-k_c^{1/2}=0 \quad (0\leqslant k_c<k_\varphi\leqslant 1) \tag{14-5}$$

黏聚力主折减模式下无筋路堤安全系数与降雨折减因子的关系　表 14-2

k_c	0.9	0.7	0.5	0.3	0.1
k_φ	0.95	0.85	0.71	0.55	0.32
F_s	1.237	1.233	1.228	0.946	0.367
F(%)	0.24	0.56	0.97	23.71	70.40

由表 14-2 可知，边坡安全系数随着 k_c、k_φ 的减小而逐渐降低，且降低幅度 F 越来越大。当 k_c=0.5～0.9 时，降雨入渗对路堤稳定性影响较小，边坡安全系数变化幅度 F 均小于 1%；当 k_c 由 0.5 减小至 0.3 时，边坡安全系数明显降低，其变化幅度 F 增大了约 23%，且路堤处于不稳定状态。由于黏聚力主折减模式下 $k_\varphi>k_c$，因此当 k_c 相同时，黏聚力主折减模式下安全系数要大，即内摩擦角在一定程度上提高了 F_s，但当 $k_c>0.5$ 时，内摩擦角对安全系数的影响很小。

从图 14-4 可以看出，黏聚力主折减和等效折减两种模式下降雨折减因子对边坡潜在滑动面的影响规律类似。两者的区别在于：等效折减模式下，当 k_c=0.5 时，边坡滑动破坏已出现在降雨入渗区；黏聚力主折减模式下，k_c=0.5 时，潜在滑动面依旧贯通整个路堤边坡，当 k_c=0.3 时，边坡滑动才由深层破坏转变为浅层破坏，这是因为黏聚力主折减模式下内摩擦角相对较大，降雨入渗区抗剪强度较高。

14.2.1.3　内摩擦角主折减模式

内摩擦角主折减模式定义为，降雨入渗条件下，雨水对填土内摩擦角力的影响要大于其对黏聚力的影响，即 $k_c>k_\varphi$，其函数表达式 f_3 如式(14-6)所示。计算 k_c 分别为 0.9、0.7、0.5、0.3 和 0.1 五种工况下边坡的安全系数，F_s 与 k_c、k_φ 的关系见表 14-3，表中 F 为未降雨条件下与降雨入渗条件下无筋路堤安全系数的减小幅度。

$$f_3(k_c,k_\varphi)=k_\varphi-k_c^{2}=0 \quad (0\leqslant k_c<k_\varphi\leqslant 1) \tag{14-6}$$

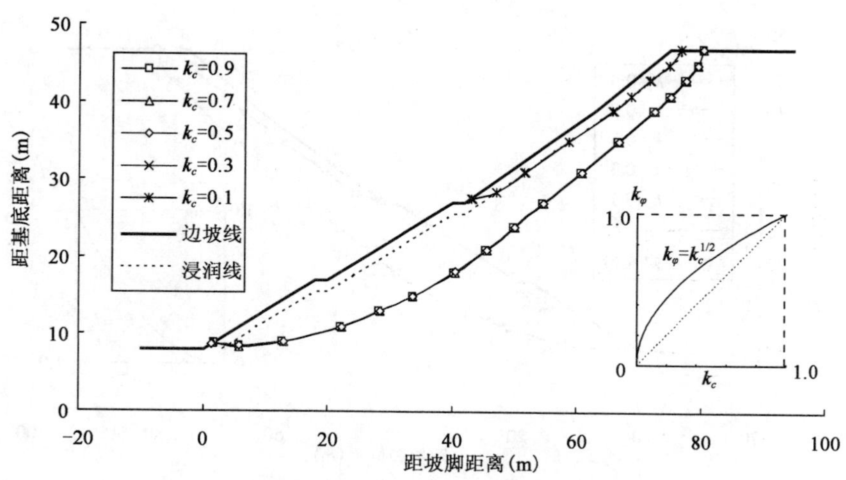

图 14-4 黏聚力主折减模式下降雨折减因子对边坡潜在滑动面的影响

内摩擦角主折减模式下无筋路堤安全系数与降雨折减因子的关系 表 14-3

k_c	0.9	0.7	0.5	0.3	0.1
k_φ	0.81	0.49	0.25	0.09	0.01
F_s	1.236	1.230	1.159	0.665	0.209
F(%)	0.32	0.81	6.53	46.37	83.15

比较三种降雨入渗折减模式可知，k_c取值相同时，由于内摩擦角主折减模式下 k_φ 最小，即降雨对内摩擦角的影响最大，故其 F_s最小。边坡安全系数随着降雨折减因子的减小而逐渐降低，且降低的幅度越来越大。与前面两种降雨折减模式不同的是，在内摩擦角主折减模式下，当 $k_c=0.5$ 时，F_s就出现了较为明显的降低，其降低幅度 F 较 $k_c=0.7$ 时增加了约 5%，而等效折减和黏聚力主折减模式均是 $k_c=0.3$ 时 F_s才发生陡降，这是因为内摩擦角主折减时 $k_\varphi=0.25$，填土内摩擦角仅为原来的 1/4，入渗区填土的抗剪强度大为降低。

比较图 14-3～图 14-5 可知，不同降雨折减模式下降雨折减因子对边坡潜在滑动面的影响规律类似。对于内摩擦角主折减模式而言，当 $k_c>0.7$ 时，路堤失稳为边坡全断面深层滑动破坏；而 k_c 降至 0.5 之后，边坡破坏出现在路堤上部降雨入渗区。

综上所述，不同折减模式下，降雨入渗对路堤稳定性的影响规律大致相同：雨水对填土抗剪强度参数的影响存在一个临界值，当降雨折减因子 k_c、k_φ高于这一临界值时，其变化对边坡安全系数以及潜在滑动面的影响较小；当降雨折减因子低于这一临界值时，边坡安全系数明显降低，边坡滑动破坏由深层变为浅层，出现在降雨入渗区。对于本例而言，降雨折减因子的临界值为 0.5。

14.2.2 降雨入渗深度的影响

采用降雨等效折减模式分析降雨入渗深度 z_w对路堤稳定性的影响，假设黏聚力降雨折减因子 k_c和内摩擦角降雨折减因子 k_φ均为 0.5，计算的边坡安全系数 F_s与降雨入渗深度 z_w的关系见表 14-4，$z_w=0.0$m 表示路堤未受到降雨入渗的影响。

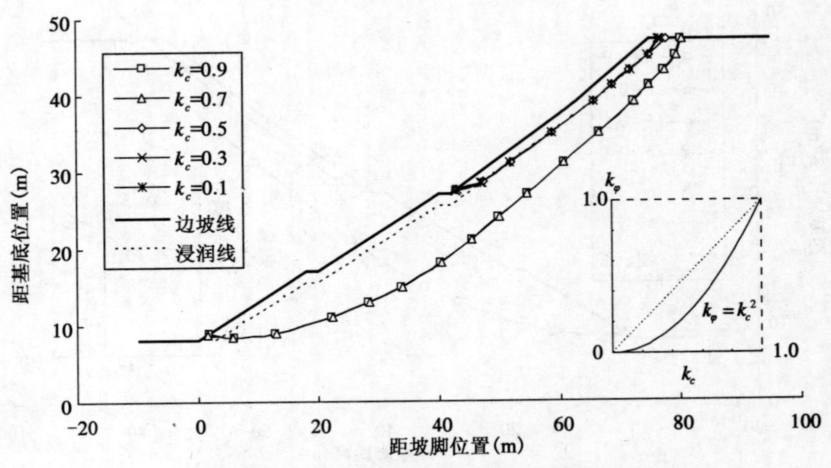

图 14-5　内摩擦角主折减下降雨折减因子对边坡潜在滑动面的影响

边坡安全系数与降雨入渗深度的关系　　表 14-4

z_w(m)	0.0	1.0	2.0	3.0	4.0
F_s	1.240	1.237	1.233	1.225	1.036

由表 14-4 可知，随着入渗深度 z_w 的增加，边坡安全系数 F_s 逐渐降低，且降低的程度越来越明显。当 z_w 不超过 2.0m 时，雨水对路堤稳定性的影响较小，F_s 的减小幅度仅为 0.5%；当 z_w＝3.0m 时，F_s 降低至 1.225，其减小幅度为 z_w＝2.0m 时的 2 倍；当 z_w 由 3.0m 增至 4.0m 时，F_s 明显降低，减小了 0.204，减幅为 16.45%。

图 14-6 为不同降雨入渗深度时边坡的潜在滑动面，由图 14-6 可知：当 z_w 不超过 2.0m 时，边坡失稳破坏为深层滑动，滑动面贯穿整个路堤边坡，且降雨入渗深度较小时，其变化对边坡潜在滑动面的影响很小，几乎与不考虑降雨入渗时边坡滑动面保持一致；当 z_w 大于 3.0m 时，边坡失稳由深层滑动转变为浅层滑动，且滑动面出现在路堤上半部分的降雨入渗区域。

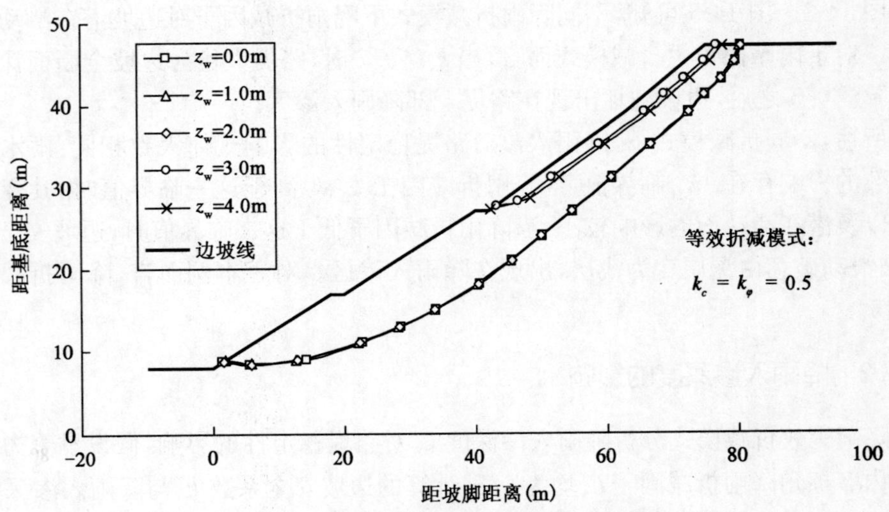

图 14-6　降雨入渗深度对边坡潜在滑动面的影响

比较表 14-4 和图 14-6 可知，降雨入渗深度对路堤稳定性的影响存在一个临界值，当 z_w 小于这一临界值之时，其变化对路堤稳定性影响较小；当 z_w 达到这一临界值之后，边坡安全系数及潜在滑动面均有明显变化。对于本例而言，可认为降雨入渗深度的临界值为 3.0m。

14.2.3 路堤顶面均布荷载的影响

在路堤顶面宽 12m 的范围内施加均布荷载 q_u，分析 q_u 对路堤稳定性的影响。假设黏聚力降雨折减因子 k_c 以及内摩擦角折减因子 k_φ 均为 0.5，降雨入渗深度 z_w 为 3.0m，计算得边坡安全系数 F_s 与坡顶均布荷载的关系见表 14-5，其中 F 为考虑及不考虑降雨条件下边坡安全系数的变化幅度。

降雨入渗时无筋路堤安全系数与坡顶均布荷载的关系 表 14-5

q_u(kPa)	0	10	20	30	40	50	100
F_s	1.225	1.221	1.216	1.210	1.203	1.194	1.008
F(%)	1.209	1.213	1.218	1.224	1.232	1.322	13.551

从表 14-5 中可以看出，当 q_u 由 0kPa 增大至 50kPa 时，边坡安全系数 F_s 逐渐降低，其降低幅度由 0.004 逐渐增大至 0.009，且考虑降雨及不考虑降雨条件下 F_s 的变化幅度 F 也随之增大，但 F 变化较小，仅为 1.2%～1.3%。当 q_u＝100kPa 时，F_s 明显降低，且 F 陡增至13.55%。因此，随着 q_u 增大，降雨入渗对 F_s 的影响越来越大。

比较图 14-7 和表 14-5 可知，当 q_u 小于 50kPa 时，不考虑降雨入渗时边坡的潜在滑动面贯穿整个路堤边坡，而 $k_c=k_\varphi=0.5$ 时边坡潜在滑动面均位于路堤上半部分降雨入渗区，且降雨入渗条件下 q_u 对边坡滑动面的影响要更为明显：随着 q_u 逐渐增大，滑动面下缘位置向坡顶移动，滑动面上缘位置远离坡顶，滑动土体体积越来越小。当 q_u＝100kPa 时，降雨入渗条件下边坡的潜在滑动面位于坡顶附近降雨入渗区很小的范围内，而不考虑降雨影响的边坡滑动破坏的范围要更大。

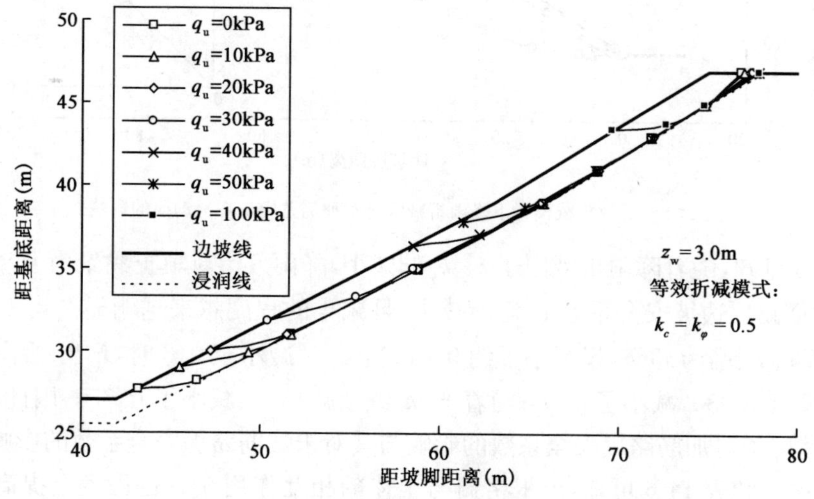

图 14-7 降雨入渗时路堤顶面均布荷载对边坡潜在滑动面的影响

14.3 斜坡高填方加筋路堤稳定性分析

在路堤上半部分采用"满铺"的方式铺设共10层土工格栅，每层格栅的竖向间距为2.0m，格栅长度变化范围为12～16m，假设土工格栅与土体相互作用的界面参数 $k_{inter}=0.8$，分析降雨入渗对斜坡填方加筋路堤稳定性的影响。

14.3.1 降雨入渗折减模式的影响

假设降雨入渗深度 $z_w=3.0$m，且雨水浸润线平行于边坡线，考虑三种不同降雨入渗折减模式（即等效折减模式、黏聚力主折减模式和内摩擦角主折减模式）对斜坡填方加筋路堤安全系数以及边坡潜在滑动面的影响。

14.3.1.1 等效折减模式

等效折减模式下降雨入渗对黏聚力及内摩擦角的影响相同，即 $k_c=k_\varphi$，计算 k_c 分为0.9、0.7、0.5、0.3和0.1五种工况下路堤边坡的安全系数，F_s 与降雨折减因子的关系见表14-6，表中 F 的含义为相对于未加筋路堤而言加筋路堤边坡安全系数的增幅，边坡潜在滑动面的变化规律如图14-8所示。

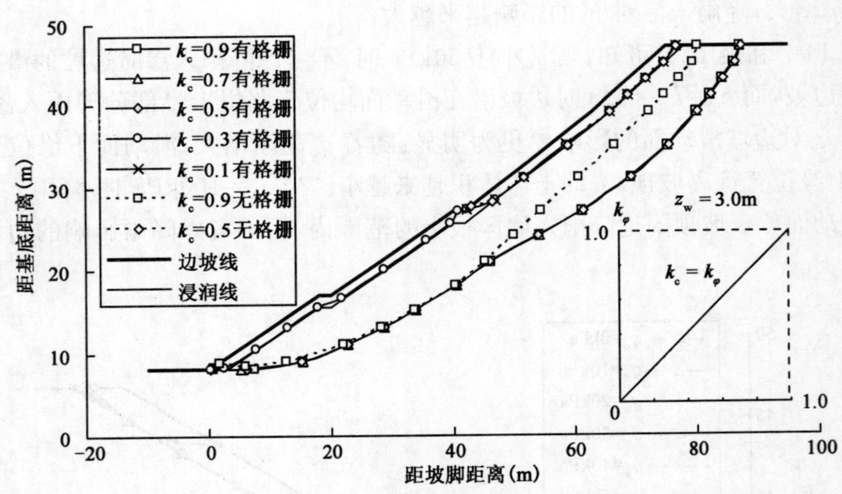

图14-8 等效折减模式下降雨折减因子对加筋路堤潜在滑动面的影响

由表14-6可知，随着降雨折减因子 k_c、k_φ 的减小，降雨入渗对填土黏聚力及摩擦角的折减程度变大，加筋路堤边坡安全系数 F_s 逐渐减小，且减小的程度越来越明显。当 k_c、k_φ 降至0.5时，F_s 从1.376减小至1.364，仅减小了约0.01；当 k_c、k_φ 减小至0.3时，F_s 出现了明显的降低，由1.364陡降至1.030，减小了0.33；随着 k_c、k_φ 继续减小，F_s 减小了0.75。因此，等效折减模式下降雨折减因子对加筋路堤安全系数的影响与其对未加筋路堤安全系数的影响规律是一致的。比较表14-1和表14-6可知，土工格栅与土体的相互作用在一定程度上提高了路堤边坡的安全系数，且土工格栅的加筋作用呈先增大后减小的趋势，当 $k_c=k_\varphi=0.3$ 时，土工格栅使边坡安全系数提高了29.40%，而其他降雨折减因子条件下，边坡安全系数的增幅 F 约为12%。

等效折减模式下加筋路堤安全系数与降雨折减因子的关系　　表14-6

k_c	0.9	0.7	0.5	0.3	0.1
k_φ	0.9	0.7	0.5	0.3	0.1
F_s	1.374	1.369	1.364	1.030	0.279
F(%)	11.08	11.12	11.35	29.40	12.05

由图14-8可知，对于加筋路堤而言，当降雨折减因子介于0.5～0.9之间时，边坡失稳为全断面滑动破坏，且 k_c、k_φ对边坡潜在滑动面的影响很小；当 k_c、k_φ降低至0.3时，边坡失稳由深层变为浅层，其滑动面出现在路堤浅层降雨入渗范围内，且路堤上、下部均出现滑动破坏；而当 k_c、k_φ降低至0.1时，边坡失稳仅出现在路堤上部降雨入渗区。比较等效折减模式下未加筋路堤和加筋路堤边坡潜在滑动面的变化规律可知，当 $k_c=k_\varphi=0.5$ 时，未加筋路堤的滑动出现在路堤上部降雨入渗区，而土工格栅与土体的相互所用使得相同条件下加筋路堤的滑动面仍保持在未受降雨影响的路堤深层。

14.3.1.2　*黏聚力主折减模式*

黏聚力主折减模式下降雨入渗对填土黏聚力的影响更显著，即黏聚力降雨折减因子 k_c小于内摩擦角降雨折减因子 k_φ，考虑 k_c、k_φ函数关系 f_2条件下降雨折减因子对边坡安全系数的影响，计算结果见表14-7，其中 F 为相同条件下相对于未加筋路堤而言加筋路堤边坡安全系数的增幅。

黏聚力主折减模式下加筋路堤安全系数与降雨折减因子的关系　　表14-7

k_c	0.9	0.7	0.5	0.3	0.1
k_φ	0.95	0.84	0.71	0.55	0.32
F_s	1.374	1.370	1.365	1.253	0.435
F(%)	11.08	11.11	11.16	32.45	18.53

由表14-7可知，边坡安全系数 F_s随着降雨折减因子的减小逐渐降低，且 k_c、k_φ越小，降雨入渗对 F_s的影响越明显。当 k_c减小至0.5时，F_s由1.376减小至1.365，仅降低了0.011；当 $k_c=0.3$ 时，F_s明显减小，降低了0.123，降低幅度约为前者的10倍；而由0.3降至0.1时，F_s减小了约0.8，边坡处于不稳定状态。由 F 的变化趋势可知，土工格栅的加筋作用提高了路堤的稳定性，且当 $k_c=0.3$ 时，边坡安全系数的增幅最大，F_s约增大了1/3。

从图14-9可以看出，对于加筋路堤而言，当 $k_c=0.5$～0.9 时，降雨入渗对加筋路堤潜在滑动面的影响很小；而 $k_c=0.3$ 时，滑动面位置发生了明显变化，边坡破坏由深层变为浅层，且滑动失稳主要发生在降雨入渗范围内；当 k_c继续减小至0.1时，滑动面仅出现在路堤上部降雨入渗区。比较图14-4和图14-9可知，当 $k_c=0.5$ 时，加筋路堤滑动面位于格栅铺设范围之后，而未加路堤的滑动破坏出现在加筋路堤滑动面范围内；当 $k_c=0.3$ 时，加筋路堤上、下部将于降雨入渗范围区均出现滑动破坏，而无筋路堤的滑动面仅出现在路堤上部。

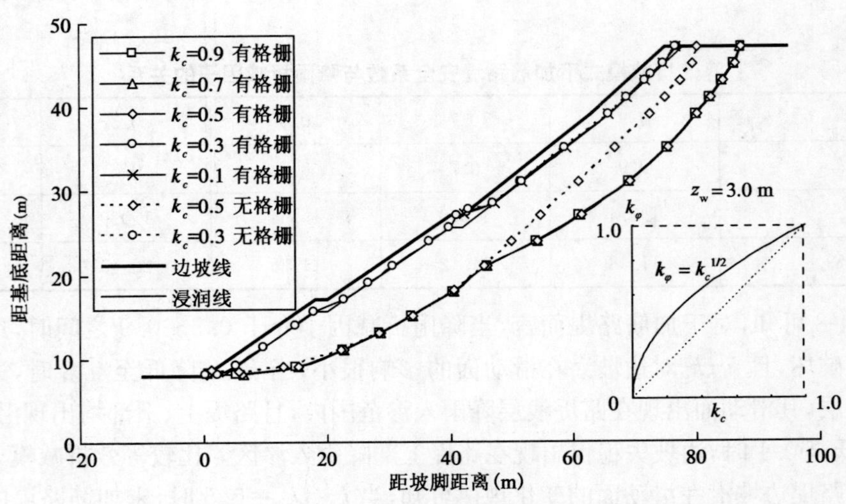

图 14-9　黏聚力主折减模式下降雨折减因子对加筋路堤潜在滑动面的影响

14.3.1.3　内摩擦角主折减模式

内摩擦角主折减模式下降雨入渗对填土内摩擦角的影响更为明显，即内摩擦角降雨折减因子 k_φ 小于黏聚力降雨折减因子 k_c，计算得函数 f_3 条件下边坡安全系数 F_s 与降雨折减因子的关系见表 14-8，表中 F 为相同条件下相对于未加筋路堤而言加筋路堤边坡安全系数的增幅。

由表 14-8 可知，相同 k_c 条件下，由于内摩擦角主折减模式下内摩擦角折减程度最大，故其安全系数最小。F_s 随着降雨折减因子的减小而逐渐降低，且当 k_c 降低至 0.3 时，F_s 明显降低，其降低幅度由 k_c＝0.5 时的 0.014 增大至 0.525。比较相同降雨折减因子条件下未加筋路堤及加筋路堤安全系数可知，随着 k_c 的减小，土工格栅对 F_s 的作用呈先增大后减小的趋势：当 k_c＝0.5时，k_φ 小于 0.3，F 明显增大，由 11.22％增大至 17.52％；当 k_c＝0.3 时，F 有最大值 27.97％，此时土工格栅的加筋作用最明显。

内摩擦角主折减模式下加筋路堤安全系数与降雨折减因子的关系　　表 14-8

k_c	0.9	0.7	0.5	0.3	0.1
k_φ	0.81	0.49	0.25	0.09	0.01
F_s	1.373	1.368	1.362	0.851	0.227
F(％)	11.08	11.22	17.52	27.97	8.61

图 14-10 描述了内摩擦角主折减模式下，降雨折减因子对加筋路堤潜在滑动面位置的影响。对于土工格栅加筋路堤而言，当 k_c＝0.5～0.9 时，边坡滑失稳破坏为全断面滑动，且由于路堤上部铺设土工格栅的缘故，路堤上部滑动面较未加格栅时发生明显变化，滑动面曲线移动至路堤深层未铺设格栅的土体范围内；当 k_c 减小至 0.3 时，其滑动面移动至路堤上部浅层降雨入渗区。对于未加筋路堤而言，当 k_c＝0.7～0.9 时，边坡滑动面贯穿整个路堤，且降雨折减因子的变化对其影响很小；当 k_c＝0.5 时，边坡滑动面由全断面深层移动至路堤上部浅层降雨入渗区。

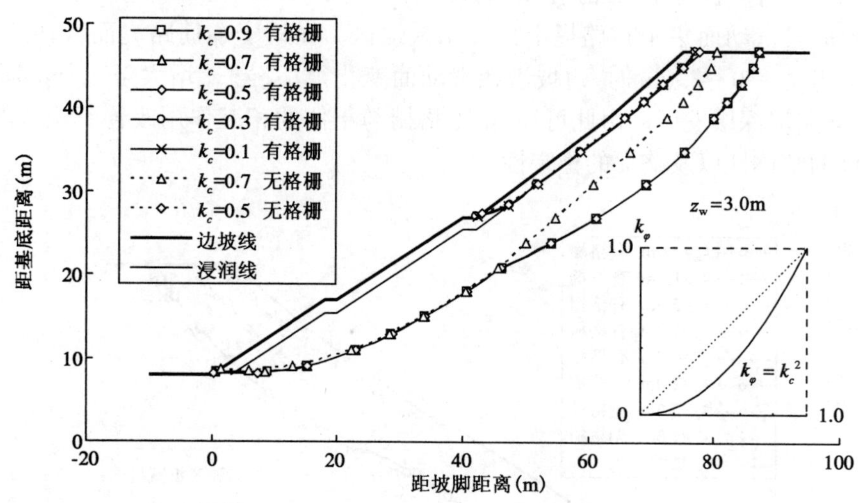

图 14-10　内摩擦角主折减模式下降雨折减因子对加筋路堤潜在滑动面的影响

综上所述，降雨折减因子对土工格栅加筋路堤稳定性的影响存在一个临界值，当 k_c、k_φ大于这一临界值时，其变化对边坡安全系数及潜在滑动面的影响很小，而 k_c、k_φ降低至这一临界值之后，边坡安全系数会明显降低，其潜在滑动面也会出现明显变化，由路堤深层移动至浅层降雨入渗区，对于本例而言，可认为这一临界值等于 0.3，这与不同降雨折减模式下降雨折减因子对无筋路堤稳定性的影响规律是一致的。两者的区别在于：对于无筋路堤而言，降雨折减因子的临界值为 0.5；而加筋路堤降雨折减因子的临界值为 0.3，可见由于土工格栅的加筋作用有效地提高了降雨入渗条件下路堤边坡的稳定性。

14.3.2　降雨入渗深度的影响

假设降雨入渗对填土黏聚力及内摩擦角的影响相等，且 $k_c = k_\varphi = 0.5$，土工格栅与土体相互作用的界面参数 $k_{inter} = 0.8$，考虑降雨入渗深度 z_w对路堤稳定性的影响，计算 z_w分别为 0.0m、1.0m、2.0m、3.0m 以及 4.0m 五种工况下边坡的安全系数，计算得 F_s与 z_w的关系见表 14-9，表中 F 为相同入渗深度下相对未加筋路堤而言加筋路堤边坡安全系数的增幅。

加筋路堤边坡安全系数与降雨入渗深度的关系　　表 14-9

z_w(m)	0.0	1.0	2.0	3.0	4.0
F_s	1.376	1.373	1.369	1.364	1.355
F(%)	10.97	10.99	11.03	11.35	30.79

从表 14-9 中可以看出，加筋路堤边坡安全系数 F_s随着降雨入渗深度 z_w的增加而逐渐降低，且降低的程度越来越大：当 z_w=1.0m 时，F_s仅减小了 0.003，而 z_w增大到 4.0m 时，安全系数减小幅度增大至 0.021。比较相同入渗深度下未加筋路堤与加筋路堤的 F_s可知，土工格栅的加筋效果随着 z_w的增大而趋于明显：当 z_w由 0.0m 增大至 3.0m 时，F 逐渐增大但增幅较小，仅从 10.97%上升至 11.35%；当 z_w=4.0m 时，边坡安全系数增幅 F 增加至 30.79%，约为之前的 3 倍。

从图 14-11 可以看出，对于未加筋路堤而言，当 z_w 达到 3.0m 之后，其边坡失稳从深层滑动变为浅层滑动，且滑动面集中在路堤上部降雨入渗区。而对于加筋路堤而言，z_w 对其滑动面的影响较小：当 z_w=0～3.0m 时，边坡潜在滑动面变化很小；当 z_w 增大至 4.0m 时，边坡上部滑动面略微向路堤深层发展。由此可知，土工格栅与土体的相互作用改善了土体的变形特性，提高了土体的整体性以及路堤的稳定性。

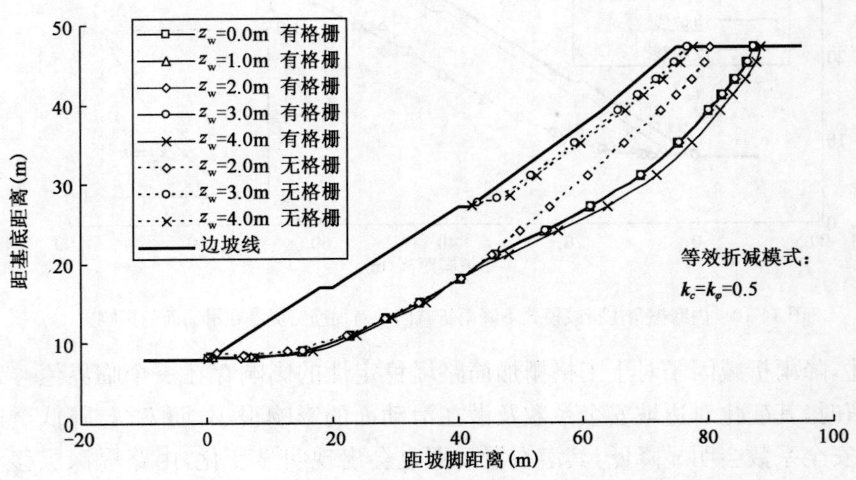

图 14-11 降雨入渗深度对加筋路堤边坡潜在滑动面的影响

14.3.3 路堤顶面均布荷载的影响

假设黏聚力降雨折减因子 k_c 和内摩擦角降雨折减因子 k_φ 为 0.5，降雨入渗深度 z_w 为 3.0m，在路堤顶面宽 12m 的范围内施加竖向的均布荷载 q_u，计算不同均布荷载条件下边坡安全系数，F_s 与 q_u 的关系见表 14-10，表中 F 为相同均布荷载下相对未加筋路堤而言加筋路堤边坡安全系数的增幅。

降雨入渗时加筋路堤安全系数与坡顶均布荷载的关系　　表 14-10

q_u(kPa)	10	20	30	40	50	100
F_s	1.357	1.349	1.340	1.330	1.319	1.147
F(%)	11.14	10.94	10.74	10.56	10.47	13.79

由表 14-10 可知，降雨入渗条件下，F_s 随着坡顶均布荷载 q_u 的增加逐渐降低。当 q_u 由 0kPa 增加到 10kPa 时，F_s 减小了约 0.02；当 q_u=10～50kPa 时，F_s 随着荷载 q_u 的增大线性减小，q_u 每增大 10kPa，F_s 的减小幅度约为 0.01；当 q_u=100kPa 时，F_s 明显降低，从 1.376 减小至 1.147，减小了 0.229。从 F 的变化趋势可知，当 q_u 由 10kPa 增大至 50kPa 时，土工格栅的加筋作用对边坡安全系数的贡献逐渐减小，但 F 的变化幅度很小；当 q_u=100kPa 时，F 出现了一定程度的增加。

从图 14-12 可以看出，对于加筋路堤而言，降雨入渗条件下，当 q_u 不超过 30kPa 时，边坡滑动面位于路堤深层，贯穿于整个路堤边坡，且 q_u 变化对其滑动面位置的影响较小；当 q_u 增大至 40kPa 之后，边坡潜在滑动面出现在坡顶附近路堤浅层降雨入渗区范围内，且出现塑性破坏的土体的竖向深度小于 2.0m，即位于第一层格栅与路堤顶面之间。对于未加路堤而言，当 $q_u=10$kPa 时，边坡失稳由深层变为浅层，滑动面位于路堤上部降雨入渗范围内，且滑动面下缘位置随着荷载的逐渐增加而向坡顶转移。因此，土工格栅有效地提高了降雨入渗条件下路堤上部土体的整体性能。

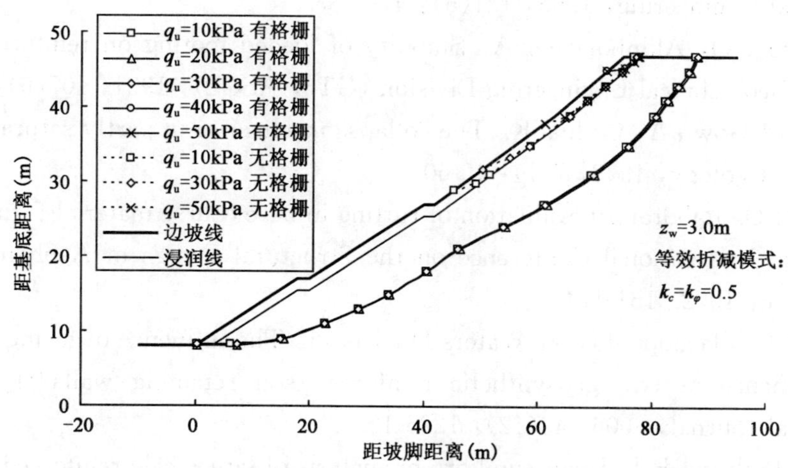

图 14-12 降雨入渗时路堤顶面均布荷载对加筋路堤边坡潜在滑动面的影响

14.4 本章小结

基于 Mohr-Coulomb 准则，提出了黏聚力降雨折减因子 k_c 以及内摩擦角降雨折减因子 k_φ 的概念，通过考虑降雨入渗对填土抗剪强度参数的折减来分析降雨对路堤边坡稳定性的影响。降雨入渗条件下，将路堤边坡分为降雨入渗区以及非入渗区两个部分，通过降雨折减因子将两部分的抗剪强度参数联系起来，采用强度折减法考虑等效折减、黏聚力主折减以及内摩擦角主折减三种折减模式下边坡安全系数与降雨折减因子的关系，主要结论如下：

(1)三种折减模式下，k_c、k_φ对路堤稳定性的影响存在一个临界值：当 k_c、k_φ大于这一临界值时，其变化对边坡安全系数及潜在滑动面影响较小；当 k_c、k_φ达到这一临界值之后，边坡安全系数及潜在滑动面均会发生明显变化。对于未加筋路堤而言，这一临界值为 0.5，而加筋路堤降雨折减因子的临界值为 0.3，这说明土工格栅的作用有效提高了降雨入渗条件下路堤边坡的稳定性。

(2)降雨入渗深度越大，土工格栅的对路堤边坡安全系数的贡献越大，且格栅的加筋作用使得边坡潜在滑动面受降雨入渗深度的影响较小。

(3)比较路堤顶面均布荷载条件下未加筋路堤和加筋路堤的稳定性可知，荷载相同时，土工格栅对边坡安全系数的贡献约为 10%，且格栅与土体的相互作用改善了路堤上部土体的整体性能，提高了路堤的稳定性。

参考文献

[1] Abramento M. Analysis of pullout tests for planar reinforcements in soil[J]. Journal of Geotechnical Engineering, 1995, 121(6): 476-485.

[2] Akinmusuru J O, Akinbolade J A. Stability of loaded footing on reinforced soil[J]. Journal of Geotechnical Engineering Division (GT6, ASCE), 1981, 107(6): 819-827.

[3] Barden L, McGown A, Collins K. The collapse mechanism in partly saturated soil[J]. Engineering Geology, 1973, 7(1): 49-60.

[4] Barksdale R D. Laboratory evaluation of rutting in base course materials. In: Presented at the Third International Conference on the Structural Design of Asphalt Pavements [C]. London: 1972. 161-174.

[5] Bathurst R J, Vlachopoulos N, Waters D L, et al. The influence of facing stiffness on the performance of two geosynthetic reinforced soil retaining walls [J]. Canadian Geotechnical Journal, 2006, 43(12): 1225-1237.

[6] Blatz J A, Bathurst R J. Limit equilibrium analysis of large-scale reinforced and unreinforced embankments loaded by a strip footing[J]. Canadian Geotechnical Journal, 2003, 40(6): 1084-1090.

[7] Borges J L, Cardoso A S. Overall stability of geosynthetic-reinforced embankments on soft soils[J]. Geotextiles and Geomembranes, 2002, 20(6): 395-421.

[8] Chandrasekaran B, Broms B B, Wong K S. Strength of fabric reinforced sand under axisymmetric loading[J]. Geotextiles and Geomembranes, 1989, 8(4): 293-310.

[9] Dawson E M, Roth W H, Drescher A. Slope stability analysis by strength reduction [J]. Geotechnique, 1999, 49(6): 835-840.

[10] Derbyshire E, Dijkstra T A, Smalley I J, et al. Failure mechanisms in loess and the effects of moisture content changes on remoulded strength[J]. Quaternary International, 1994, 24: 5-15.

[11] Dong Y L, Han J, Bai X H. Numerical analysis of tensile behavior of geogrids with rectangular apertures[J]. Geotextiles and Geomembranes, 2011, 29 (2): 83-91.

[12] Dudley J H. Review of collapsing soils[J]. Journal of Soil Mechanics and Foundations Division, 1970, 96(S3): 925-947.

[13] Dyer M R. Observation of the stress distribution in crushed glass with applications to soil reinforcement[D]. Oxford: University of Oxford, 1985.

[14] Fourie A B, Rowe D, Blight G E. The effect of infiltration on the stability of a dry ash dump[J]. Geotechnique, 1999, 49(1): 1-13.

[15] Fumio T, Gosaburo M. Bearing capacity of reinforced model sand ground. In: recent developments in ground improvement techniques[C]. Bangkok: 1985. 153-160.

[16] Gray D H, Talal A. Behavior of fabric versus fiber reinforced sand[J]. Journal of

Geotechnical Engineering, 1986, 112(8): 804-820.

[17] Green W H, Ampt G A. Studies on soils physics Part I: The flow of air and water through soils[J]. Journal of Agircultural Science, 1911, 4: 1-24.

[18] Jewell R A. Reinforcement bond capacity[J]. Geotechnique, 1990, 40(3): 513-518.

[19] Kaniraj S R. Directional dependency of reinforcement force in reinforced embankments on soft soil[J]. Geotextiles and Geomembrances, 1996, 14(9): 507-519.

[20] Koemer R M. Emerging and future developments of selected geosynthetic applications [J]. Journal of Geotechnical and Geoenvironmental Engineering, 2000, 126(4): 293-306.

[21] Koerner R M, Narejo D. Bearing capacity of hydrated geosynthetic clay liners[J]. Journal of Geotechnical Engineering, 1995, 121(1): 82-85.

[22] Kutay M E, Guler M, Aydilek A H. Analysis of factors affecting strain distribution in geosynthetics[J]. Journal of Geotechnical and Geoenvironmental Engineering, 2006, 132(1): 1-11.

[23] Lee K M, Manjunath V R. Experimental and numerical studies of geosynthetic reinforced sand slopes loaded with a footing[J]. Canadian Geotechnical Journal, 2000, 37(4): 828-842.

[24] Lee M L, Kassim A, Gofar N. Performance of two instrumented laboratory models for the study of rainfall infiltration into unsaturated soils[J]. Engineering Geology, 2011, 117: 78-89.

[25] Leung A K, Sun H W, Millis S W, et al. Field monitoring of an unsaturated saprolitic hillslope[J]. Canada Geotechnique Journal, 2011, Vol. 48: 339-353.

[26] Long P V, Bergado D T, Balasubramaniam A S. Stability analysis of reinforced and unreinforced embankments on soft ground[J]. Geosynthetics International, 1996, 3(5): 583-604.

[27] Mcgown A, Andrawes K Z, Kabir M H. Load-extension testing of geotextiles confined in-soil. In: Proceedings of the 2nd International Conference on Geotextiles[C]. Las Vegas, 1982: 793-798.

[28] Ng C W W, Wang B, Tung Y K. Three-dimensional numerical investigation of groundwater responses in an unsaturated slope subjected to various rainfall patterns [J]. Canada Geotechnique Journal, 2001, 38(5): 1049-1062.

[29] Rothenburnl L, Bathurstr J. Analytical study of induced anisotropy in idealized granular materials[J]. Geotechnique, 1989, 39(4): 601-614.

[30] Santoso A M. Role of uncertainty in soil hydraulic properties in rainfall-induced landslides[D]. Singapore: National University of Singapore, 2011.

[31] Seed H B, Chan C K. Undrained strength of compacted clays after soaking[J]. Journal of Soil Mechanics and Foundation Engineering, 1959, 85(5): 87-128.

[32] Skinner G D, Rowe R K. Design and behaviour of a geosynthetic reinforced retaining

wall and bridge abutment on a yield foundation[J]. Geotextiles and Geomembers, 2005, 23: 234-260.

[33] Sugimoto M, Alagiyawanna M N. Pullout behavior of geogrid by test and numerical analysis[J]. Journal of Geotechnical and Geoenvironmental Engineering, 2003, 129(4): 361-371.

[34] Tandjiria V, Low B K, Teh C I. Effect of reinforcement force distribution on stability of embankments[J]. Geotextiles and Geomembrances, 2002, 20(6): 423-443.

[35] Temel Y, Jonathan T H, Ahmet S. Bearing capacity of rectangular footings on geogrid-reinforced sand [J]. Journal of Geotechnical Engineering, 1994, 120 (12): 2083-2099.

[36] Tran V D H, Meguid M A, Chouinard L E. A finite-discrete element framework for 3D modeling of geogrid soil interaction under pullout loading conditions[J]. Geotextiles and Geomembranes, 2013, 31(2): 1-9.

[37] Wang D Y, Ma W, Chang X X. Analyses of behavior of stress-strain of frozen Lanzhou loess subjected to K0 consolidation[J]. Cold Regions Science and Technology, 2004, 40(1-2): 19-29.

[38] Wilson-Fahmy R F, Koerner R M, Sansone L J. Experimental behavior of polymeric geogrids in pullout[J]. Journal of Geotechnical Engineering, 1994, 120(4): 661-677.

[39] Zienkiewicz O C, Humpheson C, Lewis R W. Associated and non-associated visco-plasticity and plasticity in soil mechanics[J]. Geotechnique, 1975, 25(4): 671-689.

[40] 包承纲. 土工合成材料界面特性的研究和试验验证[J]. 岩石力学与工程学报, 2006, 25(9): 1736-1744.

[41] 卜鑫. 交通荷载下软土路基的动力响应分析[D]. 杭州: 浙江大学, 2006.

[42] 柴华友, 崔玉军, 卢应发. 循环荷载下黄土特性模拟[J]. 岩石力学与工程学报, 2004, 24(23): 4272-4281.

[43] 陈存礼, 杨鹏, 何军芳. 饱和击实黄土的动力特性研究[J]. 岩土力学, 2007, 28(8): 1551-1556.

[44] 陈建峰, 李辉利, 柳军修, 等. 土工格栅与砂土的细观界面特性研究[J]. 岩土力学, 2011, 32(s1): 66-71.

[45] 陈群, 何昌荣. 一种新型楔形拉筋加筋土挡墙的原型观测[J]. 岩土工程学报, 2000, 22(3): 289-293.

[46] 陈守义. 考虑入渗和蒸发影响的土坡稳定性分析方法[J]. 岩土力学, 1997, 18(2): 8-22.

[47] 陈正汉, 刘祖典. 黄土的湿陷变形机理[J]. 岩土工程学报, 1986, 8(2): 1-12.

[48] 迟世春, 关立军. 基于强度折减法的拉格朗日差分方法分析土坡稳定性[J]. 岩土工程学报, 2004, 26(1): 42-46.

[49] 邓卫东. 高填路堤稳定性研究[D]. 长沙: 中南大学, 2003.

[50] 段汝文, 张振中, 李兰, 等. 黄土动力特性的进一步研究[J]. 西北地震学报, 1990,

12(3)：72-78.

[51] 冯连昌，郑晏武. 中国湿陷性黄土[M]. 北京：中国铁道出版社，1982.

[52] 王永众，林在贯. 中国黄土的结构特征及物理力学性质[M]. 北京：科学出版社，1990.

[53] 高国瑞. 黄土显微结构分类与湿陷性[J]. 中国科学，1980,12：1203-1209.

[54] 龚文惠，王元汉，郑俊杰. 浸水条件下膨胀土路堑边坡稳定性分析[J]. 公路，2007，10：96-100.

[55] 贺会团. 加筋挡土墙关键技术研究[D]. 南京：南京水利科学研究院，2007.

[56] 胡瑞林，李焯芬，王思敬，等. 动荷载作用下黄土的强度特征及其结构变化机理研究[J]. 岩土工程学报，2000，22(2)：174-181.

[57] 黄晓明，朱湘. 公路土工合成材料应用原理[M]. 北京：人民交通出版社，2001.

[58] 黄永强. 高速公路路基沉降及路面动力特性研究[D]. 长沙：中南大学，2010.

[59] 蒋军，陈龙珠. 长期循环荷载作用下黏土的一维沉降[J]. 岩土工程学报，2001，23(3)：366-369.

[60] 中华人民共和国行业标准. JTG E50—2006 公路工程土工合成材料试验规程[S]. 北京：人民交通出版社，2006.

[61] 雷祥义. 西安黄土微结构类型[J]. 西北大学学报(自然科学版)，1983,4：56-66.

[62] 李广信. 高等土力学[M]. 北京：清华大学出版社，2004.

[63] 李齐任，汪明元，蔡剑韬，等. 含水率对土工格栅与膨胀土界面拉拔性质影响[J]. 岩土力学，2010，31(S2)：175-178.

[64] 李彦民. 昔格达填土土工格栅高路堤的稳定性研究[D]. 成都：西南交通大学，2008.

[65] 李焯芬，汪敏. 港渝两地滑坡灾害的对比研究[J]. 岩石力学与工程学报，2000，19(4)：493-497.

[66] 林崇义. 黄土的结构特性及基本性质的研究[M]. 北京：科学出版社，1961.

[67] 刘波，韩彦辉. FLAC 原理、实例及应用指南[M]. 北京：人民交通出版社，2005.

[68] 刘东生. 黄土的物质成分和结构[M]. 北京：科学出版社，1966.

[69] 刘健，廖红建，李杭州. 饱和重塑黄土动力反应的数值模拟[J]. 西安交通大学学报，2008，42(1)：101-105.

[70] 刘军. 降雨入渗对膨胀土路堑边坡稳定性影响的研究[D]. 武汉：华中科技大学，2007.

[71] 刘兴旺. 降雨入渗条件下路基稳定性分析[D]. 长沙：中南大学，2006.

[72] 刘永涛. 降雨入渗对黄土边坡稳定性影响研究[D]. 西安：西北农林科技大学，2010.

[73] 栾茂田，肖成志，杨庆，等. 考虑蠕变性土工格栅加筋挡土墙应力与变形有限元分析[J]. 岩土力学，2006，27(6)：857-863.

[74] 骆亚生. 非饱和黄土在动、静复杂应力条件下的结构变化特性及结构性本构关系研究[D]. 西安：西安理工大学，2004.

[75] 牛同辉. 双向土工格栅处理桥头跳车研究[D]. 武汉：武汉理工大学，2006.

[76] 欧阳光前. 半挖半填路基边坡稳定性力学机制研究[D]. 长沙：湖南大学，2007.

[77] 山西省公路局. 公路八大通病分析与防治[M]. 北京：人民交通出版社，1999.

[78] 孙书伟，林杭，任连伟. FLAC3D 在岩土工程中的应用[M]. 北京：中国水利水电出版

社，2011.
[79] 汤连生，徐通，林沛元，等. 交通荷载下层状道路系统动应力特征分析[J]. 岩石力学与工程学报，2009，28(S2)：3876-3884.
[80] 汪明元，龚晓南，包承纲，等. 土工格栅与压实膨胀土界面的拉拔特性[J]. 工程力学，2009,26(11):145-151.
[81] 王继华. 降雨入渗条件下土坡水土作用机理及其稳定性分析与预测预报研究[D]. 长沙：中南大学，2006 .
[82] 王建荣，张振中，王峻，等. 振动频率对原状黄土动本构关系的影响[J]. 西北地震学报，1999，21(3)：310-314.
[83] 王兰民，等. 黄土动力学[M]. 北京：地震出版社，2003.
[84] 王瑞钢. 降雨渗流作用下高填土路堤的稳定研究[D]. 天津：天津大学，2003.
[85] 王钊. 土工织物的拉伸蠕变特性和预拉力加筋堤[J]. 岩土工程学报，1992，14(2)：12-20.
[86] 王志斌，李亮，邹金锋，等. 斜坡地基上加筋路堤工作性状及稳定性分析[J]. 岩土力学，2008，29(8)：2189-2230.
[87] 魏红卫. 加筋高陡路堤稳定性及其涵管受力特性研究[D]. 长沙：湖南大学，2005.
[88] 吴宏伟，陈守义，庞宇威. 雨水入渗对非饱和土坡稳定性影响的参数研究[J]. 岩土力学，1999，20(1)：1-14.
[89] 吴景海，陈环，王玲娟，等. 土工合成材料与土界面作用特性的研究[J]. 岩土工程学报，2001，23(1)：89-93.
[90] 谢定义. 试论我国黄土力学研究中的若干新趋向[J]. 岩土工程学报，2001，23(1)：3-13.
[91] 徐超，叶观宝，董大林. 土与土工合成材料界面特性试验方法分析[J]. 地基处理，2003，14(3)：8-14.
[92] 徐林荣. 筋土界面相互作用参数和加筋垫层处理软基的性状研究[D]. 长沙：中南大学，2001.
[93] 徐攸在，邢书兰. 砂土振动蠕变的三轴试验研究[J]. 岩土工程学报，1987，9(3)：71-79.
[94] 杨超，崔玉军，黄茂松，等. 循环荷载下非饱和结构性黄土的损伤模型[J]. 岩石力学与工程学报，2008，27(4)：805-810.
[95] 杨广庆. 土工格栅加筋土结构理论及工程应用[M]. 北京：科学出版社，2010.
[96] 杨有成，李群，陈新泽. 对强度折减法若干问题的讨论[J]. 岩土力学，2008，29(4)：1103-1106.
[97] 俞仲泉，李少青. 土工织物加固地基的离心模型试验[J]. 岩土工程学报，1989，11(1)：67-72.
[98] 曾令录. 混凝土楔形拉筋加筋土挡墙的初步实践和试验[J]. 铁道标准设计通讯，1989，9：1-7.
[99] 张亮亮. 考虑降雨入渗影响的边坡稳定性数值试验研究[D]. 武汉：武汉理工大

学，2006.

[100] 张宗祜. 中国甘肃东部(陇东)黄土的地质特征及工程地质性质的综合研究[M]. 北京：地质出版社，1959.

[101] 张师德，吴邦颖. 加筋土机构原理及应用[M]. 北京：中国铁道出版社，1989.

[102] 郑颖人，赵尚毅. 有限元强度折减法在土坡和岩坡中的应用[J]. 岩石力学与工程学报，2004，23(9)：3381-3388.

[103] 中华人民共和国行业标准. JTG D30—2004 公路路基设计规范[S]. 北京：人民交通出版社，2004.

[104] 钟辉虹，黄茂松，吴世明，等. 循环荷载作用下软黏土变形特性研究[J]. 岩土工程学报，2002,24(5)：629-632.

[105] 周建. 循环荷载作用下饱和软黏土特征研究[D]. 杭州：浙江大学，1998.

[106] 周维乔. 路基漏压实区的危害及预防[J]. 重庆交通学院学报，1998，17(3)：94-97.

[107] 朱湘，黄晓明. 加筋路堤的室内模拟试验和现场沉降观测[J]. 岩土工程学报，2002，24(3)：386-388.